BUZZ

© 2022, Stephen R. Covey e Cynthia Covey Haller
© 2025, Buzz Editora

Todos os direitos reservados.
Esta edição foi publicada mediante acordo com
Simon & Schuster, Inc.

Título original *Live Life in Crescendo: Your Most Important Work Is Always Ahead of You*

Publisher **Anderson Cavalcante**
Editoras **Tamires von Atzingen e Diana Szylit**
Editores-assistentes **Fernanda Felix, Letícia Saracini, Nestor Turano Jr. e Érika Tamashiro**
Estagiária editorial **Beatriz Furtado**
Preparação **Eliana Moura**
Revisão **Bárbara Waida, Larissa Stylianos Wostog Ono, Letícia Nakamura e Paula Queiroz**
Projeto gráfico **Estúdio Grifo**
Assistentes de design **Paula Ragucci e Letícia de Cássia**
Imagem de capa **jozefmicic/Adobe Stock**

Nesta edição, respeitou-se o novo Acordo Ortográfico da Língua Portuguesa.

Dados Internacionais de Catalogação na Publicação (CIP)
(Câmara Brasileira do Livro, SP, Brasil)

Covey, Stephan R.
Seu maior êxito está um passo adiante: Viva a vida em um crescendo / Stephen R. Covey e Cynthia Covey Haller
Tradução: Cássia Zanon
1ª ed. São Paulo: Buzz Editora, 2025
280 pp.

Título original: *Live Life in Crescendo: Your Most Important Work Is Always Ahead of You*
ISBN 978-65-5393-112-1

1. Autoajuda 2. Autoconhecimento 3. Crescimento pessoal 4. Motivação 5. Sucesso 6. Transformação

24-234826   CDD-158.1

Índice para catálogo sistemático:
1. Autoconhecimento: Crescimento pessoal:
Conduta de vida 158.1

Eliete Marques da Silva, Bibliotecária, CRB-8/9380

Todos os direitos reservados à:
Buzz Editora Ltda.
Av. Paulista, 726, Mezanino
CEP 01310-100, São Paulo, SP
[55 11] 4171 2317
www.buzzeditora.com

Stephen R. Covey e
Cynthia Covey Haller

SEU MAIOR ÊXITO ESTÁ UM PASSO ADIANTE

VIVA A VIDA EM UM CRESCENDO

TRADUÇÃO Cássia Zanon

*Aos meus magníficos pais, Stephen e Sandra Covey,
que modelaram o "viver em crescendo" ao longo de suas vidas.*

*E ao meu incrível marido Kameron, o amor da minha
vida, por seu bom humor, sua firmeza contínua
e seu amor incondicional.*

7   PREFÁCIO: Decisões simples, grandes mudanças
Joel Jota

11   Criando seu melhor futuro **Cynthia Covey Haller**

19   INTRODUÇÃO: A Mentalidade Crescendo

24   **PARTE 1: A LUTA DA MEIA-IDADE**

26   CAPÍTULO 1: A vida é uma missão, não uma carreira

49   CAPÍTULO 2: Ame servir

66   **PARTE 2: O AUGE DO SUCESSO**

70   CAPÍTULO 3: As pessoas são mais importantes
que as coisas

87   CAPÍTULO 4: Liderança é comunicar valor e potencial

106   CAPÍTULO 5: Trabalhe para expandir seu
Círculo de Influência

122   **PARTE 3: ADVERSIDADES QUE MUDAM A VIDA**

128   CAPÍTULO 6: Escolha viver em crescendo,
não em diminuendo

147   CAPÍTULO 7: Encontre o seu "porquê"

172   **PARTE 4: A SEGUNDA METADE DA VIDA**

176   CAPÍTULO 8: Mantenha seu impulso em movimento!

215   CAPÍTULO 9: Crie memórias significativas

225   CAPÍTULO 10: Identifique seu propósito

236   **PARTE 5: CONCLUSÃO**

237   A jornada de nossa família vivendo
em crescendo

249   Bridle Up Hope: The Rachel Covey Foundation

255   Nota da autora

257   Apêndice

260   Agradecimentos

262   Notas

274   Sobre os autores

PREFÁCIO

Decisões simples, grandes mudanças

Joel Jota
Escritor, empresário, investidor e especialista
em alta performance

Escrever este prefácio não é apenas uma honra, mas uma grande responsabilidade. Ao segurar este livro, você, leitor, está diante de uma ferramenta poderosa que pode mudar sua vida. Afinal, *Seu maior êxito está um passo adiante* não trata apenas de alcançar resultados, mas também de transformar a si mesmo e as pessoas ao redor durante a busca por esses resultados.

Enquanto lia este livro, revi a minha própria história. A cada capítulo, eu me lembrei dos episódios que me moldaram, das decisões difíceis, das quedas, das vezes em que precisei me levantar, mesmo quando parecia impossível, e principalmente de quem esteve ao meu lado nesses momentos. Este livro aborda isso: não só o que alcançamos, mas quem nos tornamos ao longo do caminho, como isso afeta o nosso entorno e o legado que deixamos.

Algumas passagens me fizeram lembrar de quando eu tinha apenas catorze anos e recebi uma ligação que definiria o meu futuro. Uma amiga, chorando, me pediu conselhos após o término de um relacionamento amoroso. Éramos muito jovens, mas ali pude praticar uma habilidade natural que iria moldar meus passos para sempre. Em poucos minutos, ela não só parou de chorar, mas começou a rir. Naquele momento, comecei a entender algo: eu tinha o poder de transformar emoções e trazer clareza em momentos de caos, o poder de ajudar as pessoas. Anos depois, isso se transformou em minha profissão, contudo, na época, eu era apenas um garoto tentando fazer a diferença.

Em outra ocasião, ainda jovem, meu pai me disse algo que nunca esqueci: "Você é meu Anthony Nesty". Eu não sabia quem era Nesty, mas descobri que ele foi o primeiro negro campeão olímpico da história da natação. Meu pai acreditar no meu potencial e me ensinar a confiar em mim mesmo foi, com certeza, um dos maiores legados que ele me deixou, pois essa frase ressoa em minha cabeça desde então, e definitivamente não apenas moldou parte da minha trajetória, como segue me dando força em grandes momentos de incerteza.

Decisões irreversíveis: o poder da escolha

Stephen Covey ensina a seus filhos que é importante aprender a ser forte nos momentos difíceis, pois somente assim descobriremos nosso potencial de enfrentar novos desafios e de tornar nossas vidas extraordinárias. Trilhar uma jornada de sucesso depende muito de como vamos encarar os obstáculos.

Em minha trajetória, senti isso na pele. Aprendi que as grandes mudanças começam com decisões simples. Aos vinte anos, durante uma palestra sobre meu trabalho acadêmico, decidi que queria ensinar. Naquela sala lotada, ao lado de grandes nomes — incluindo o próprio Anthony Nesty —, percebi que ensinar era mais do que uma profissão; era um chamado.

No entanto, decidir ir atrás dos nossos sonhos não elimina os desafios. Já enfrentei um câncer, já lidei com dificuldades inúmeras, e contra cada uma delas decidi lutar, dia após dia, com disciplina consistente. É o que eu chamo de "jogo do progresso". Não se trata de grandes saltos, mas de pequenos passos diários. A cura, o sucesso e a transformação residem nas ações consistentes.

Ambientes que transformam

Outro ensinamento que ressoa neste livro é a importância do ambiente. Cercar-se das pessoas certas e dos ambientes adequados é mais do que uma escolha estratégica; é uma necessidade.

Lembro-me de uma conversa com minha esposa, Lalas, no início da minha jornada empreendedora. Ela, que é minha maior parceira e crítica, uma vez disse: "Cuidado para que seus sonhos não te tragam frustrações". Foi difícil ouvir isso, mas entendi que deveria transformar todos os desafios em combustível para mudanças. Respondi: "Eu sou sonhador, mas farei todos esses sonhos se tornarem realidade". Essa troca me ensinou que o ambiente começa em casa, e as pessoas ao redor podem ser nossas maiores aliadas e nossos motores, desde que saibamos transferir energia para ações práticas.

Não se trata apenas de fugir de um ambiente negativo, como Covey descreve com clareza durante o texto, mas de buscar o extraordinário. Isso me lembra de quando comecei a frequentar eventos e cursos de alta performance. Ao se manter em contato com pessoas bem-sucedidas e que conquistaram o que você almeja — seja com uma carreira invejável ou com famílias bem estruturadas e amorosas a quem passaram a vida se dedicando —, a mentalidade se expande. Assim, quando você muda seu ambiente, muda também a sua realidade.

Um breve mergulho na obra

Neste livro, você entenderá que, independente de sua idade ou posição, sempre poderá contribuir mais para um mundo melhor. Viver em um crescendo é estar sempre em busca de algo mais significativo. Há sempre um relacionamento a ser construído ou reparado, uma família a fortalecer, uma comunidade a ser desenvolvida e inúmeros desafios a serem superados. Tenha, é claro, muito orgulho de suas conquistas do passado, mas mantenha-se impulsionado pela ideia de que seu maior êxito ainda está por vir. Isso fará toda a diferença no modo como você enxerga e planeja seu futuro.

A partir das dezenas de histórias inspiradoras presentes neste livro, você encontrará diversos caminhos possíveis para enriquecer a sua vida, sempre refletindo sobre suas prioridades. Talvez seja necessário ter coragem para quebrar ciclos ou até mesmo para mudar drasticamente a rota de vida que você tem traçado até aqui, mas lembre-se de que são as ações consistentes e sua mentalidade que vão operar as maiores mudanças a longo prazo e que trarão um novo significado para sua vida. Quero que você saiba que este livro tem o poder de transformar sua vida, mas só se você estiver disposto a agir.

A cada capítulo, você será desafiado a refletir sobre suas escolhas e suas prioridades. Não leia este livro de maneira passiva. Sublinhe, anote e, acima de tudo, aplique. Como sempre digo: o aprendizado sem ação é apenas entretenimento. E este livro não foi feito para entreter; foi feito para transformar.

Concluo com uma frase que me marcou, dita por meu pai horas antes de ele falecer: "Pense como quiser, faça o que quiser, mas nunca culpe ninguém pelos seus resultados". Essa frase me guiou em momentos de dúvida e me trouxe nitidez em momentos de caos. Espero que este livro faça o mesmo por você.

Criando seu melhor futuro

Cynthia Covey Haller

> *O que deixamos para trás não é o que é gravado em monumentos de pedra, mas o que é tecido na vida dos outros.*
> PÉRICLES, estadista e orador da Grécia Antiga

Meu pai me ensinou que a melhor maneira de prever nosso futuro é criá-lo. Ele sempre planejou trabalhar e contribuir para o mundo enquanto vivesse, e planejava viver para sempre. Ele deixou evidente para os filhos e para quem o conhecia bem que a palavra "aposentadoria" não fazia parte do seu vocabulário. Mentia sobre a própria idade e detestava quando alguém se referia à fase da vida em que estava como seus "anos dourados".

Papai vivia com uma atitude de *carpe diem* — ou "aproveitar o dia" — e ensinou todos os nove filhos a fazerem o mesmo. Adorava citar a advertência de Thoreau de "sugar a essência da vida" sempre que tivéssemos uma bela oportunidade à frente. Tal perspectiva o manteve jovem e em constante aprendizado. Entendemos que ele não perderia qualquer oportunidade de aproveitar a própria existência e de fazer a diferença na vida de outras pessoas.

Depois que meu pai se formou na Harvard Business School aos 25 anos, o irmão dele perguntou o que ele ia fazer da vida. A resposta foi simplesmente: "Quero liberar o potencial humano". Nos 55 anos seguintes, papai cumpriu esse objetivo ao redor do mundo por meio de seus livros inspiradores e seu ensino dinâmico, geralmente em torno do que chamava de "liderança centrada em princípios". O símbolo de sua empresa era a bússola, representando a importância de alinhar a vida com o que ele chamava de "norte verdadeiro" — um símbolo de princípios fundamentais que não mudam com o tempo. Papai acreditava que ensinar esses princípios universais e atemporais, comuns a todas as pessoas,

poderia mudar e impactar drasticamente indivíduos e organizações. Era um homem visionário de grandes ideias e ideais.

O senhor Covey adorava aprender, perguntando a todos
que conhecia a respeito de sua vida, seu trabalho, sua família, suas crenças, pelo que eram apaixonados — simplesmente
para aprender com eles. Costumava tentar entrar na cabeça
das pessoas para obter uma perspectiva diferente. Ouvia com
atenção as opiniões delas e lhes fazia perguntas como se fossem
especialistas em suas áreas. Escutava professores, motoristas
de táxi, médicos, CEOs, garçonetes, políticos, empresários, pais,
vizinhos, operários, profissionais liberais, até mesmo chefes de
Estado — e tratava todos com igual interesse e curiosidade. Isso
costumava irritar minha mãe, que revirava os olhos e às vezes
dizia: "Stephen, por que você sempre age como se não soubesse
de nada quando fala com as pessoas?". E ele respondia, como
se fosse absolutamente óbvio: "Sandra, eu já sei o que sei, mas
quero saber o que os outros sabem!".

Como a mais velha de meus irmãos, cresci ouvindo meu
pai discutir em casa ideias baseadas em princípios e em suas
várias apresentações para muitas plateias no mundo todo. Um
dos meus princípios favoritos era "Primeiro o mais importante", também o título de um de seus livros e um dos sete hábitos.
Papai se esforçava muito para levar na prática o que ensinava, e os relacionamentos familiares eram uma prioridade para
ele. Embora fôssemos nove filhos, cada um de nós se sentia um
membro importante da família e tinha um bom relacionamento
com ambos os pais.

Uma das minhas lembranças de infância favoritas é de
quando fiz doze anos e papai me convidou para acompanhá-lo
em uma viagem de negócios a São Francisco por alguns dias.
Fiquei muito empolgada, e planejamos cuidadosamente cada
minuto que tivemos juntos após suas apresentações.

Decidimos que, na primeira noite, passearíamos pela cidade
nos famosos bondes de que eu tinha ouvido falar e, depois, por
algumas das lojas chiques para comprar roupas para a escola.
Como ambos adorávamos comida chinesa, planejamos ir a Chi-
natown e depois voltar ao hotel para um mergulho rápido antes
que a piscina fechasse. O dia seria concluído com um pedido de

serviço de quarto — um sundae com calda quente — antes de encerrarmos a noite.

Quando nossa grande noite enfim chegou, fiquei esperando ansiosamente por meu pai nos bastidores de sua apresentação. Pouco antes de ele me alcançar, vi um de seus antigos amigos da faculdade cumprimentá-lo com entusiasmo. Ao se abraçarem, lembrei-me das histórias de papai sobre todas as grandes aventuras e momentos divertidos que os dois tiveram juntos anos antes. "Stephen", eu o ouvi dizer, "acho que faz pelo menos dez anos desde que nos vimos pela última vez. Lois e eu adoraríamos levar vocês para jantar hoje à noite, para conversar sobre os velhos tempos". Ouvi papai explicar que eu o estava acompanhando na viagem, e seu amigo olhou na minha direção e disse: "Ah, é claro que adoraríamos que sua filha se juntasse a nós também. Podemos comer no cais juntos".

Todos os nossos planos grandiosos para a noite especial com apenas nós dois desmoronavam. Pude ver meu bonde descendo os trilhos sem nós, e a ideia de degustar comida chinesa substituída por frutos do mar, que eu detestava. Eu me senti traída. Mas percebi que papai provavelmente preferiria ir com seu bom amigo a ficar com uma garota de doze anos a noite toda, de qualquer maneira.

Papai passou o braço em volta do amigo carinhosamente. "Nossa, Bob. É muito bom ver você de novo também. O jantar parece divertido... mas não hoje. Cynthia e eu temos uma noite especial planejada, não é, querida?" Ele piscou para mim e, para meu espanto, o bonde voltou à vista. Eu não conseguia parar de sorrir.

Não pude acreditar, e acho que o amigo dele também não. Mas não esperamos para descobrir, pois saímos porta afora, a caminho do nosso jantar.

"Nossa, papai", consegui dizer por fim. "Mas você tem certeza...?"

"Ei, eu não perderia esta noite especial com você por nada. Você preferiria jantar comida chinesa de qualquer maneira, não é? Agora, vamos pegar um bonde!"

Ao olhar para a minha infância, essa experiência aparentemente insignificante permanece representativa do caráter de meu pai e construiu um nível de confiança em nosso relacionamento que levei comigo daquele dia em diante. Ele ensinava e sempre foi um modelo de que, "nos relacionamentos, as pequenas coisas são as grandes coisas", e cada um dos meus irmãos conseguia relatar experiências semelhantes à minha, de se sentir importante e valorizado. Esse depósito de amor e confiança foi fundamental para nossa autoestima e fez toda a diferença para nós na infância e na adolescência.

Papai acreditava que deveríamos desenvolver o que ele chamava de "pessoa quadrangular": alguém que seja física, mental, social e espiritualmente equilibrado, pois cada uma dessas áreas é fundamental na realização humana. Em todos os dias de sua existência, papai tentava fazer um esforço consciente para conduzir uma vida equilibrada, desenvolvendo-se em cada área, e ensinava os outros para que fizessem o mesmo. Ele escreveu: "Nossas primeiras energias devem ir para o desenvolvimento do próprio caráter, que muitas vezes é invisível para os outros, como as raízes que sustentam árvores amplas. À medida que cultivamos as raízes, começamos a enxergar os frutos".

Embora lutasse contra as próprias imperfeições, como todos nós, meu pai sempre tentou melhorar a si mesmo e superar seus defeitos mais do que qualquer outra pessoa que conheci. Sabíamos que sua trajetória profissional era admirável, mas sentíamos que ela não se comparava ao âmbito privado que conhecíamos como família. Durante décadas, ao lado de nossa mãe, ele esteve ativamente engajado na criação de uma cultura familiar rica em nossa casa, na tentativa de liberar ao máximo o nosso potencial, além do potencial que liberava nos outros por meio de seu trabalho profissional. Nossa família nunca imaginou que chegaria o dia em que ele seria incapaz de levar a vida da maneira proativa como sempre fez.

Então, em abril de 2012, aos 79 anos, papai sofreu um acidente de bicicleta e, embora usasse um capacete, o equipamento estava frouxo. Ele bateu a cabeça e teve uma hemorragia cerebral. Ficou no hospital por várias semanas e nunca mais foi o mesmo depois de voltar para casa. Após um tempo, a hemorragia voltou e, por fim, tirou sua vida.

Embora tenhamos lamentado profundamente sua morte, sabíamos que nosso pai era um homem espiritual, que nos ensinara que Deus sempre tem um propósito por trás do que acontece na vida — mesmo quando nosso pai nos deixou muito mais cedo do que imaginávamos. Como família, fomos abençoados por termos um pai tão incrível durante tantos anos e nos sentimos gratos pelo amor incondicional e pela orientação perspicaz que recebemos. Somos igualmente gratos por nossa mãe amorosa, a matriarca de toda a família Covey, que também nos deixou nos últimos tempos.

Vários anos antes de meu pai falecer, ele perguntou se eu poderia ajudá-lo em um novo livro construído em torno do que agora percebemos ser a última "grande ideia". Meu pai estava visceralmente envolvido com isso; com frequência trabalhava em vários livros e projetos ao mesmo tempo, no entanto fiquei intrigada e entusiasmada com a nova ideia em particular e quis me envolver.

Como se fosse o plano mestre para sua vida, papai tinha nitidamente imaginado o título completo do livro, anos antes de a obra ser concluída — *Seu maior êxito está um passo adiante: Viva a vida em um crescendo*. Ele acreditava que, ao adotar o que será conhecido como a "Mentalidade Crescendo", é possível continuar olhando para a frente e progredindo em todas as idades e etapas da existência. Meu pai falava apaixonadamente sobre o tema com frequência e incentivava quem estava infeliz com o presente, ou desanimado por causa de desafios ou fracassos do passado, a pensar e agir de maneira proativa sobre o próprio futuro, e o que ainda poderia realizar e contribuir nos próximos anos de vida. Para ele, o melhor objetivo em mente (um dos hábitos de seu livro *Os 7 hábitos das pessoas altamente eficazes*) é fazer continuamente contribuições significativas para abençoar a vida de outras pessoas e, em última análise, essa mentalidade é o segredo para a felicidade verdadeira e duradoura.

Papai acreditava na Mentalidade Crescendo tanto quanto em qualquer outra coisa que ensinou em sua trajetória profissional. Como costumava fazer, antes de escrever sobre o assunto, ele começou a introduzir a ideia em algumas de suas apresentações. Em seus últimos anos, tal ideia se tornou sua declaração de missão pessoal. Ficou muito apaixonado pelo conceito de "viver em crescendo" e acreditava de verdade que, se implementado, poderia exercer tremendo impacto em todo o mundo.

Trabalhamos ativamente no livro por três anos, e eu me reunia com meu pai com regularidade a fim de registrar seus pensamentos e ideias. Ele sempre me incentivou, e até mesmo pressionou, a terminar minha parte, que estava atrasando o livro, mas entendia minhas limitações de tempo com crianças pequenas em casa e outras responsabilidades urgentes. Embora eu compartilhasse em profundidade de sua paixão pelo assunto, coletasse material e escrevesse quando podia, lamentavelmente minha parte do livro ainda estava inacabada quando papai nos deixou de súbito.

Ao longo dos últimos vários anos, terminei de escrever as histórias, os exemplos e os comentários que eram a minha parte do projeto, conforme ele havia solicitado. Você notará que algumas partes soarão como se ele ainda estivesse vivo. Isso foi propositalmente escrito dessa maneira. Grande parte do material, transmitido para mim anos atrás, reflete seus pensamentos, experiências e insights na época. Outra parte foi retirada de escritos, apresentações e conversas pessoais dele. De modo consciente, tomei a decisão de escrever este livro na voz de meu pai, porque a ideia de viver em crescendo é exclusivamente dele, não minha. Também incluí histórias reais e experiências de sua própria vida, bem como observações e interações que ele teve com várias pessoas ao longo da carreira em relação a esse material. Essas experiências estão relatadas de modo a indicar que têm especificamente a minha perspectiva e a minha voz.

Meu pai imaginava que *Seu maior êxito está um passo adiante* seria a apresentação dessa nova ideia para pessoas no mundo todo. Este livro representa o que nós, como família, consideramos a contribuição final dele. Sua "última palestra". Sua obra conclusiva. Victor Hugo escreveu: "Nada é mais poderoso do que uma ideia cuja hora chegou". Embora nosso pai tenha escrito muitos outros livros centrados em princípios, acreditamos que a ideia por trás deste é única e muito necessária nos dias de hoje. Ele imaginava que a Mentalidade Crescendo promoveria o olhar para o futuro com esperança e otimismo, acreditando que sempre podemos crescer e aprender, servir e contribuir — em todas as etapas da vida — e que nossas maiores e mais importantes conquistas ainda podem estar por vir.

Seu maior êxito está um passo adiante foi construído em torno dessa ideia central singular, ilustrada por meio de quatro partes que representam diferentes fases e idades para apoiar e reforçar a sua compreensão do princípio, oferecendo formas práticas de implementar a mentalidade em cada período da vida. Papai e eu queríamos incluir uma ampla variedade de histórias e exemplos inspiradores de pessoas conhecidas e "comuns" para destacar tal ideia. Esperávamos que as experiências de outras pessoas inspirassem muitos a acreditar que também podem fazer contribuições positivas contínuas para impactar o cotidiano de outras pessoas dentro de seu próprio Círculo de Influência.

Vários dias depois da passagem do nosso pai, minha irmã Jenny e eu estávamos conversando sobre como nossas vidas teriam sido diferentes sem ele. De repente, a verdade se apresentou a nós de maneira poderosa quando Jenny disse: "Mesmo que ele não esteja aqui, ele não se foi; ele vive através de nós — os filhos, os netos e todos os que tentam viver os princípios que ele ensinou. Esse é o legado dele".

Ralph Waldo Emerson escreveu: "Nossa morte não é um fim se continuarmos vivendo em nossos filhos e na geração mais jovem. Porque eles são nós".

Talvez Jim Collins tenha captado isso melhor em seu prefácio à edição do 25º aniversário de *Os 7 hábitos das pessoas altamente eficazes*:

> Nenhuma pessoa dura para sempre, mas livros e ideias podem durar. Quando se envolver com essas páginas, você estará se envolvendo com Stephen Covey no auge de seus poderes. É possível senti-lo estendendo a mão para fora do texto para dizer: "Eu realmente acredito nisso, deixe-me ajudar você. Eu quero que você entenda, que aprenda com isso. Quero que você cresça, seja melhor, contribua mais, viva uma vida que importe". A vida dele acabou, mas a obra, não.

Só espero ser uma tradutora fiel da visão do meu pai para este livro. E talvez ele leve as pessoas, como ele gostava de dizer, a "comunicarem a outro seu valor e seu potencial de maneira tão nítida que ficará inspirado a vê-los em si mesmo".

Meu pai, Stephen Covey, acreditava profundamente que viver a vida em crescendo pode afetar e inspirar poderosamente quem se esforça para criar seu melhor futuro, que acabará se tornando seu próprio legado exclusivo. Minha esperança é que este livro seja uma parte duradoura e viva do amplo legado dele e sirva para liberar o seu maior potencial. E, embora Stephen Covey tenha desaparecido de nossa vista por um tempo, o legado dele realmente continua, em crescendo.

INTRODUÇÃO

A Mentalidade Crescendo

*Fui para a floresta porque desejava viver
deliberadamente, enfrentar apenas os fatos
essenciais da vida e ver se poderia aprender o
que ela tinha a ensinar, e não, quando viesse
a morrer, descobrir que não tinha vivido.
Não queria viver o que não era vida, viver é
tão caro. [...] Eu queria viver profundamente e
sugar toda a essência da vida.*
HENRY DAVID THOREAU

Como você vê as muitas idades e etapas da sua vida à medida que avança por elas? Como responderá à sua própria jornada exclusiva pela vida? Acredito que seja crucial fazer um plano de vida abordando como você lidará com os altos e baixos da existência: marasmos, sucessos, desafios inesperados e mudanças profundas que provavelmente enfrentará. É muito importante criar seu melhor futuro antes de vivê-lo de fato.

Este livro apresentará a Mentalidade Crescendo em qualquer fase da vida. Viver em crescendo é uma mentalidade e um princípio de ação. É uma perspectiva única de abordar a existência fazendo contribuições aos outros e sempre olhando para o que está à frente para ser realizado. Redefine o sucesso, afastando-o da forma como a sociedade costuma medi-lo. Acredito que adotar a Mentalidade Crescendo pode fazer uma enorme diferença em sua vida, para as pessoas ao seu redor e até mesmo no mundo todo.

Na música, *crescendo* significa inchar e crescer continuamente em grandeza, e aumentar a energia, o volume e o vigor. O sinal de um crescendo < mostra que, se você continuar estendendo as linhas, a música continua a aumentar de volume, e indefinidamente. *Diminuendo* significa exatamente o contrário: a música está diminuindo de volume e potência, diminuindo a energia, recuando. E, como o sinal **>** mostra, ela acaba por desaparecer, morrer, e chega ao fim. Viver uma vida em *diminuendo* significa não procurar ir além, crescer e aprender. Significa contentar-se com o que já realizou e, por fim, parar de produzir e contribuir. Quando uma peça de música atinge um crescendo, ela não fica apenas mais alta. A sensação de crescimento, intensificação e expansão em uma composição ou apresentação resulta de uma expressiva mistura de ritmo, harmonia e melodia — estes, por sua vez, têm como base os elementos fundamentais do som e do ritmo, bem como a dinâmica do volume, combinados com a passagem do tempo em uma composição ou apresentação.

Da mesma forma, será demonstrado que conduzir a vida em crescendo expressa nossos interesses, paixões, relacionamentos, crenças e valores — que, por sua vez, repousam sobre os princípios fundamentais que nos guiam em todas as etapas da vida.

Conduzir a vida em crescendo significa crescer continuamente em contribuição, aprendizado e influência. A mentalidade de que seu maior êxito está um passo adiante é otimista e voltada para o futuro, ensinando que sempre podemos contribuir, independentemente do que nos tenha acontecido ou da etapa em que estejamos. Imagine como a vida mudaria se você adotasse a perspectiva de que suas maiores contribuições, conquistas e até a felicidade não estão apenas atrás de você, mas sempre à sua frente! Assim como a música se forma com as notas anteriores, mas nos deixa na expectativa da nota ou do acorde seguinte, nossa vida se forma com nosso passado, mas se desdobra no futuro.

A mentalidade em questão não é um evento do tipo "foi e acabou", mas é algo que, ao longo da sua trajetória, torna-se uma parte rica e proativa de quem você é. A Mentalidade Crescendo promove o uso de tudo o que você tem — tempo, talentos, habilidades, recursos, dons, paixão, dinheiro, influência — para enriquecer a existência das pessoas ao seu redor, sejam elas parte da sua família, do bairro, da comunidade ou do mundo.

O sentido da vida é encontrar o seu dom. O propósito da vida é doá-lo.
Frase atribuída a PABLO PICASSO

As palavras de Picasso têm potencial para ser a declaração de missão deste livro. Você pode escolher uma mentalidade com visão de futuro que se concentra em sempre aprender e crescer no vaivém da vida, ao mesmo tempo que procura continuamente maneiras de contribuir com as pessoas ao seu redor. A versão grega dessa filosofia era antes "conhecer a si mesmo", depois, "controlar a si mesmo" e, então, "doar a si mesmo". Os gregos enfatizavam a importância e o poder dessa sequência. Quando vivemos com o senso do propósito da nossa missão exclusiva e assumimos o controle de nossa vida por meio de boas escolhas, somos capazes de servir às pessoas e ajudá-las a também encontrar seu propósito e sua missão. Isso leva a uma sensação de satisfação e alegria nos outros e em você.

Seu maior êxito está um passo adiante é dividido em quatro partes principais, cada uma baseada em etapas cruciais da vida, nas quais, a depender da nossa resposta, podemos optar por viver em crescendo e continuar fazendo nosso melhor trabalho ou viver em diminuendo e acabar desaparecendo e não tendo nenhuma influência. Assim como compositores e intérpretes se expressam por meio da música — que, por mais complexa que seja, é sempre baseada em fundamentos —, a forma como todos conduzimos nossa vida incorpora princípios essenciais do comportamento e da interação humana.

Parte 1: A luta da meia-idade

Esta etapa diz respeito ao ponto em que você está em comparação com aquele no qual quer estar. Durante os anos da meia-idade, talvez você se sinta desencorajado e acredite que realizou poucas coisas de valor. Talvez tenha desistido de tentar realizar qualquer ideia que teve, acreditando que sua oportunidade já passou. Mas, na realidade, pode ter alcançado mais do que imagina em relação ao que mais importa. Se sua vida precisar de melhorias, você pode optar por mudá-la e recriá-la, tornando-a uma existência de contribuição e sucesso verdadeiro.

Parte 2: O auge do sucesso

Se você alcançou sucesso em alguma parte da sua trajetória, a tendência pode ser parar, aproveitar os ganhos e relaxar. Você pode pensar: "Já conheço os passos dessa estrada" e ter a sensação de que deu tudo de que é capaz. No entanto, viver uma vida em crescendo significa não olhar no retrovisor, concentrando-se em sucessos (ou fracassos) passados. Em vez disso, você olha para a frente, para o que será sua próxima meta ou ampla contribuição que valha a pena. Pode ser que, durante essa etapa emocionante da vida, seu melhor trabalho ainda esteja por vir.

Parte 3: Adversidades que mudam a vida

Um acidente acontece, você enfrenta um sério problema de saúde, é demitido do seu emprego, é diagnosticado com uma doença terminal, alguém próximo morre — há muitos momentos em que enfrentamos um contratempo. Em tais situações é natural reavaliar sua vida, seus objetivos e suas prioridades. Você desiste e se retira? Deixa essa experiência definir você? Ou é hora de enfrentar o desafio, escolher conscientemente como reagir, reorientar a vida, seguir em frente e continuar fazendo contribuições significativas?

Parte 4: A segunda metade da vida

Quando atinge a idade-padrão de aposentadoria (ou o que a sociedade erroneamente chama de "anos dourados"), você se vê diante de uma escolha importante sobre o que fazer com o tempo que lhe resta. Esse período pode ser uma fase extremamente autocentrada, até mesmo monótona e insatisfatória, que você atravessa ou simplesmente enfrenta. Ou então pode optar por ser extremamente produtivo e fazer imensas contribuições para aqueles dentro e fora do seu Círculo de Influência. Seu potencial pode ser usado ou desperdiçado, a depender de você acreditar que suas contribuições mais importantes ainda possam estar à sua frente.

A Mentalidade Crescendo usa princípios-chave para guiar você em cada uma dessas quatro etapas da vida:

- A vida é uma missão, não uma carreira.
- Ame servir.
- As pessoas são mais importantes do que as coisas.
- Liderança é comunicar valor e potencial.
- Trabalhe para expandir seu Círculo de Influência.
- Escolha viver em crescendo, não em diminuendo.
- Faça a transição do trabalho para a contribuição.
- Crie recordações significativas.
- Detecte seu propósito.

Embora possa haver coisas que nos separam uns dos outros (diferenças culturais, mal-entendidos, disparidades de oportunidades, formação e experiência), compartilhamos, como parte da família humana, pontos em comum muito mais importantes do que talvez consigamos entender por completo. Se você já viajou e foi exposto a pessoas ao redor do mundo, deve ter descoberto que somos todos basicamente iguais — ricos e pobres, famosos e desconhecidos. Todos lutamos por felicidade e valor e compartilhamos os mesmos sonhos, medos e esperanças. Em sua maioria, as pessoas têm fortes sentimentos em relação às suas famílias e carregam as mesmas necessidades de se sentir compreendidas, amadas e aceitas.

Concordo com a citação atribuída a George Bernard Shaw: "Duas coisas definem você. Sua paciência quando você não tem nada e sua atitude quando tem tudo".[1] A forma de responder a esses opostos na vida é ao mesmo tempo um desafio e uma oportunidade, e será ilustrada ao longo deste livro.

Sou otimista em relação às pessoas. Não concordo com uma visão cínica do nosso mundo e, embora os problemas sejam grandes e crescentes, acredito que no âmago da maioria dos indivíduos residem a bondade, a decência, a generosidade, o compromisso com a família e a comunidade, a desenvoltura e a engenhosidade; além de espírito, garra e determinação extraordinários. Mais do que isso: vejo grande esperança e potencial na geração que está surgindo. Você tem um potencial tremendo, muito além do que imagina.

PARTE 1

A LUTA DA MEIA-IDADE

fermata (fer-ma-ta) — substantivo: símbolo usado para indicar uma pausa; uma pausa de duração não especificada

Três grandes fundamentos para a felicidade nesta vida são algo para fazer, algo para amar e algo pelo que esperar.
GEORGE WASHINGTON BURNAP

Muitas pessoas se vendem aquém do que são capazes de realizar, principalmente porque não têm uma visão correta de si mesmas. Ficam presas em fazer as mesmas coisas da mesma maneira e nunca "se libertam" de fato, vencendo os próprios rótulos e a maneira com que os outros as veem. Acreditando que são apenas pessoas comuns que não podem fazer a diferença, têm expectativas tão baixas do que podem fazer e realizar que acabam por cumprir as próprias profecias e produzem pouco. Embora possam ter conhecido uma vida rica em significado por meio da contribuição, relegam a si mesmas à mediocridade ao diminuir o próprio valor e a própria felicidade.

No entanto, seus anseios de fazer e ser mais ainda estão lá. Por isso, se você tem esses sentimentos, seja grato! No fundo de cada um de nós há um desejo interior de viver uma vida de grandeza e contribuição — de importar, de fazer a diferença de verdade. Nós podemos tomar a decisão consciente de deixar para trás a vida de mediocridade que acreditamos ter e trocá-la por uma vida de grandeza — em casa, no trabalho e na comunidade.

CAPÍTULO 1

A vida é uma missão, não uma carreira

Não há maior presente que você possa dar ou receber do que honrar seu chamado. Foi por isso que você nasceu. E é como você se torna mais verdadeiramente vivo.
OPRAH WINFREY

O clássico filme de Natal *A felicidade não se compra* conta uma história interessante para todos que já se perguntaram se a vida realmente importa. Como é provável que você se lembre, George Bailey é um cara que desistiu de sonhos maiores para ficar em sua pequena cidade natal de Bedford Falls e gerenciar as economias do pai. Ele parece estar condenado a permanecer em um emprego de baixa remuneração e, quando se vê arruinado no âmbito financeiro, não por culpa sua, George se desespera.

Ao acreditar que não há mais esperança, ele considera a ideia de pular de uma ponte. Como George Bailey, você já sentiu que a vida passou totalmente por você, que seus sonhos e aspirações foram deixados de lado? Está onde queria estar ou se via fazendo algo diferente? Seu currículo é curto e sua trajetória parece estar na faixa mais lenta da pista? Sua paixão pela vida está diminuindo porque você se sente desiludido, mais cínico e menos confiante sobre a realidade do que pode, de fato, realizar? Você está, como George Bailey, procurando uma ponte da qual pular, ponderando se suas ações fazem diferença para alguém?

A sociedade tem um nome para essa aflição — é a "crise da meia-idade", e pode ser bastante avassaladora para quem está passando por ela. Esse momento atinge homens e mulheres com idades entre quarenta e sessenta anos que descobrem que não estão onde pensavam que estariam nem são quem pensavam que seriam. Muitas vezes sentem que não estão à altura daqueles ao seu redor, cujas vidas parecem estar mais nos trilhos e ser mais "bem-sucedidas".

Há muitos desafios que as pessoas enfrentam durante essa fase crucial:

- Seu empregador não reconhece ou não recompensa suas habilidades e seus talentos.
- Você se sente sobrecarregado e subestimado, e se pergunta se seu trabalho vale a pena.
- Sua carreira é chata e insatisfatória, e você se sente preso, com poucas opções.
- Você tem dificuldades no casamento ou em outros relacionamentos importantes.
- Você não consegue encontrar realização pessoal e felicidade real, e conjectura se deve recomeçar totalmente do zero.
- Você não consegue acreditar que está na situação em que se encontra; achava que estaria mais avançado no caminho do sucesso do que, de fato, está.

Sinais de que a pessoa está sofrendo de uma crise de meia-idade são:

- Depressão, apatia, esgotamento.
- Falta de propósito ou ambição real.
- Perda da visão de longo prazo.
- Cegueira egocêntrica quanto às necessidades das pessoas mais próximas.
- Busca por estímulo artificial ou externo.

Durante esse estágio da meia-idade, as pessoas às vezes entram em pânico e fazem coisas que normalmente não fariam — como comprar um carro caro e chamativo (para parecer bem--sucedidas), largar um emprego estável e iniciar uma nova carreira arriscada, começar a se vestir e agir como um adolescente, ou até mesmo se envolver em atividades ousadas ou perigosas.

O pior de tudo é que, às vezes, fogem e deixam o cônjuge e a família para trás, à espera de que um ambiente diferente e um recomeço ou um novo relacionamento as façam se sentir mais jovens e melhorem a imagem estagnada que têm de si mesmas.

Quando o pai de um amigo meu estava na casa dos quarenta anos, experimentou uma clássica crise de meia-idade. Quando conversamos, ele compartilhou sua história, que ofereço aqui em suas próprias palavras:

Quando meu pai tinha 43 anos, foi transferido para outra cidade a poucas horas de distância da nossa casa, arrancando minha mãe, meus irmãos mais novos e eu das escolas que amávamos, e logo antes do meu último ano. Tentamos tirar o melhor da situação, mas, meses depois, nos mudamos de novo porque meu pai largou o emprego no banco em que havia trabalhado durante anos para correr atrás de uma nova oportunidade. Foi apenas alguns meses depois disso que meu pai se sentou com minha mãe e disse que estava deixando tanto ela quanto a família para fugir com a secretária dele, que por acaso era dezessete anos mais nova.

Meses depois, descobrimos que meu pai e sua nova esposa (a antiga secretária) haviam se mudado para um estado distante, no sul da Califórnia, deixando minha mãe destruída para dar conta de se recuperar da própria crise. A dor era indescritível, embora "horrível" funcione nesse caso. Um casamento de 22 anos havia acabado, três filhos adolescentes enfrentavam incerteza, falta de compreensão, abandono, sem um pai em casa e com pouca ou nenhuma explicação. A perturbação da estabilidade emocional de todos era imensurável — tudo isso enquanto o "papai" voava as tranças por San Diego jogando golfe com sua nova esposa-troféu.

Os efeitos da crise de meia-idade de meu pai ainda são sentidos hoje, mesmo depois de passados mais de 38 anos. Uma mãe que ficou emocionalmente abalada pelo resto da vida, nos sustentando sozinha por trinta anos e morrendo cedo. Enquanto isso, meus irmãos e eu vivemos duvidando de nós mesmos, sem autoconfiança, operando abaixo do potencial, sem confiar no amor, experimentando disfunções familiares gerais e nós mesmos nos divorciando. E assim vai. Claro, "supere isso" tem sido o conselho dominante há décadas, mas não é tão simples.[1]

Se não gosta da vida que está levando agora, a resposta em geral está em enfrentar seus problemas de cabeça erguida, não fugir deles. Abandonar sua família raramente resolve seus problemas; além disso, destrói aqueles que ficam para trás. A grama do vizinho raramente é mais verde; talvez você só precise regar o seu jardim. É sensato procurar razões para consertar o lugar no qual você está e preservar os relacionamentos com as pessoas em quem você já investiu tanto.

Neste ponto, vale lembrar o que aconteceu com George Bailey. No filme, Clarence Odbody (um anjo que ainda não ganhou suas asas) é designado para impedi-lo de pular da ponte. Quando George diz que gostaria de nunca ter nascido, Clarence cumpre seu desejo e lhe mostra como a vida em Bedford Falls teria sido diferente sem sua presença.

Sem a influência de George, Bedford Falls tornou-se a sombria e triste Pottersville. A cidadezinha maravilhosa de que George queria escapar se transformou, em sua ausência, em um ninho contencioso de pessoas amargas à mercê de um banqueiro, Henry Potter, que era movido pela ganância e pelo desejo de poder.

Chocado, George ora fervorosamente por mais uma chance de viver e aproveitar a existência que nunca valorizara em sua totalidade. Com a oração atendida, o personagem corre para casa, na direção de todas as pessoas que lhe são importantes, embora ainda seja preso por fraude bancária. Mas sua família e seus amigos se reúnem para resgatá-lo da ruína, retribuindo os muitos sacrifícios que George fez por eles ao longo dos anos.

"Estranho, não?", diz Clarence a George. "A vida de cada homem toca muitas outras vidas. Quando ele não está por perto, deixa um buraco horrível, não é? Está vendo, George? Você realmente teve uma vida maravilhosa." [2]

Assim como George Bailey, você pode obter amplo sucesso em muitas áreas da vida sem reconhecê-lo. O verdadeiro sucesso nem sempre é o que parece, ou o que os outros celebram. Você pode não estar à altura das expectativas de outras pessoas, mas, se tiver sucesso nos papéis mais importantes da própria vida, terá sucesso naquilo que importa de verdade.

Embora o trabalho seja essencial para sustentar a nós mesmos e nossas famílias, ele não é a missão da nossa vida. Uma parte crucial da Mentalidade Crescendo é não se preocupar em ser um sucesso aos olhos do mundo. Em vez disso, devemos redefinir o que significa "sucesso" e trabalhar para sermos uma influência significativa para o bem no mundo.

Crie seu próprio futuro

Não podemos prever o futuro, mas podemos criá-lo.
PETER DRUCKER

Muitas vezes, em minhas apresentações, peço às pessoas que escrevam seu próprio obituário. Embora pareça estranho, o processo permite que pensem sobre como querem ser lembradas — e então podem trabalhar para que isso aconteça. Crie o seu melhor futuro. Se considerar cuidadosamente o que deseja que digam sobre você em seu velório, encontrará a definição de sucesso que mais faz sentido para você.

Para ajudá-lo a começar a escrever o próprio obituário, pare um momento e faça as seguintes perguntas a si mesmo:

- O que você deseja que seja dito sobre você em seu funeral?
- Pelo que será conhecido?
- Quais serão suas maiores realizações?
- O que lhe dará mais alegria e satisfação ao olhar para trás na vida?
- Que legado você quer deixar?

Agora, compare o obituário que espera que seja escrito sobre você com o que está fazendo na meia-idade para torná-lo realidade. Sua vida está de acordo com como você quer terminá-la? Está no caminho certo para ser lembrado pelo que de fato importa? Com essas questões importantes em mente, você pode começar a criar sua trajetória futura — planejar, definir metas, fazer ajustes e depois trabalhar para realizá-las.

Ao examinar a si mesmo e sua posição atual durante esse estágio crítico da meia-idade, tenha em mente os seguintes dois princípios da Mentalidade Crescendo:

Primeiro, veja o verdadeiro sucesso pelo que ele é, sem comparação com os outros. Trabalhe zelosamente para ter sucesso em suas funções mais importantes.

Em segundo lugar, identifique o que precisa ser melhorado em sua vida e, de maneira corajosa e proativa, realize mudanças positivas. Use sua iniciativa e trabalhe para que isso aconteça!

Escolha a medida certa

Independentemente de como possa se sentir ou do que acredita, você tem o poder de escolher sua própria resposta às circunstâncias de sua vida. Pessoas ineficazes transferem a responsabilidade, culpando os outros ou seu ambiente — algo ou alguém "lá fora" é o motivo pelo qual não conseguem ter sucesso. Esse tipo de diálogo interno não faz nada para melhorar sua condição.

Pessoas proativas dizem: conheço os roteiros estereotipados de vida que estão em mim, mas *não* sou esses roteiros. Posso reescrever meus roteiros. Não preciso ser vítima de condições ou condicionamentos. Posso escolher minha resposta a qualquer situação. Meu comportamento é resultado de minhas decisões.

Por meio de sua liderança e seu exemplo, atribuiu-se a Mahatma Gandhi o ensinamento de que se deve: "Viver como se fosse morrer amanhã. Aprender como se fosse viver para sempre".

Meu amigo, cuja história contei anteriormente, é um exemplo de realizar uma mudança positiva ao melhorar intencionalmente a própria vida. Ele não podia fazer nada em relação à má escolha de seu pai acerca de abandonar a família. No entanto, foi capaz de aprender com o que havia acontecido e fazer escolhas diferentes com a própria família. Meu amigo pôde escolher agir, e não reagir ao que havia lhe acontecido. E foi isso que ele acabou optando por fazer, cerca de trinta anos depois.

O ciclo de devastação e comportamento destrutivo da família foi interrompido, porque ele aprendeu que seu comportamento era resultado de suas decisões, não de suas condições, e trabalhou para se tornar uma "figura de transição" (falaremos mais sobre isso depois). Meu amigo decidiu não replicar o mesmo cenário horrível em sua família, e sim transmitir amor, lealdade e responsabilidade. Embora fosse compreensível que ele carregasse alguma bagagem emocional como consequência de seu passado doloroso, por meio de autocontrole e esforço consciente, optou por não deixar que aquilo definisse seu presente. Como resultado, meu amigo e sua esposa criaram uma nova, bela e próspera cultura familiar.

Ele sente que não teve uma carreira tão bem-sucedida quanto esperava. Mas, sob o meu ponto de vista, meu amigo tem uma história de sucesso incrível, pois superou um passado difícil e construiu um casamento amoroso e uma forte cultura familiar com seus seis filhos, deixando-os com um legado diferente daquele que lhe foi deixado. E o que poderia ser mais bem-sucedido do que isso?

Se você sente que está preso em uma crise de meia-idade ou está experimentando uma "fermata" (uma pausa de duração não especificada), não entre em pânico fugindo da sua família. Em vez disso, use seu dom de autoconsciência para se desconectar de si mesmo e observar a situação. Reconheça que pode escolher conscientemente o caminho que o deixará feliz no futuro.

A única pessoa que você está destinado a se tornar é aquela que você decide ser.
Frase atribuída a RALPH WALDO EMERSON

Dentro da liberdade de escolher sua reação à vida está o poder de alcançar o crescimento e a felicidade e de criar seu próprio caminho.

Lembro-me de ouvir falar de um homem que ficou um pouco acanhado quando lhe pediram que falasse sobre si mesmo para um líder proeminente. Ele disse:

Não fui o que as pessoas chamariam de "muito bem-sucedido", embora tenhamos tido uma vida familiar feliz. Sempre tive um emprego decente, mas não me destaquei na carreira nem ganhei muito dinheiro. Levamos um estilo de vida modesto em uma casa comum, e certamente não sou conhecido por muita gente fora do meu círculo de relacionamentos.

No entanto, minha maior alegria é que tenho uma esposa maravilhosa com quem estou há quase cinquenta anos e filhos dos quais tenho muito orgulho. O caçula se casou nos últimos tempos, e nos sentimos abençoados por todos os nossos filhos terem crescido e se tornado adultos responsáveis, independentes e atenciosos. Amam seus filhos e estão lhes ensinando bons valores. Somos gratos por termos uma família tão maravilhosa. Mas... em relação à minha carreira e a qualquer coisa que pudesse se destacar, nunca tive muito sucesso, e às vezes me pergunto se fiz alguma diferença.

Em resposta, o líder disse, bastante surpreso: "Ora, essa é uma das maiores histórias de sucesso que já ouvi! Raras vezes vi tanto sucesso!". Esse homem era como "um peixe dentro d'água", estando tão imerso no mar que o cerca que não tinha consciência disso. Realmente tivera "sucesso verdadeiro" e as coisas que mais importavam, o tempo todo, mas não via isso. Sucesso em nossa sociedade costuma se referir a riqueza, posição, destaque na carreira. Sob essa perspectiva, o homem da história não teve sucesso. No entanto, o sucesso que está sendo definido aqui é medido de modo muito diferente.

Uma música de Phil Vassar, "Don't miss your life",[3] fala sobre onde passamos nosso tempo e o que importa de verdade. A seguir, alguns versos:

Em um avião para a costa oeste
Notebook na minha mesa
Papéis espalhados por todo o meu lugar
Uma grande linha morta para fazer
Um homem mais velho sentado ao meu lado disse: Desculpa
    me intrometer,
Mas trinta anos atrás, meu amigo ocupado, eu era você
Fiz uma tonelada de dinheiro
E subi a escada
Sim, eu era super-homem, e agora o que importa?

Perdi os primeiros passos da minha filha
Quando meu filho interpretou o Capitão Gancho, em Peter Pan
Eu estava em Nova York, disse ao filho: Me desculpe, o pai
    tem que trabalhar

Perdi a dança de pai e filha
O primeiro home run *marcado, sem segunda chance*
De estar lá, quando ele cruzou a base
Os momentos se foram, agora é tarde demais
Fama e fortuna vêm com um preço muito alto
Filho, não perca sua vida

Que lembrete pungente de um dos nossos papéis mais importantes na vida — nesse caso, de pai. Não perca a sua *vida real* — aquela que traz alegria duradoura por meio do tempo dedicado a quem você ama.

Isso não significa que sua profissão não seja essencial para fornecer segurança e oportunidades à família. É apenas fundamental reconhecer que conduzir uma vida em crescendo significa não sacrificar relacionamentos importantes e experiências valiosas com aqueles que você mais ama em troca de coisas temporais que, no final, pouco importam.

Quando alguém enfrenta uma grave crise de saúde com risco de vida, o que mais lamenta é não poder passar mais tempo com aqueles que ama. Apenas a título de experiência, tente o seguinte: comece a conversar com alguém sobre a família dela e veja como a pessoa se enternece quase imediatamente. Considero que essa reação seja universal.

Clayton Christensen, um estimado professor de negócios de Harvard e amigo, escreveu um livro cujo título faz a pergunta reflexiva: *Como avaliar sua vida?* Clayton conta que, depois que se formou na Harvard Business School, em 1979, todos os colegas seguiram caminhos diferentes, embora todos tivessem grandes sonhos de ser bem-sucedidos em todos os aspectos da vida. Quando Clayton foi para o encontro de cinco anos de formados da faculdade, descobriu que a maioria dos amigos estava casada, com filhos, dando início a empreendimentos e começando a ganhar dinheiro. Nos encontros de dez e quinze anos, muitos de seus colegas de classe eram bem-sucedidos na carreira e extremamente ricos.

Mas Clayton ficou chocado ao descobrir que grade parte deles também já estava divorciada e desconténte com a vida pessoal. Com o passar do tempo, muitos de seus amigos não moravam mais com os filhos e tinham relacionamentos limitados com eles, porque estavam espalhados pelo país. Foi revelador para Clayton ver que o sucesso no mundo dos negócios não se traduzia necessariamente em uma experiência feliz com as famílias que os haviam acompanhado no início de sua jornada:

> Posso garantir que nenhum deles se formou com a estratégia deliberada de se divorciar e criar filhos que se afastariam. No entanto, um número chocante deles implementou tal estratégia. A razão? Eles não mantiveram seu propósito em primeiro plano quando decidiram a que dedicariam seu tempo, talento e energia.

Clayton acredita que se trata de "escolher a medida certa" para determinar como mensurar sua vida. Ele disse:

> Na verdade, é muito importante que você seja bem-sucedido naquilo em que está tendo sucesso, mas isso não será a medida de sua vida... Muitas vezes medimos o sucesso na vida em relação ao progresso que fazemos na carreira. Mas como podemos garantir que não estamos nos afastando de nossos valores como seres humanos ao longo do caminho?[4]

Meu avô Stephen L. Richards teve tanto sucesso em sua vida privada quanto na vida pública. Talvez nada que ele ensinou tenha tido mais impacto sobre mim do que este princípio poderoso: "A vida é uma missão, não uma carreira".

À medida que trabalhamos para descobrir e usar os próprios talentos, habilidades, crenças, paixão, competências, tempo e recursos (tudo o que somos), acabamos por descobrir nossa missão exclusiva. Quando ouvimos com atenção e seguimos a consciência com mais regularidade, a capacidade de discernir a quem ajudar e o que fazer fica mais forte. A resposta virá.

Isso significa não permitir que as mídias sociais, a indústria do entretenimento, seu vizinho, amigo, açougueiro, padeiro, fabricante de velas ou mesmo sua esteticista definam o sucesso para você. O sucesso é diferente para pessoas diferentes. É preciso alinhar sua definição de vitória com seus valores. Mostrar integridade sendo fiel a quem você é.

Existem certos princípios universais conhecidos e aceitos pela maioria das pessoas e que transcendem a cultura e as fronteiras: honestidade, justiça, decência, lealdade, respeito, consideração, integridade e assim por diante. Como o norte verdadeiro para o qual uma bússola aponta, esses valores são objetivos e externos: refletem leis naturais, não valores subjetivos e internos.

Uma bússola fornece direção, propósito, visão, perspectiva e equilíbrio. Quanto mais nossos valores estiverem alinhados com princípios corretos, mais precisos e úteis serão. E, se soubermos ler mapas, não ficaremos perdidos, confusos e tampouco seremos enganados por vozes e valores conflitantes.

É importante descobrir seu propósito e sua missão em relação à sua família, sua ocupação, sua comunidade e quaisquer outros papéis que possa desempenhar. Ciente disso, você deve viver segundo esse propósito. Conforme passamos pelos altos e baixos da vida, em especial na fase da meia-idade, precisamos usar nossa bússola moral para nos guiar e direcionar.

Viver a Mentalidade Crescendo significa ser capaz de assumir o controle da sua vida e responder ao que está lhe acontecendo, melhorando ou mudando a situação — acreditando que é possível fazer escolhas positivas e mudando seu paradigma de meia-idade desafiadora e até estagnada para uma vida em expansão e realização.

A vida não se trata de encontrar a si mesmo — a vida se trata de criar a si mesmo.
Frase atribuída a GEORGE BERNARD SHAW

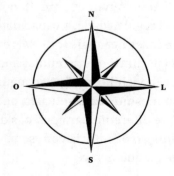

Verdadeiramente acreditar que *seu maior êxito está um passo adiante* lhe dará a motivação para continuar tentando, aprendendo, mudando e se adaptando a novos desafios e adversidades temporárias. Acreditar e responder proativamente devolverá o leme da sua vida às suas próprias mãos e capacitará você a traçar o próprio curso empolgante — em qualquer idade.

Se está enfrentando problemas de meia-idade, adotar esse paradigma é fundamental. Aprendi que, se queremos aplicar pequenas mudanças em nosso cotidiano, devemos trabalhar a atitude. Mas, se quiser fazer mudanças grandes e primárias, trabalhe em seu paradigma. Como um par de óculos, um paradigma é a lente através da qual enxergamos a existência. A lente que você escolhe afeta a maneira como você vê tudo.

Foque primeiro o mais importante

Muitas vezes ensinei que ninguém quer chegar ao fim da trajetória e perceber que a escada para o sucesso que você vinha subindo estava encostada na parede errada! É necessário assumir a responsabilidade e a iniciativa de decidir o que valoriza e priorizar as coisas mais importantes — ou seja, aquelas que realmente importam em longo prazo. Primeiro o mais importante: o terceiro hábito de *Os 7 hábitos das pessoas altamente eficazes*. Esse princípio é muitas vezes o mais crucial a ser aplicado durante a batalha da meia-idade. É um princípio de ação e poder.

A Mentalidade Crescendo promove a ideia de que nunca é tarde para começar, independentemente da sua idade ou etapa, mesmo que nunca tenha tido sucesso antes. Embora possa ter dificuldades e sentir que está perdendo a batalha da meia-idade, mudar está inteiramente ao seu alcance. Nunca é tarde demais para reparar relacionamentos prejudicados dentro da família, para começar a passar mais tempo com quem se ama, para realinhar suas prioridades.

É inteiramente sua escolha e decisão de restaurar relacionamentos importantes, mesmo que precise fazer algum controle de danos e pedir desculpas por comportamentos ou negligências do passado antes de começar. Reúna a coragem e a visão para fazer isso acontecer. Será uma das melhores decisões que você tomará e da qual nunca se arrependerá. Alcançar o sucesso nos papéis e relacionamentos mais importantes de sua vida é encontrar felicidade de verdade.

Como observou Dag Hammarskjöld, ex-secretário-geral das Nações Unidas, "é mais nobre entregar-se por completo a um indivíduo do que trabalhar diligentemente pela salvação das massas". Um executivo pode estar muito envolvido e dedicado ao próprio trabalho, aos projetos da igreja e da comunidade e, no entanto, não ter um relacionamento profundo e significativo com o próprio cônjuge. É preciso mais nobreza de caráter, mais humildade e mais paciência para desenvolver tal relacionamento com um cônjuge do que seria necessário para prestar serviço contínuo e dedicado a muitas pessoas.

Frequentemente justificamos a negligência a um único indivíduo, em parte porque recebemos estima e gratidão das "massas". No entanto, é fundamental reservar tempo e se entregar por inteiro às pessoas. As crianças, em particular, são mais abertas quando você está sozinho com elas e quando se sentem compreendidas e cuidadas de modo genuíno.

Lembro-me de ouvir uma história sobre um pai que levou a família em uma viagem de férias de verão que incluía visitar pontos históricos importantes. Ao fim do verão, perguntou ao filho adolescente do que ele mais havia gostado. Em vez de escolher um dos lugares importantes que visitaram, o filho simplesmente disse: "O que mais gostei neste verão foi a noite em que você e eu nos deitamos no gramado e ficamos olhando para as estrelas e conversando!".

Que mudança de paradigma esse pai experimentou quando percebeu que não importa realmente o que fazemos, mas o que sentimos enquanto fazemos. Ele sempre teve ao seu alcance a capacidade de dar ao filho algo de grande valor, mesmo sem sair do quintal de casa. E não lhe custaria um centavo!

As coisas que mais importam nunca devem estar à mercê das coisas que menos importam.
JOHANN WOLFGANG VON GOETHE

Então, o que tudo isso tem a ver com levar uma vida em crescendo, em particular durante a fase da meia-idade, que com frequência é uma luta e, às vezes, até uma batalha? Muitas pessoas se sentem puxadas para diferentes direções durante esse período da vida e devem lutar para permanecer alinhadas com as prioridades que valorizam. Há tanta pressão para se destacar em uma carreira, para alcançar o "sucesso" como o mundo o vê, para fazer tudo até certa idade ou etapa, que ela afeta (e distorce) aquilo que realmente mais importa na vida. É uma batalha contínua o combate à tendência de ceder às normas sociais de tentar manter as aparências e obter cada vez mais para si mesmo e para os seus.

Embora haja inúmeras coisas importantes para uma pessoa ou uma família ter (lar confortável, oportunidades de educação, transporte e lazer), o que ela mais precisa é de tempo, amor e atenção.

Trabalhe para ter sucesso
em seus papéis mais importantes

Todas as situações familiares são únicas, e você pode desempenhar papéis diferentes dentro da sua família. Por exemplo, pode não ser pai ou mãe, mas, como filho ou filha, pode ser uma bênção para pais idosos, que podem ter problemas de saúde. Conheço uma filha solteira que mora com a mãe, a qual sofre de diabetes e problemas cardíacos. Essa mulher leva a sério o papel de filha e cuidadora, fazendo sacrifícios pessoais e raramente saindo com os amigos. Algumas vezes por ano, uma irmã que mora fora da cidade a substitui por alguns dias. Mas, ciente de que tem pouco tempo com a mãe, essa mulher se satisfaz em amá-la e cuidar dela em sua própria casa, onde ela é mais feliz.[5]

Talvez você seja irmão ou irmã de alguém que seguiu um caminho errado, e essa pessoa pode se beneficiar de algum incentivo, conselho ou outra contribuição sua. Talvez você não tenha filhos próprios, mas, sendo tia ou tio, pode exercer grande influência em uma sobrinha ou um sobrinho simplesmente demonstrando interesse, indo aos jogos de futebol, às peças de teatro, oferecendo-se para levá-los a aulas de música ou ajudando com um projeto escolar especial.

Conheço um homem que é diligente em seu papel de irmão solidário à irmã mais velha e solteira, Jenny, que mora sozinha. Como seus pais idosos moram a quatro horas de distância e têm muitos problemas de saúde, eles não estão tão envolvidos na vida da filha quanto gostariam. Jenny se afastou dos outros irmãos, muitas vezes dizendo-lhes coisas insensíveis sem pensar e, às vezes, se aproveitando deles financeiramente.

No entanto, seu irmão Blake toma a iniciativa de manter contato semanal com Jenny por meio de telefonemas ou mensagens de texto, ajudando-a a encontrar emprego, fornecendo apoio durante problemas de saúde ou apenas perguntando como ela está. A esposa de Blake é igualmente solidária e faz questão de incluir Jenny em muitas de suas atividades familiares, especialmente durante períodos de festas e eventos especiais. Como consequência, Jenny se sente confortável em reuniões de família e tem um bom relacionamento com os filhos dos dois.

Recentemente, Blake a convidou para um jantar de aniversário em seu restaurante favorito com a família, e Jenny confessou que teria ficado em casa sozinha no próprio aniversário se o irmão não tivesse planejado uma comemoração em sua homenagem. Que vida diferente ela experimentaria se Blake não valorizasse seu importante papel como irmão nem se esforçasse para se envolver em sua vida, abençoando-a com uma valiosa conexão familiar.[6]

Sempre acreditei e ensinei que o trabalho mais importante que você fará na vida será dentro de seu próprio círculo familiar e, em última análise, esse é o espaço no qual encontrará a felicidade e a realização mais duradouras.

Por mais importantes que sejam suas obrigações como médico, advogado ou líder de negócios, você é um ser humano em primeiro lugar. E essas conexões humanas com cônjuge, filhos e amigos são os investimentos mais importantes que você fará. No final da vida, nunca se arrependerá de não ter passado em mais um teste, de não ter ganhado mais um veredicto ou de não ter fechado mais um negócio. Você se arrependerá do tempo que não passou com um

marido, um amigo, um filho ou um pai. [...] *Nosso sucesso como
sociedade não depende do que acontece na Casa Branca, mas do que
acontece dentro da sua casa.*
BARBARA BUSH[7]

Quaisquer que sejam as funções específicas importantes e significativas para você (seu papel dentro da família, como mentor, amigo confiável; em seu trabalho e carreira, como membro
contribuinte da comunidade, prestando serviço a causas nobres),
todos esses papéis são uma boa medida de sucesso. O sucesso, então, é determinado pelo que você valoriza e faz — e não por como
a sociedade te define ou como você se compara com os outros.
Trabalhar para ter sucesso nos papéis mais importantes da sua
vida permitirá alinhar a definição de "sucesso" com seus valores.

Você demonstra integridade quando é fiel aos *seus* próprios
valores.

Em sua clínica na Etiópia, "dr. Rick" não tem uma caixa de
luz para ver as radiografias, então improvisa segurando-as contra o sol escaldante. Dá certo, e ele é capaz de diagnosticar os
muitos pacientes que recebe todos os dias, sem qualquer custo
para eles. Na Etiópia, é uma dura realidade o fato de que há
apenas um médico para cada quarenta mil pessoas. Vários dos
pacientes do dr. Rick viajam centenas de quilômetros a partir
de aldeias remotas, às vezes na traseira de caminhões, para que
sejam atendidos em sua clínica de um cômodo na Missão de
Madre Teresa em Adis Abeba. O médico os examina, faz um
diagnóstico e então trabalha com criatividade para obter os remédios, as cirurgias ou os cuidados especiais de que precisam,
contando com a generosidade de outras pessoas para angariar
fundos e com médicos para realizar cirurgias *pro bono*. Ele faz
tudo ao seu alcance para ajudar os pacientes, pois sabe que
pode ser a única esperança de sobrevivência deles.

Natural de Long Beach, o dr. Rick Hodes foi pela primeira
vez para a Etiópia em busca de realizar trabalho humanitário
durante a crise alimentar de 1984. Foi atraído de imediato pela
grande necessidade de trabalho humanitário que viu em primeira mão e, quando descobriu a Missão de Madre Teresa, continuou voltando para ajudar e acabou ficando. Em 2001, como

homem solteiro de meia-idade, o dr. Hodes tomou a decisão de adotar dois órfãos para que pudessem fazer uma cirurgia usando seu seguro de saúde. Enquanto pensava e orava a respeito, "a resposta que me veio", lembra ele, foi: "Deus está lhe oferecendo a oportunidade de ajudar esses meninos. Não recuse!".

Rick Hodes é especialista em câncer, doenças cardíacas e problemas na coluna. Ele providencia o que é necessário para que médicos estadunidenses forneçam cirurgias gratuitas a pacientes com fenda palatina e outras deformidades faciais, bem como outras condições médicas. O doutor compartilha alegremente e a qualquer momento sua modesta casa com até vinte crianças, que moram com ele em Adis Abeba. Ele adotou cinco crianças, o número máximo permitido na Etiópia. "Sempre que meio colchão está livre, recebo alguém novo", diz Hodes.

Quando o dr. Irving Fish, então diretor de neurologia pediátrica da faculdade de medicina da Universidade de Nova York, visitou a missão na qual o dr. Hodes trabalhava, ficou impressionado com seu altruísmo e sua incrível capacidade de resolver problemas médicos difíceis. "Rick poderia ter se saído muito bem praticando medicina nos Estados Unidos, mas escolheu fazer algo muito mais difícil", comentou o dr. Fish. "Nunca conheci ninguém como ele. É um grande diagnosticador. São apenas ele, seu estetoscópio, seu cérebro e seu coração."

Enquanto a maioria dos estadunidenses tem água quente e eletricidade garantidas, o dr. Hodes vive sem esses confortos. Ele fez enormes contribuições para a saúde de toda a região onde vive e à qual serve, e seu trabalho inspirou cineastas, escritores e jornalistas. Seu mantra pessoal, tirado de sua passagem favorita do Talmud, dá uma ideia de suas prioridades: "Salvar uma vida é como salvar um mundo inteiro".[8]

Em sua etapa da meia-idade, o dr. Rick Hodes é fiel ao que valoriza (servir a uma comunidade desprivilegiada) e é extremamente bem-sucedido nessa função tão importante. Para ele, a vida é sem dúvida uma missão, e não apenas uma carreira.

Assuma o controle e aja!

Muitos anos atrás, deparei inadvertidamente com uma ideia poderosa que mudou minha vida e influenciou meu pensamento desde então. Embora eu nunca tenha conseguido rastrear a fonte ou o autor, a ideia é basicamente a seguinte:

> Entre estímulo e resposta existe um espaço. Dentro desse espaço está nossa liberdade e o poder de escolher nossa resposta. Nessas escolhas estão nosso crescimento e nossa felicidade.

A segunda perspectiva da Mentalidade Crescendo na etapa da meia-idade é nítida. Se você está travando uma batalha da meia-idade — preso em uma rotina, precisando mudar um comportamento destrutivo e melhorar ou reinventar a si mesmo, seus relacionamentos ou sua carreira — , assuma o controle e aja para promover mudanças positivas.

Pesando 180 quilos, o diretor Ernie Nix mal conseguia andar pelos corredores de sua escola sem se sentir exausto. Seu nível de colesterol estava em 440, a pressão arterial era 22 por 11, e seu médico lhe disse que ele estava a caminho de uma morte muito dolorosa, provavelmente dentro de cinco ou seis anos.[9]

"Se eu queria fazer o bem para alguém... se queria liderar a escola para o lugar aonde sei que ela deveria ir... o líder precisava mudar", admitiu Nix. "Não havia como continuar pesando 180 quilos."

Ernie decidiu assumir a responsabilidade e o controle da própria saúde, e, em última instância, de seu futuro, fazendo enormes mudanças na sua rotina. Ele acordava às 4h30 todas as manhãs e caminhava pela pista das cinco às seis horas — o único horário em que poderia fazer essa mudança significativa de estilo de vida, dada a sua agenda lotada. Além de adicionar exercícios regulares, juntou-se aos Vigilantes do Peso para educação e apoio e mudou completamente seus hábitos alimentares. Como sua esposa também não estava em boa forma, uniu-se a ele nessa busca por um novo estilo de vida saudável.

Embora tenha sido um processo lento e que exigiu muita disciplina, acabou valendo a pena. Ernie perdeu 78 quilos no primeiro ano, e isso inspirou o diretor-assistente, o secretário, o zelador, alguns professores e um conselheiro a seguir seu exemplo, e todos também perderam peso. Como queria ser um bom exemplo, Ernie passou a oferecer aos alunos opções de almoço mais saudáveis e tornou a educação física da escola mais competitiva e divertida. Uma de suas maiores recompensas foi quando um aluno que não o via havia muito tempo parou de repente e gritou com entusiasmo com um enorme sorriso: "Sr. Nix... cara!".

Depois de perder os 78 quilos, Ernie começou a correr e, no fim, participou de maratonas, chegando a ser destaque na revista *Runner's World*. Dois anos se passaram e Nix havia perdido um total de cem quilos — enquanto sua esposa perdera 45 quilos — e tinha muito mais energia e entusiasmo para oferecer a seus alunos e à administração escolar. Sentia-se saudável e feliz pela primeira vez em anos.

Ernie usou esse "espaço" entre estímulo e resposta para fazer uma pausa e mudar hábitos, e isso acabou por lhe salvar a vida e incentivar as pessoas ao seu redor. Nas palavras de Ernie Nix: "Escolho não ser infeliz. Isso é uma *escolha*".[10]

Se você se sente estagnado na meia-idade, a boa notícia é que há muito o que fazer; pode repensar a vida, mudar hábitos e melhorar. Como Ernie Nix aprendeu, nosso comportamento é resultado de decisões, não de condições. Você tem o poder de se reinventar para que seus melhores dias ainda estejam à sua frente.

De vez em quando, no meio de uma carreira de sucesso, algo inesperado acontece e você é forçado a mudar por completo de direção.

O empresário Steve de repente se viu forçado pelos sócios a sair de uma empresa que havia fundado vinte anos antes. Aos 46 anos, estava desanimado, desempregado; com uma família de quatro pessoas, temia pelo futuro. Após deliberação cuidadosa, decidiu mudar de carreira e começou a cursar direito aos 47 anos, de longe o aluno mais velho da turma.

Depois de alguns meses na faculdade, Steve se lembra de parar no estacionamento vazio da universidade às cinco horas de uma manhã sombria de inverno. Estava escuro como breu, frio e gelado, e o pensamento aterrorizante de "o que foi que eu fiz?" passou sobre ele como uma nuvem de escuridão. Com anos de aulas pela frente, na idade em que estava, ele não podia evitar o sentimento de dúvida e ansiedade. Quase paralisado com pensamentos de fracasso, lutou contra os medos e afirmou a determinação de que conseguiria concluir o curso, independentemente do caminho difícil que houvesse pela frente. Decidiu se concentrar apenas em olhar para um novo futuro e seguiu com coragem e otimismo.

Steve estudou muito sem tirar férias e acabou se formando em dois anos e meio. Aos 49 anos, montou o próprio escritório de advocacia. Em pouco tempo, seu trabalho prosperava, e ele tinha mais serviço do que podia dar conta, em uma carreira nova e satisfatória.[11]

Continue seguindo em frente!

Embora uma "fermata" (pausa) inesperada possa ocorrer durante a etapa da meia-idade, não desanime, desista ou fuja. Com seu novo paradigma da Mentalidade Crescendo, você sabe que tem muito mais sinfonias para compor e tocar. Embora nem sempre escolhamos o rumo da vida, sempre podemos focar o que é possível controlar, olhar com otimismo para o futuro, trabalhar duro, perseverar e acreditar que a situação melhorará. Use esse espaço entre o estímulo e a resposta para recuar, examinar, redefinir e escolher com sabedoria.

Muitas vezes, as pessoas se sentem descontentes com o trabalho no meio de uma carreira porque não acompanharam novas práticas, métodos, treinamentos ou tecnologias. O tédio ou a falta de realização não são as únicas razões pelas quais as pessoas ficam estagnadas ou desejam mudar de carreira. Com frequência isso ocorre porque não se esforçaram tanto para que se mantivessem atualizadas e competentes na área escolhida.

Talvez você precise se reinventar voltando a estudar, pesquisando sobre o que lhe causa paixão ou algo que lhe seja natural, e se relacionando com pessoas que podem ajudar você a realizar uma mudança significativa de carreira. Precisamos nos desenvolver constantemente para não nos tornarmos obsoletos.

Lembre-se de que hoje não é para sempre! Depois de passar pela crise, você pode perceber que o que aprendeu ao longo do caminho foi a parte mais valiosa da jornada.

Não conheço fato mais encorajador do que a capacidade inquestionável do homem de elevar sua vida pelo esforço consciente.
Frase atribuída a HENRY DAVID THOREAU

Embora eu não tenha pensado nisso como uma "crise da meia-idade" na época, eu mesmo enfrentei uma luta pessoal durante essa etapa da minha vida. Depois de obter um MBA, senti que minha paixão e minhas habilidades estavam relacionadas ao ensino. Assim, em vez de entrar no negócio de hotéis da família, pelo qual eu não tinha interesse, aceitei um cargo de professor em uma universidade particular. Eu adorava ensinar aos alunos novos conceitos e ideias que poderiam aplicar no âmbito pessoal, bem como em uma carreira futura. Lecionei diversas aulas de negócios e comportamento organizacional por mais de vinte anos. Após cerca de uma década, trabalhei para concluir meu doutorado — algo que ampliou de fato minha visão na área de desenvolvimento humano.

Durante a década de 1970 e no início da década de 1980, comecei a prestar consultoria privada para vários líderes e organizações nos Estados Unidos. Eu adorava aplicar os princípios que havia desenvolvido em sala de aula nas muitas empresas pelas quais fui contratado para trabalhar. Nessa época, fiquei muito honrado e animado quando meus colegas do departamento de comportamento organizacional me indicaram para me tornar professor titular. No entanto, o chefe do departamento votou contra a indicação e influenciou o comitê a não me conceder o cargo de professor titular ainda porque eu não havia feito pesquisas ou publicado o suficiente para justificar a promoção.

Isso foi uma grande decepção, pois eu sentia que minhas verdadeiras paixão e missão estavam no ensino, não na pesquisa. Embora estivesse constantemente lendo e escrevendo em minha área e tivesse começado a explorar o que acabaria se tornando *Os 7 hábitos das pessoas altamente eficazes*, eu tinha pouco interesse em publicar nos periódicos do meu departamento. Também mantinha uma pesada carga contínua de ensino de doze a quinze horas por semestre, quando a maioria dos professores ensinava de seis a nove horas. Eu sabia, no entanto, que a pesquisa e a publicação eram cruciais para o sucesso em uma universidade, por isso precisei reconsiderar seriamente minhas opções.

Eu havia dado início a mais trabalhos de consultoria de negócios, e ficou difícil conciliar ensino e viagens ao passo que ajudava minha esposa, Sandra, a criar uma jovem família. Mas ensinar o que eu chamava de "liderança centrada em princípios" para executivos de negócios que poderiam aplicar minhas ideias de liderança diretamente com seus funcionários e em suas organizações era emocionante. Depois de vinte anos dando aulas e me sentindo um pouco estagnado no trabalho, havia chegado a hora de uma mudança.

Sandra e eu lutamos com a decisão por um tempo, mas por fim decidimos dar um grande salto de fé e entrar no mundo dos negócios por conta própria. Foi uma jogada arriscada me afastar de um salário regular e estável aos 51 anos, mas eu sabia que queria começar minha própria empresa de consultoria. Decidimos hipotecar a casa e o chalé e começar uma nova empresa: a Stephen R. Covey & Associates. Sandra foi minha parceira nessa decisão e tinha total confiança de que eu poderia tornar o negócio um sucesso, oferecendo todo o suporte necessário para realizarmos essa enorme mudança em nossa vida. Com vários filhos morando em casa e alguns na faculdade, sabíamos que precisaríamos apertar o cinto e fazer muitos sacrifícios. Mas ambos sentíamos que era o momento certo.

A decisão mostrou-se acertada. Trabalhar como consultor de negócios em tempo integral ampliou minhas habilidades e capacidades de maneiras diferentes das que eu já havia experimentado.

Depois de eu ter passado dez anos desenvolvendo o material para um livro, a editora Simon & Schuster apostou em um autor desconhecido e, em 1989, publicou *Os 7 hábitos das pessoas altamente eficazes*. A partir daí, as coisas realmente decolaram. Era a realização do sonho de falar ao redor do mundo sobre princípios fundamentais que eu acreditava serem inatos a todas as culturas e todos os povos.

No fundo, sempre me considerei um professor, embora nunca teria tido a oportunidade de alcançar tantas pessoas se não tivesse saído da universidade quando senti que precisava sair. Sempre fui grato pelos anos de ensino que me deram a base para que eu tivesse sucesso no meu caminho para fora da crise da meia-idade e para dentro de uma carreira de consultor e escritor (vivendo a vida em crescendo).

Compartilho minha experiência pessoal aqui porque nem sempre é fácil descobrir os próprios talentos, paixões ou missão, e pode levar algum tempo e um esforço considerável até encontrar no que somos bons e o que queremos fazer.

Mas é importante assumir o controle do que está estagnado em sua vida e, de forma proativa e corajosa, agir para realizar mudanças positivas. Como o sinal de crescendo **<**, durante essa etapa da meia-idade você deveria estar progredindo e agregando continuamente sua vida, ampliando escopo e oportunidades, e antecipando novos objetos de aprendizado e realização — preparando-se para a próxima oportunidade empolgante da sua jornada.

CAPÍTULO 2

Ame servir

*Não procure coisas grandes, apenas faça
pequenas coisas com muito amor.*
MADRE TERESA

O amor por servir ao próximo é uma característica central da
vida em crescendo. Seja qual for a etapa em que estejam, as
pessoas que servem olham para fora de si mesmas e veem nos
outros necessidades que podem satisfazer. Embora comuns e ao
que parece sem importância, as pequenas e boas ações podem
se transformar em algo que vale a pena para outra pessoa.

Realizar pequenos atos de contribuição é como plantar uma
semente de mostarda. Uma semente de mostarda é tão pequena
que mal podemos vê-la, todavia, quando plantada e cultivada,
ela se torna a maior erva de todas. Uma semente de mostarda
acaba se transformando em uma árvore enorme — tão grande que os pássaros chegam a se alojar em seus galhos. Assim
é com as oportunidades de servir. Estão ao seu redor se você
simplesmente as procurar. E muitos pequenos atos produzem
resultados enormes.

Demonstre gratidão

*Cultive o hábito de ser grato por cada coisa boa que acontecer a você
e agradeça de modo contínuo. E, como todas as coisas contribuíram
para o seu progresso, você deve incluir todas as coisas em sua gratidão.*
RALPH WALDO EMERSON

Ironicamente, quando começa a sentir que a vida passou por
você, a melhor coisa a fazer é reconhecer tudo o que tem e ser

grato por isso. Levar a vida em crescendo inclui demonstrar gratidão de modo contínuo — mesmo quando sentimos não haver muito pelo que agradecer. Há algo em mudar a mentalidade de autocomiseração para expansividade e gratidão que cura e até transforma.

O amor à contribuição começa quando olhamos para fora de nós mesmos. Uma vez que o fazemos, mesmo em meio a aborrecimentos da meia-idade, podemos notar coisas pelas quais podemos ser gratos. E a gratidão pode nos dar uma perspectiva a respeito de quaisquer dificuldades que estejamos enfrentando.

Aos 53 anos, John Kralik passou por uma terrível e assustadora baixa em sua vida. Seu pequeno escritório de advocacia estava falindo. Ele estava enfrentando um segundo divórcio doloroso. Havia se distanciado dos dois filhos mais velhos e temia perder o contato com a filha mais nova. Morava em um apartamento minúsculo onde congelava no inverno e assava no verão. Estava vinte quilos acima do peso. A namorada tinha acabado de terminar com ele. De modo geral, seus sonhos pareciam ter escapado para sempre de seu alcance.

Inspirado por um belo e simples bilhete que a ex-namorada havia enviado em agradecimento ao presente de Natal, John imaginou que poderia encontrar um jeito de sentir gratidão ao escrever bilhetes de agradecimento. Para seguir em frente, estabeleceu uma meta — acontecesse o que acontecesse — de escrever 365 bilhetes de agradecimento no ano seguinte.

Um a um, dia após dia, John começou a escrever à mão bilhetes de agradecimento por presentes ou gentilezas que recebera de entes queridos e colegas de trabalho, de antigos parceiros de negócios e até de advogados concorrentes, de amigos de faculdade, médicos, balconistas de lojas, faz-tudo e vizinhos — qualquer um, absolutamente qualquer um que lhe tivesse feito algo bom, fosse grande ou pequeno. Não muito tempo depois de ter enviado os primeiros bilhetes, benefícios significativos e surpreendentes começaram a surgir no caminho de John — de ganhos financeiros a amizades verdadeiras, de perda de peso a paz interior. Enquanto John escrevia suas anotações, a economia entrou em colapso, o banco do outro lado da rua de seu escritório faliu, porém, com um bilhete de agradecimento após o outro, toda a vida de John mudou. Ironicamente, ele descobriu que, ao olhar para fora e expressar gratidão sincera àqueles que haviam abençoado sua vida, ele se curou internamente e pôde mais uma vez olhar para o futuro com otimismo.

Depois de exercer a advocacia por trinta anos na Califórnia, John Kralik realizou seu sonho e foi nomeado juiz do Tribunal Superior de Los Angeles. Apenas dois anos depois de sua vida estar no nível mais baixo de todos os tempos, John publicou a história de superação de sua aparente "crise da meia-idade" em um livro intitulado *A simple act of gratitude: how learning to say thank you changed my life* (*Um simples ato de gratidão: como aprender a agradecer mudou minha vida*). A mensagem simples de procurar de maneira ativa motivos para demonstrar gratidão a outras pessoas em sua vida por meio de um bilhete manuscrito sincero inspirou vários outros indivíduos, que se tornaram beneficiários de suas ações. Embora agradecer seja algo que aprendemos quando jovens, escrever um bilhete à mão é uma prática incomum e surpreendentemente valorizada nesta era digital.[12] Este é o modo de pensar da Mentalidade Crescendo: à medida que seu foco muda de você para os outros, sua vida e sua influência se expandem e, como John descobriu, seus melhores anos ainda podem estar à sua frente.

Madre Teresa, que levou uma vida de servir ao próximo, sabia da importância da gratidão e das recompensas ao doador:

> Certo dia, um mendigo veio até mim e disse: "Madre Teresa, todo mundo dá à senhora coisas para serem dadas aos pobres. Eu também quero lhe dar algo. Mas, hoje, só consigo dar dez centavos. Quero dá-los à senhora".
>
> Eu disse a mim mesma: "Se eu aceitar, talvez ele precise ir para a cama sem comer. Se eu não aceitar, vou magoá-lo". Então aceitei. Nunca vi tanta alegria no rosto de alguém que tenha doado dinheiro ou comida como vi no rosto daquele homem. Ficou feliz por também poder dar algo.[13]

É provável que essa oferta aparentemente pequena de um homem tão pobre tenha o abençoado mais do que a qualquer um que a tenha recebido — mas sua atitude de gratidão era evidente. Ele experimentou a verdadeira alegria de ser capaz de doar a alguém ainda menos afortunado. Foi tomado por uma atitude de gratidão. Da mesma forma, se você encontrar maneiras de demonstrar gratidão pelo que tem, mesmo no meio de uma crise de meia-idade, prometo que descobrirá uma abundância de alegria que nunca imaginou ser possível e obterá insights sobre como melhorar a própria situação.

Retribua

A melhor parte da vida de um homem bom são seus pequenos, inomináveis e esquecidos atos de bondade e amor.
WILLIAM WORDSWORTH

Se está enfrentando dificuldades na fase da meia-idade e esperando que algo bom aconteça, esqueça-se de si mesmo e de seus problemas por um tempo e sirva a alguém. Ajudar alguém ou incentivá-lo, mesmo que de maneira sutil, pode aliviar a carga e elevar o espírito dessa pessoa de um modo que elevará também o seu.

Um casal organizou um pequeno grupo para limpar a casa e o quintal de uma das vizinhas, que estava sobrecarregada e precisava de uma pequena "injeção" de esperança. Eles trabalharam duro por várias horas enquanto a vizinha estava fora, e deixaram a casa e o quintal dela mais limpos e brilhantes. Quando a vizinha voltou para casa, ficou muito surpresa e agradecida e postou esta mensagem comovente no Facebook:

Um enorme agradecimento sincero às "fadas da limpeza" que decidiram visitar a minha casa hoje, sejam vocês quem forem. Deve ter sido mais de uma pessoa, para conseguir mover minha geladeira! Palavras não podem expressar quanto me sinto grata e abençoada por ter amigos como vocês em minha vida. Chorei quando entrei pela minha porta esta noite. Fiquei impressionada com o amor que senti. Vocês realmente sabem o significado de servir, e eu jamais conseguiria transmitir quanto eu valorizo vocês! Vocês me aliviaram de um fardo... Por isso, do fundo do meu coração, OBRIGADA![14]

Além do impacto positivo na vida dessa pessoa, imagine os efeitos para quem participou dessa caridade. Às vezes, se olharmos ao redor, encontramos alguém em uma situação mais difícil do que a nossa. Apesar de não sabermos quais desafios pessoais esse jovem casal enfrentava, o resultado de aliviar o fardo de uma vizinha com dificuldade com certeza trará alegria para sua própria vida. Isso é algo que o dinheiro não pode comprar e você nunca poderá obter o suficiente. O ato de dar aos outros sem qualquer expectativa de receber de volta é a própria recompensa.

Quando enfrentar desafios difíceis, imagine a sensação de oferecer ajuda a alguém que esteja em situação semelhante. Parte do modo de pensar em crescendo é acreditar de verdade que *seu maior êxito está um passo adiante*, de modo que você ofereça ajuda aos outros ativamente durante o tempo de necessidade deles, em especial se você mesmo já recebeu ajuda.

Jorge Fierro cresceu em Chihuahua, no México, e sempre sonhou em migrar para os Estados Unidos e abrir um negócio. Quando enfim cruzou a fronteira, anos depois, estava sozinho, com pouco dinheiro e não falava uma palavra de inglês. Seu primeiro emprego foi em El Paso, no Texas, cavando valas por um dólar a hora. Em seguida, trabalhou como pastor de ovelhas em Wyoming. Mas ele sabia que não alcançaria os altos objetivos que havia estabelecido para si mesmo a menos que aprendesse inglês, e estava muito comprometido a trabalhar duro e fazer o que fosse necessário para um dia viver o sonho americano.

Jorge ouviu de outros imigrantes que, se conseguisse chegar a Salt Lake City, poderia aprender inglês em vários programas de idioma que já existiam. Então, por conta própria, ele foi para Utah. Quando chegou, não conhecia ninguém e no mesmo momento passou a fazer parte da população desabrigada. Mas logo descobriu que estava em uma comunidade de pessoas de bom coração. De alguma forma, sempre havia alguém que o alimentava. Jorge ficou na missão de salvamento por alguns meses, começou a aprender inglês e trabalhou como lavador de pratos ganhando um salário-mínimo para se sustentar.

Um dia, sentindo muita saudade de casa, ficou com desejo de comer um clássico prato mexicano de feijão e arroz, mas não ficou impressionado com o que havia disponível nos restaurantes da cidade. Lembrou-se com carinho da deliciosa receita de feijão da mãe e decidiu fazer um pouco para vender na feira de produtores rurais do centro da cidade. Jorge se sentiu encorajado quando as pessoas começaram a experimentar o autêntico feijão, que ele chamou de "De La Olla", e continuou a preparar mais para vários clientes que retornavam. Logo se tornou um vendedor regular na feira. Começou também a fazer seus burritos autênticos e a vender esses e outros pratos mexicanos populares.

Jorge tinha uma grande vontade de compartilhar os diversos e coloridos sabores da sua cozinha nativa, tornando-se uma espécie de embaixador da cultura e da gastronomia mexicanas. Pouco a pouco, expandiu o negócio de feijão e burritos para tortilhas, arroz, molho salsa, guacamole e, enfim, para mais de 75 produtos.

Hoje esses produtos, vendidos pela Rico Brand, são entregues toda semana a cerca de cem supermercados, cafeterias e restaurantes de sua comunidade. Ao longo dos anos, a Rico Brand prosperou e se tornou uma corporação multimilionária.

Alguns amigos procuraram Jorge com a ideia de participar do "The Burrito Project", ou Projeto Burrito, um movimento nacional, sem filiação política ou religiosa, com a missão de alimentar famintos e sem-teto em cidades ao redor do mundo. Jorge, agora na meia-idade, logo quis fazer parte disso, pois valorizava a contribuição à comunidade como um de seus papéis mais importantes. Como alguém que também vivenciou a situação de sem-teto, ele assumiu um compromisso pessoal de que um dia retribuiria aos outros. "Passe adiante" tornou-se o mantra de Jorge. E se comprometeu tanto com a ideia inspiradora que a tatuou no braço. Com a oportunidade perfeita para ajudar a população em situação de rua, Jorge fundou a Burrito Project SLC.

Operando a partir do armazém de distribuição da Rico Brand, os voluntários do Burrito Project confeccionaram e distribuíram entre seiscentos e mil burritos de arroz e feijão por semana entre abril e dezembro de 2012. Sob a direção de Jorge, tortilhas, arroz e feijão frescos também eram preparados no local. Em seguida, grupos de voluntários se reuniam para enrolar burritos em papel-alumínio e colocá-los em caixas térmicas ou sacos para reter o calor. Outros voluntários os entregavam de carro, a pé ou de bicicleta, em quantidades de até quinhentas unidades por dia.

Desde 2012, centenas de voluntários vêm doando tempo e serviços para tornar esse projeto humanitário único um enorme sucesso. Fiel à sua missão, o Burrito Project está "comprometido a acabar com a fome, um burrito de cada vez". Desde 2017, o Burrito Project SLC produz e entrega entre novecentos e 1,4 mil burritos quentes e nutritivos em Salt Lake City quatro dias por semana (de segunda a quinta-feira), uma frequência maior que a de qualquer outra das trinta cidades que abrigam Burrito Projects em toda a América do Norte.

Jorge explica sua motivação dizendo: "Muitas vezes não percebemos como somos abençoados. Eu estava ansioso por ser um estadunidense de sucesso e sou grato por aqueles que vieram e me ajudaram a chegar lá". O Burrito Project é um esforço humanitário único, porque qualquer pessoa pode participar e fazer a diferença. Não é preciso ser rico para ajudar, basta doar tempo. Jorge acredita que o programa impactou a população em situação de rua porque, "mais do que qualquer outra coisa [...], além de alimentá-los, estamos simplesmente mostrando que nos importamos".[15]

Esse serviço abençoa Jorge e os demais envolvidos tanto quanto os destinatários das doações, porque eles se concentram nos outros necessitados, e não nos próprios problemas. Viver a vida em crescendo pode se traduzir em identificar uma necessidade, servir aquele que necessita e retribuir, independentemente de como está a sua vida. Esses são componentes importantes para ajudar você a vencer suas batalhas da meia-idade. Ao olhar para fora a fim de abençoar os outros, também encontrará maneiras de superar suas dificuldades.

Nunca podemos pagar com gratidão; só se pode pagar "em escambo" em outro lugar da vida.
ANNE MORROW LINDBERGH, *North to the Orient*

Brian LeStarge se tornou professor porque queria incitar em seus alunos o interesse por um assunto pelo qual era apaixonado: ciência. Ele adorava pensar no máximo possível de experimentos práticos para envolver suas turmas de oitavo ano. LeStarge sabia que, se conseguissem enxergar além da teoria e das regras de como as coisas funcionam, seus alunos se divertiriam ao transformar a ciência em ação.

Ele explicava sua filosofia da seguinte maneira: "Como professor dos últimos anos do Ensino Fundamental e dos primeiros anos do Ensino Médio, sinto que meu trabalho é 'seduzir' os alunos para a minha disciplina. Preciso conquistá-los, tornando mais interessante a matéria que leciono. [...] Estou sempre monitorando se os estudantes estão gostando da aula e tento ensinar com entusiasmo".

Todos os anos ele "seduzia" os alunos fazendo com que construíssem os próprios foguetes, que os lançassem no gramado dos fundos da escola, medissem até onde os equipamentos iam e discutissem por que alguns tinham mais propulsão do que outros. Era o ponto alto do ano, e os alunos participavam de uma competição de foguetes em que a invenção capaz de ir mais longe era a vencedora. Também explodiam coisas em sala de aula mediante o uso de produtos químicos (em circunstâncias supervisionadas). Os estudantes adoravam encontrar as combinações certas para fazer algo explodir. O sr. LeStarge era um professor popular porque mostrava interesse genuíno nos alunos, sabia seus nomes e compartilhava a paixão pela ciência de um modo divertido e interessante.[16]

No entanto, depois de muitos anos dando aula e durante sua fase da meia-idade, o professor começou a questionar se era de fato bem-sucedido em fazer a diferença no modo como seus alunos se sentiam em relação à ciência e se isso afetava o futuro deles. Achou difícil ver os resultados reais das metas que estabelecera para si e, sem muito feedback positivo, começou a desanimar e a perder de vista o motivo pelo qual havia escolhido lecionar em escolas.

Felizmente, nessa mesma época, LeStarge foi inesperadamente indicado para um prestigioso prêmio de ensino em seu distrito escolar por um grupo de pais que, sem o conhecimento dele, sabiam do impacto que suas aulas causavam nos alunos. Muitos ex-alunos escreveram sobre a influência direta que o professor tivera no fato de eles entrarem em um campo relacionado à ciência na faculdade.

Depois de ele receber o prêmio, a esposa de LeStarge escreveu a seguinte nota, agradecendo aos envolvidos:

Não tenho como agradecer o suficiente pela indicação do meu marido para este prêmio de ensino. É muito importante saber que alguém tenha dedicado tempo e esforço para isso. Ele se esforçou muito durante vários anos, mas, para ser franca, é um trabalho desgastante que não recebe crédito ou respeito. Este prêmio chega na hora certa, porque ele recentemente passou a se sentir desanimado com o trabalho e até considerou trabalhar com outra coisa depois de todos esses anos. Mas ganhar este prêmio mostrou ao meu marido que seus esforços como professor fizeram mesmo a diferença na vida de muitos de seus ex-alunos, e ele está se sentindo renovado! A esperança dele sempre foi que outras pessoas se inspirassem em sua dedicação e paixão no ensino de ciência. Agora, vê que isso está realmente acontecendo. Por favor, transmitam nossa profunda gratidão a todos os que ajudaram com esta indicação.[17]

Nos anos seguintes, ex-alunos apareceriam aleatoriamente na sala de aula de LeStarge sem aviso-prévio e agradeceriam por sua influência. E isso sempre o motivava a continuar.

Uma década depois de tê-lo como professor, uma aluna que se formou em engenharia mecânica e conseguiu um emprego na área em questão voltou para lhe contar o impacto que seu ensino teve na vida dela. "Eu quero que você saiba", disse a aluna, "que você foi a faísca para o que acabei cursando na faculdade e além. [...] A semente que você plantou cresceu... acendeu um fogo. Você fez um ótimo trabalho, e isso me afetou."[18] Depois de 27 anos de ensino, ainda era bom ouvir isso.

Conforme falamos, durante a meia-idade, muitos simplesmente não percebem o quanto são, de fato, bem-sucedidos em relação à vida de outras pessoas, porque talvez não consigam perceber de imediato seu impacto direto. Ou talvez não recebam o feedback necessário que reflita sua influência positiva. Muitas pessoas tendem a se comparar com outras a fim de avaliar seu sucesso, mas o sucesso verdadeiro nem sempre é o que parece ser. Um sentimento de verdadeiro sucesso pode levar alguém a reconhecer o impacto positivo de outra pessoa na sociedade e, em troca, retribuir. Um sucesso geralmente promove outro, e isso continua sem parar, fazendo o bem ao longo do caminho.

A contribuição existe em uma variedade de maneiras. Lembre-se de que o primeiro princípio de viver em crescendo durante a etapa da meia-idade é trabalhar para alcançar sucesso em seus papéis mais importantes. Muitas vezes, as pessoas que servem não percebem o impacto positivo que causam na vida dos demais — o que acaba por refletir o "verdadeiro sucesso" na própria vida. Os exemplos a seguir são de pessoas comuns fazendo coisas extraordinárias que abençoam quem se sente em crise na fase da meia-idade.

Uma mulher contou a seguinte história: "Minha mãe foi parada em um mercado por um senhor mais velho que conhecia sua mãe, Cleo Smith, e quis compartilhar o impacto dela na vida dele. O homem contou que ele e o irmão haviam sido criados por um pai alcoólatra e tiveram uma infância muito difícil e infeliz. A mãe deles os abandonou quando pequenos, por isso ele não se lembrava dela. A família morava longe da cidade, em uma casa em ruínas, e raramente recebia visitas. Mas todos os anos, em seu aniversário, o homem ouvia uma batida à porta e, quando a abria, lá estava a sra. Smith com um bolo de aniversário! Ela foi a única pessoa que lhe fez bolos de aniversário na infância, e a única pessoa em sua vida que o fez se sentir especial e amado. Era uma luz em seu mundo difícil. Anos depois, esse homem lembrou que, de todas as experiências de sua infância, esse evento se destacava e fazia diferença significativa em como se sentia em relação a si mesmo. Por fim, conseguiu recriar uma vida melhor e mais feliz para si e para a própria família".[19]

Robyn, uma atenciosa e proativa presidente da associação de pais e mestres cujos filhos frequentavam uma escola de Ensino Médio com mais de cem refugiados vindo de trinta países diferentes, notou que muitos desses alunos não conseguiam se concentrar durante as aulas particulares depois da escola, de tanta fome que sentiam. Ela obteve permissão para limpar um antigo depósito no refeitório, pediu aos pais que doassem alimentos prontos e logo os alunos começaram a pegar lanches nutritivos que estavam disponíveis para eles depois das aulas. Essa mãe foi pega de surpresa quando um jovem perguntou se poderia levar algo para casa a fim de que seus irmãos comerem, o que levou Robyn a expandir os lanches para uma despensa completa. A comunidade respondeu aos seus pedidos por alimentos enlatados e suprimentos, e logo voluntários e doadores apareceram para ajudar a abastecer o armazém improvisado e distribuir alimentos para estudantes necessitados.

Desde então, o projeto cresceu e se transformou em uma grande e eficiente despensa que distribui semanalmente centenas de enlatados, itens de higiene, sobras de pão e itens de padaria de mercados, e, muitas vezes, frutas e legumes frescos, que sempre são requisitados. A pequena lanchonete de Robyn agora é um armazém de alimentos administrado com competência pela comunidade. Em 2022, atendia mais de cem famílias de refugiados uma ou duas vezes por semana. Como a semente de mostarda, este projeto começou pequeno e se tornou um serviço grande e muito necessário à comunidade.[20]

Os serviços prestados por amor têm em si uma poesia que é imortal.
HARRIET BEECHER STOWE

Há uma infinidade de maneiras de prestar um serviço muito necessário aos outros. Uma mulher se oferece como voluntária para entregar comida para o projeto Meals on Wheels ("Refeições sobre rodas") e leva os filhos mais velhos consigo. Ela quer que os filhos participem para que conheçam pessoas mais velhas maravilhosas, ainda que às vezes esquecidas, que precisam de assistência e anseiam por afeto em sua idade avançada. Um advogado ocupado oferece seu tempo nos fins de semana ajudando os sem-teto a resolverem seus problemas jurídicos gratuitamente para que tenham acesso aos recursos de que precisam, encontrem um emprego adequado e melhorem seu futuro. Outro indivíduo dirige um caminhão que oferece banhos e cortes de cabelo para moradores de rua, fornecendo serviços gratuitos para quem não tem acesso à higiene e, por consequência, auxiliando na melhoria da autoconfiança dessas pessoas e na possibilidade de que consigam um emprego.[21]

Uma mãe soube pelo filho, Mike, que o novo amigo dele, TJ, nunca levava almoço para a escola ou, às vezes, comprava apenas um saco de batatas fritas. Ela descobriu que a mãe de TJ não morava na mesma casa que ele, e que o pai estava fazendo o melhor possível para conciliar a criação de três meninos e a manutenção de dois empregos. TJ jogava no time de basquete com Mike, e ela sabia que, quando os dois treinassem logo depois das aulas, o garoto estaria faminto. Por isso, a partir de então, todo os dias, quando fazia o almoço para os filhos, preparava uma refeição extra para Mike levar para o amigo. Para ela nunca foi um inconveniente fazer apenas mais um almoço sabendo que TJ se beneficiaria de uma refeição nutritiva, assim como Mike.

A mãe continuou fazendo essa pequena contribuição para TJ durante todo o final do Ensino Fundamental e o Ensino Médio, e os meninos permaneceram bons amigos, jogando juntos em equipes. Um dia, quando alguém perguntou a TJ sobre sua família, ele disse com orgulho: "Ah, tenho uma mãe que cuida de mim". A contribuição dessa mãe, embora pequena, construiu um forte vínculo de amor entre eles. Isso trouxe a ela muita alegria ao vê-lo progredir ao longo dos anos.[22]

Se você não pode alimentar cem pessoas, alimente apenas uma.
MADRE TERESA

Nosso serviço ao próximo pode nem sempre ser fácil, conveniente ou agradável, mas é muito necessário. Durante a fase da meia-idade, ter a mentalidade de servir ao outro ajuda a elevar a autoestima, a gratidão e enriquece sua vida, além da vida das pessoas a quem você serve. Marian Wright Edelman, fundadora e presidente do Fundo de Defesa da Criança, fez uma observação perspicaz: "Serviço é o aluguel que pagamos para existir. É o propósito da vida em si, não algo que fazemos no tempo livre".[23]

Que ideia poderosa: o serviço é o propósito da vida em si. Como os exemplos daqueles que "fazem pequenas coisas com grande amor", você também tem o poder e a capacidade de amar o serviço, e abençoará aos outros e a si mesmo nesse processo.

Dormi e sonhei que a vida era alegria.
Acordei e vi que a vida era serviço.
Agi e eis que o serviço era alegria.
RABINDRANATH TAGORE[24]

Perguntei a muitas pessoas ao longo dos anos quem era o modelo ou mentor mais influente delas, e quase todas conseguem nomear imediatamente alguém — um professor, parente, amigo, líder — que exerceu impacto significativo em sua vida. Trabalhar para ter sucesso em um papel importante como mentor é um jeito poderoso de impactar outros indivíduos, principalmente na meia-idade. Enquanto se procura incentivar outra pessoa e ajudá-la a perceber o próprio potencial, pode acabar inadvertidamente percebendo o seu. Vejamos outro exemplo de "sucesso verdadeiro" como este livro o define.

Apenas a família e os amigos próximos dele sabem disso, mas Michael Clapier foi mentor de quase dois mil jovens enquanto criava sua própria família. Durante anos, sem receber por isso, Mike passava um tempo extra com meninos que precisavam melhorar suas habilidades de luta livre e aumentar a confiança para competir nas escolas e em clubes. Clapier incentivava o progresso desses garotos, oferecendo uma visão positiva de si mesmos no futuro, e comemorava inclusive pequenos sucessos como se os garotos fossem seus próprios filhos.

Ele e a esposa, Linda, também levaram alguns desses atletas para casa e lhes deram o amor e a atenção de que muitos careciam em suas famílias de origem. Alguns vinham de lares onde não eram valorizados. Outros chegavam a ser negligenciados pelos pais. Esses meninos ansiavam pelo amor e pela atenção que recebiam dos Clapier, que também educaram seis filhos. Linda sempre fazia todos se sentirem bem-vindos, e muitas vezes os convidava para desfrutar de uma refeição caseira ou para compartilhar um feriado ou uma ocasião especial com a família.

Embora Michael e Linda não fossem ricos, compartilhavam o que tinham e eram muito generosos quando viam alguém passando por uma necessidade, independentemente da própria situação financeira. Sem qualquer reconhecimento ou mesmo pedido, compravam roupas e equipamentos esportivos quando necessário. Também alimentaram vários meninos durante anos, regularmente. Os Clapier se tornaram "segundos pais" para muitos e conquistaram o amor e a gratidão de meninos vulneráveis que não tinham orientação nem confiança.

Um dos pais, cujo filho Michael havia treinado luta livre, disse a ele, com pesar: "Você passou mais tempo ajudando meu filho na luta livre do que eu como pai dele". Como resultado direto dos esforços de Michael e Linda, esses "filhos adotivos" tornaram-se jovens excepcionais, mais bem preparados para sair pelo mundo e conduzir vidas produtivas. Anos depois, formaram-se na universidade, se casaram, constituíram famílias e agora estão empregados em carreiras de sucesso. Isso é muito gratificante para os Clapier, que tanto contribuíram para seus anos de formação.

Anos atrás, em uma das lutas do filho, Michael conheceu Lewis, um brilhante professor aposentado que lecionava engenharia no MIT. Conversando, Michael descobriu que Lewis tinha 72 anos, era divorciado, solitário e não tinha família morando por perto. A família Clapier imediatamente o adotou, passando muitos domingos, feriados e comemorações de aniversários juntos. Lewis era amado e apreciado pelos filhos adultos dos Clapier, por seus cônjuges e pelos netos, que gostavam da companhia dele e o consideravam um "avô" adotivo. Por sua vez, ele ensinou matemática e ciências aos Clapier mais jovens e os orientou a partir das suas experiências de vida.

Lewis faleceu aos 92 anos, depois de desfrutar de vinte anos inteiros como parte importante da família Clapier, onde se sentia amado e valorizado. Que vida diferente Lewis experimentou, de uma alegria que jamais teria conhecido se não tivesse sido incluído na família que nunca tivera.[25]

Sucesso verdadeiro? Sem dúvida! A perspectiva crescendo nos lembra de que o sucesso verdadeiro pode não ser o que parece e/ou como os outros o percebem. Os Clapier desfrutam do tipo de cultura familiar que todo o dinheiro do mundo não pode comprar. Além dos seis filhos excepcionais que criaram, muitas outras vidas foram enriquecidas porque Michael e Linda também se preocupavam em ter sucesso no papel de mentores inspiradores. E, muito provavelmente, algumas pessoas que parecem "bem-sucedidas" abraçariam a oportunidade de trocar de lugar com esse tipo de sucesso, se pudessem.

Seu maior êxito está um passo adiante

No auge da carreira, o astro country Garth Brooks chocou o mundo da música quando anunciou inesperadamente sua aposentadoria em outubro de 2000. À época, recebera quatro vezes o prêmio de artista do ano no Country Music Awards. Ele também havia se apresentado para cerca de um milhão de pessoas no Central Park de Nova York em 1997, num show especial ao vivo da HBO. E havia vendido impressionantes cem milhões de álbuns.[26]

Mas, apesar do sucesso profissional, ele vinha enfrentando desafios pessoais. A mãe dele, Colleen, que era seu maior apoio, havia morrido recentemente em decorrência de um câncer, e seu casamento com a esposa, Sandy, estava chegando ao fim. Sua maior dor de cabeça, no entanto, era sentir que havia perdido o contato com as três filhas. "Outra pessoa as estava criando", admitiu com pesar. Ele reconhecia que ainda tinha "um trabalho importante pela frente" — educar suas filhas pequenas — e precisava se concentrar em seu papel mais relevante: ser pai. "Tudo me dizia que eu precisava estar presente para as minhas filhas. As pessoas me perguntavam: 'Como você pode se afastar da música?', mas ser pai... não há nada que possa se comparar com isso".[27]

Então, aos 38 anos, quando estava apenas entrando no auge da meia-idade, ele tomou a decisão corajosa de seguir o coração e os instintos paternos e se afastou de uma carreira musical em expansão para começar outra: criar suas filhas pelos catorze anos seguintes!

Nunca se arrependeu. Ele e a ex-mulher trabalharam juntos para que as três filhas pudessem estar com os dois todos os dias. Garth Brooks se tornou um pai muito presente, organizando projetos de verão, como a construção de uma ponte de quinze metros em sua propriedade. Depois de concluírem essa tarefa monumental juntos, suas filhas ficaram tão orgulhosas do trabalho que passaram a acreditar que eram capazes de fazer qualquer coisa. Brooks, por sua vez, sentiu imensa satisfação em saber que estava envolvido em criá-las.

Em 2005, ele se casou com a estrela da música Trisha Yearwood, a quem chamou de "o amor da minha vida". Quando sua filha mais nova finalmente foi para a faculdade, Brooks decidiu que daria outra chance à música. Foi um salto de fé tentar voltar ao *mainstream* da música country e fazer uma turnê de novo. "Tive receio de que ninguém aparecesse, fiquei morrendo de medo disso. Porque a gente não quer decepcionar as pessoas. [...] Eu queria que dissessem: 'É melhor do que eu me lembrava'."

Apesar de seus medos, a "Turnê Mundial de Garth Brooks com Trisha Yearwood" começou em Chicago com 140 mil ingressos vendidos em três horas. Os fãs lotaram os shows como se ele nunca tivesse parado de tocar, e a turnê mundial aconteceu com sucesso de 2014 a 2017. Após sua "aposentadoria", ele ganhou o prêmio de Artista do Ano em 2016, 2017 e, então, em 2019, chegando ao total sem precedentes de sete vitórias.[28]

Exemplificando o símbolo crescendo < com o passar dos anos, Brooks continua a ampliar e expandir seus talentos e oportunidades, em vez de reduzi-los e diminuí-los. Sempre conscientes das necessidades ao redor deles, Garth e Trisha patrocinaram um especial de música no horário nobre, realizado no estúdio de gravação dos dois em março de 2020, dando aos fãs uma fuga muito necessária do estresse da quarentena da Covid-19 e enviando uma mensagem importante de que poderíamos enfrentar a situação juntos. "Estamos vendo como as coisas podem ser grandes quando as fazemos juntos. Além do especial, nós e a CBS doaremos US$ 1 milhão para instituições de caridade [...] de combate à Covid-19", disseram em um comunicado conjunto.[29]

Ao passo que ensaiava para sua turnê de 2019, no especial biográfico *Garth Brooks — The Road I'm On* (*A estrada em que estou*), Garth falou com sua equipe musical sobre a Mentalidade Crescendo de olhar para frente, e não para trás:

> Adoro ter a história que temos, mas a história está no passado. Esta vai ser a turnê mais difícil que já fizemos. Nunca pensem que o que fizemos é bom o suficiente. [...] Se você acha que o momento mais difícil de sua vida para se desafiar na música já passou, repense.[30]

Assim como acreditar que *seu maior êxito está um passo adiante*, trabalhar para obter sucesso em seus papéis mais importantes e mudar o que precisa ser melhorado em sua vida são coisas que lhe darão motivação para continuar tentando, aprendendo e se adaptando a novos desafios e contratempos. Acreditar e responder positivamente devolverá a direção da sua vida às suas próprias mãos e capacitará você a traçar o próprio curso empolgante — em qualquer idade, seja a meia-idade ou outra.

PARTE 2

O AUGE DO SUCESSO

forte (for-te) — adjetivo ou advérbio: alto, forte, animado; algo em que alguém se destaca.

Sucesso [...] é deixar o mundo um pouco melhor, é saber que até mesmo uma vida respirou mais fácil porque você viveu.
RALPH WALDO EMERSON

Imagine dirigir um carro e, em vez de olhar para a frente, para o que está por vir, você constantemente olha pelo retrovisor e por cima do ombro para ver o que deixou para trás. Não demoraria muito até que você acabasse em uma valeta. Devemos evitar a tentação de continuar olhando pelo retrovisor, para o que realizamos na carreira e na vida, e, em vez disso, olhar para a frente com otimismo, para o que está por vir.

Como vimos até o momento, a Mentalidade Crescendo carrega tanto poder que pode impulsionar a pessoa em uma crise de meia-idade de volta ao rumo do sucesso e da realização. Mas ela não é apenas para pessoas que estejam com dificuldade, precisando se reajustar. Viver a vida em crescendo também pode trazer alegria àqueles que acreditam que já alcançaram o Auge do Sucesso.

Assim como passamos pela etapa da meia-idade, com seus altos e baixos, o Auge do Sucesso tem desafios característicos. É fácil relaxar e não sentir muita responsabilidade ou obrigação de estender a mão ao outro quando se experimentou um grau confortável de sucesso para você e sua família. Mas o melhor ainda está por vir!

O poderoso segredo de viver em crescendo é acreditar de verdade que *seu maior êxito está um passo adiante.* Tudo em que trabalha atualmente é seu trabalho mais importante. Esse é o trabalho ao qual deve se dedicar agora, porque o que você realizou no passado já passou. Pessoas com visão de futuro observam para o que podem realizar amanhã.

Por que isso é tão vital? Que motivação e desejo haveria para sair da cama de manhã se você achasse que não tem mais nada a oferecer — se todas as suas contribuições mais importantes já estivessem entregues ao mundo? Qual seria o seu propósito?

Ao se levantar todas as manhãs, você deve ter propósito, visão e objetivos que precisam ser alcançados. Podem ser completamente diferentes de antes, mas suas maiores contribuições podem ainda estar por vir.

Para exemplificar a questão, uma das minhas filhas certa vez me perguntou se eu escreveria novamente algo como *Os 7 hábitos das pessoas altamente eficazes*. A pergunta dela, embora não tivesse essa intenção, me insultou. Todas as minhas boas ideias e melhores conceitos de ensino estavam contidos nos sete hábitos? Eu não tinha mais nada para contribuir? Eu era o cantor de uma música só e pronto? Se não tinha mais nada de valor para produzir, o que eu estava fazendo todos os dias? Eu lhe disse que minhas melhores contribuições ainda estavam por vir e que ainda tinha vários livros na cabeça.

Eu não disse isso para me inflar ou supervalorizar, mas por que não deveria me sentir assim? Por que você não deveria? Sempre acreditei que, independentemente da minha etapa de vida, meu melhor trabalho ainda está à minha frente, à espera de que eu o descubra. Manter essa atitude — a Mentalidade Crescendo — é o segredo para a paixão, o sonho, a emoção e a missão ao longo da vida. É por isso que você e eu deveríamos nos levantar todos os dias.

Peter Jackson trabalhou durante catorze anos para dar vida à saga de J. R. R. Tolkien, *O senhor dos anéis*, nas telas. Após seu incrível sucesso e inúmeros prêmios da Academia, perguntaram-lhe se aquele era seu maior trabalho e legado. A resposta de Jackson reflete com exatidão o que todos devemos sentir: "Se eu disser 'sim', estarei presumindo que não vou fazer nada melhor. Pode ser o caso, mas não vou admiti-lo agora — ainda tenho mais para produzir".[1]

E ele certamente fez isso. Jackson dirigiu a trilogia *O hobbit*, e também *King Kong*, *Um olhar do paraíso* e *Eles não envelhecerão*, além de muitos outros filmes que constam em sua lista de produção. Imagine se ele tivesse acreditado que todo o seu potencial havia sido gasto em *O senhor dos anéis*? No entanto, depois de experimentar grande sucesso financeiro na carreira, Jackson também retribuiu em grande estilo. Ele e a esposa, Fran, contribuíram com 500 mil dólares para pesquisas com células-tronco, na esperança de que outros se beneficiem.[2] Eles também salvaram da demolição uma igreja histórica e muito amada em sua comunidade, doando mais de 1 milhão de dólares para reformar a igreja de St. Christopher em Wellington, na Nova Zelândia.[3] Nitidamente, após obter sucesso massivo na profissão, Peter Jackson continuou fazendo contribuições significativas em outras áreas da vida por meio de suas doações para a caridade.

A ideia de conduzir a vida em crescendo é muito fortalecedora e, como eu disse, algo que adotei como minha declaração de missão pessoal. Quando compartilhei esse princípio em meu trabalho profissional, recebi uma reação positiva e senti uma conexão tão forte com o crescendo quanto com qualquer outra coisa que ensinei anteriormente. Vi a ideia empolgar e fortalecer pessoas que acreditavam não ter mais nada a oferecer e que pensavam ter encerrado o trabalho de sua vida. Vi intensidade nos olhos daqueles que encontraram vida nova e paixão na profissão, ou em alguma grande causa social que se sentiram atraídos a promover por causa dessa mentalidade motivacional. Para muitos, ela deu esperança e inspiração para acreditar que seu maior e mais importante trabalho ainda pode estar à sua frente, independentemente das conquistas e dos sucessos passados.

Seja a mudança que você quer ver no mundo.
Frase atribuída a MAHATMA GANDHI

Em cada uma das quatro etapas da vida identificadas neste livro, meu objetivo é fornecer lições práticas e úteis que possam ser aplicadas diretamente à sua vivência pessoal em relação a viver em crescendo, em qualquer idade ou etapa em que esteja. No final desta seção, há um inventário pessoal que esperamos que ajude você a definir as próprias metas relacionadas ao Auge do Sucesso.

CAPÍTULO 3

As pessoas são mais importantes que as coisas

Não é o que temos em nossa vida, mas quem temos em nossa vida que conta.
J. M. LAURENCE

No inverno de 1999, Chip Smith, um empreiteiro, foi contratado para construir uma cabana em Montana para nossa família. Chip compartilha sua história:

> Durante a construção da cabana de Stephen e Sandra, eu estava passando por um divórcio indesejado, e minha vida realmente tinha virado de cabeça para baixo. Havia perguntas decisivas e urgentes que precisavam ser respondidas sobre o projeto, e eles concordaram em dirigir mais de 560 quilômetros para uma reunião de duas horas comigo durante o jantar, depois descansar no hotel e voltar para casa às cinco da manhã seguinte, pois Stephen precisava viajar de imediato a negócios quando voltassem. Como sabia que nosso tempo juntos seria curto, mas importante, deixei uma agenda preparada e todos os planos e materiais organizados, para termos uma reunião eficiente. Nós nos cumprimentamos e nos sentamos para tratar de negócios.
>
> Pedimos o jantar, e Sandra falou: "Chip, Stephen e eu sabemos que você está passando por momentos difíceis em sua vida pessoal agora". Agradeci a preocupação de Sandra e tentei mudar de assunto, para passar os detalhes da cabana. Sandra interrompeu novamente e perguntou se havia algo que ela e Stephen pudessem fazer por mim. Agradeci e disse que estava realmente tudo bem e que eu só precisava continuar trabalhando para enfrentar os problemas.
>
> Sandra pegou minha mão e disse: "Chip, estamos aqui para você. Por favor, saiba que o que está passando agora é muito

mais importante para nós do que se preocupar com decisões para a cabana".

Não preciso dizer que desabei em lágrimas e passamos as três horas seguintes conversando sobre meus problemas e minhas preocupações. Fiquei muito constrangido que tivessem viajado uma distância tão grande por estradas cheias de gelo e acabássemos não tratando de nenhuma de suas necessidades antes de eles voltarem. Foi um momento de conexão para mim, pois percebi que Sandra e Stephen de fato se importavam e que eu era mais importante para eles do que construir a cabana da família.

Tempos depois, Chip se acertou com a própria vida e retomou a construção de uma bela cabana para nossa família. Vários anos depois, quando papai faleceu, nossa família voltou à cabana e descobriu que havia ali um grave problema com morcegos. Ainda emocionada por causa do velório e sem saber o que fazer, já que papai sempre cuidava dessas coisas, liguei para Chip e expliquei a situação. Sem hesitar, Chip veio no mesmo momento, trouxe consigo uma grande equipe, trabalhou durante todo o dia para resolver o problema e até varreu a garagem sem que pedíssemos. Também recusou qualquer compensação pelo trabalho. Insistiu que foi sua chance de retribuir a meus pais por estarem ao seu lado durante o período mais sombrio de sua vida.[4]
CYNTHIA COVEY HALLER

Nos relacionamentos, as pessoas são infinitamente mais importantes do que as coisas. É vital renovar de modo contínuo seu compromisso básico com esse princípio, que unirá você às pessoas mais importantes na sua vida. As diferenças não são ignoradas; elas são subordinadas. Um problema ou ponto de vista nunca é tão importante quanto o relacionamento. Você sempre será grato por ter escolhido dedicar um tempo para construir e manter os relacionamentos com a família e os amigos em vez de dedicar esse tempo a coisas materiais.

Aquele que sabe demonstrar e aceitar a bondade será um amigo melhor do que qualquer posse.
SÓFOCLES

A vida é contribuição, não acumulação

Não sei qual será o seu destino, mas há algo que sei: os únicos entre vocês que serão de fato felizes são aqueles que procuraram e encontraram uma maneira de servir.
ALBERT SCHWEITZER

Conta-se a história de dois amigos no enterro de um homem rico. Um virou-se para o outro e sussurrou: "Você tem alguma ideia de quanto ele deixou?". O outro respondeu com naturalidade: "Claro que sim. Ele deixou tudo!".

Em minhas apresentações ao longo de muitos anos, muitas vezes relatei que ninguém em seu leito de morte desejava ter passado mais tempo no escritório. As pessoas se arrependem de não ter conexão com um filho, de manter ressentimentos inúteis, de ter perdido oportunidades de servir, de sonhos não realizados ou de tempo que não passaram com familiares e entes queridos. Quando vou ao velório de um amigo próximo ou familiar e me aproximo do caixão, é um lembrete e às vezes até uma surpresa o fato de que só o que está lá é o corpo da pessoa falecida. Tudo o que resta é o bem que foi feito enquanto aquela pessoa estava viva, seus relacionamentos preciosos com parentes e amigos — aqueles que ela amou e que a amaram. Esse é o legado.

Ao longo dos anos, ganhei a perspectiva de que é a *contribuição* que traz luz aos olhos e significado à alma. Há infinitas maneiras pelas quais você pode contribuir para a vida de outras pessoas ao longo da sua; ao fazê-lo, experimentará satisfação e felicidade, algo que o dinheiro simplesmente não pode comprar. Para quem alcançou algum nível de sucesso financeiro ou influência, as oportunidades de doar e contribuir são ainda maiores. Acredito profundamente que o grande segredo da felicidade é a contribuição, não a acumulação.

Aleksandr Solzhenitsyn foi um crítico ferrenho da União Soviética após a Segunda Guerra Mundial e tornou-se prisioneiro dos campos russos de trabalho forçado por muitos anos. Essas experiências difíceis lhe deram uma perspectiva única sobre riqueza e contribuição. Ele escreveu: "O acúmulo interminável de posses não trará satisfação. As posses devem estar subordinadas a outros princípios mais elevados para que tenham justificação espiritual, uma missão".[5] Nitidamente, se não tivermos uma perspectiva precisa sobre as posses, elas podem possuir a cada um de nós. Esta seção ensina que viver a Mentalidade Crescendo e olhar para fora — levando uma vida de Contribuição — dá uma sensação de paz interior e segurança à qual as posses não podem se igualar.

Madre Teresa, que falou sobre caridade a pessoas em mais de cem países, ensinou que o *propósito* da riqueza era abençoar os outros por meio dela:

> Acredito que uma pessoa apegada às riquezas, que vive com a preocupação das riquezas, na verdade, é muito pobre. Se essa pessoa coloca seu dinheiro a serviço dos outros, então ela é rica, muito rica. [...] Muitas pessoas pensam, especialmente no Ocidente, que ter dinheiro faz alguém feliz. [...] Se Deus lhe deu o dom da riqueza, use-o para o propósito d'Ele: ajudar os outros, ajudar os pobres, criar empregos, dar trabalho aos outros. Não desperdice sua riqueza.[6]

Claramente, Madre Teresa acreditava que a riqueza não era o problema em si.

Na verdade, a riqueza pode ser parte da solução para aliviar muitos dos problemas mais difíceis do mundo. Mas descobri que se concentrar em acumular riqueza não proporcionará felicidade e realização duradouras na vida se você não usar sua riqueza também para abençoar os outros. Essas contribuições serão o que você valorizará mais do que o próprio dinheiro.

Pense na história de Karl Rabeder, um empreendedor de decoração de interiores da Áustria de origem humilde que se tornou extraordinariamente bem-sucedido. "Vim de uma família muito pobre em que a regra era trabalhar mais para conseguir mais coisas materiais, e a apliquei por muitos anos", disse Rabeder. "Mas a riqueza não traz felicidade. Sei disso porque por 25 anos vivi essa vida, ficando mais rico e me sentindo pior."

Karl era um apaixonado piloto de planadores e fez inúmeras viagens à América do Sul e à África, testemunhando em primeira mão a imensa pobreza nessas regiões. Isso desencadeou um impacto poderoso nele. Depois de usufruir de um estilo de vida luxuoso, enfim admitiu que, no fundo, era infeliz, trabalhando como um escravo por coisas que ele sequer queria ou das quais não precisava. Depois de anos vivendo o que descreveu como um "estilo de vida cinco estrelas horrível, sem alma e sem sentimentos", por fim ouviu sua voz interior, que dizia: "Pare o que está fazendo agora, todo esse luxo e consumismo, e comece a viver sua vida real!".

Por muitos anos, Karl não teve coragem suficiente para abrir mão dos luxos de sua existência confortável, mas, depois de três semanas de férias com a esposa nas ilhas havaianas, percebeu: "Se eu não fizer isso agora, não vou fazer pelo resto da vida". Karl agiu corajosamente em relação ao seu chamado interior e vendeu sua luxuosa vila de 1,4 milhão de libras com vista para os Alpes, sua bela casa de campo feita de pedra avaliada em 613 mil libras e seus seis planadores, por 350 mil libras, bem como seu Audi, no valor de 44 mil libras. Trocou seu belo refúgio alpino por uma pequena cabana de madeira nas montanhas e começou a viver de forma simples e feliz, segundo o empresário, pela primeira vez em muito tempo.

Depois de vender seus bens, Rabeder investiu 3 milhões de libras em uma instituição de microcrédito, oferecendo pequenos empréstimos comerciais para trabalhadores autônomos na América Latina que enfrentavam dificuldades para manter vivos seus pequenos negócios no dia a dia. Ofereceu microempréstimos com pouco ou nenhum juro, para que essas pessoas pudessem comprar suprimentos para vender e expandir seus negócios. Chamou-lhe a atenção como eram capazes de obter sucesso com bem pouco capital. Com o valor, esses trabalhadores passaram a ganhar o suficiente para dar uma vida decente para a família, mantendo a dignidade e, por fim, pagando os empréstimos.[7]

Karl descobriu que o segredo para a felicidade duradoura não é a acumulação de bens, mas a contribuição aos outros. À medida que viajava pelo mundo, conheceu muitas pessoas e, em suas próprias palavras, "Comecei a perceber que não precisava da minha casa, dos carros bonitos, dos planadores ou de jantares caros. O passo seguinte foi me conectar às pessoas. [...] Por 25 anos, trabalhei como um escravo por coisas que não queria ou não precisava. Agora", exclamou ele alegremente, "meu sonho é não ter nada!".[8]

Não é uma ironia? *Nada* em termos de riqueza material, mas *tudo* em termos de contribuição e valor reais. Imagine o impacto que os empréstimos de microcrédito dele tiveram para empreendedores em dificuldades que agora eram capazes de sustentar a família, ajudar os filhos a estudar e até ter esperança de um futuro melhor. Karl encontrou a verdadeira felicidade não ao acumular riquezas, e sim ao ajudar os outros a construírem as suas.

Para que vivemos se não for para tornar a vida menos difícil uns para os outros?
GEORGE ELIOT, pseudônimo de Mary Ann Evans

É óbvio que não estou sugerindo que precisamos abrir mão de todo o nosso dinheiro, vender nossas posses e levar uma vida simples em uma cabana de madeira, tal como Karl Rabeder — mas há uma grande lição a ser aprendida com a história dele. O empresário encontrou sentido na vida quando se concentrou mais em servir outras pessoas do que em sua riqueza material.

O escritor Jeff Brumbeau escreveu um livro infantil muito perspicaz intitulado *The quiltmaker's gift* (*O presente da tecelã de colchas*) com uma mensagem boa também para os adultos. A história que ele conta é de um rei ganancioso que tem todos os bens materiais que poderia desejar, mas suas posses não o fazem feliz.

O rei ouve falar de uma velha senhora que faz as colchas mais bonitas do mundo e as dá para pessoas que não podem comprá-las. A senhora trabalha o dia todo em suas colchas e, embora tenha poucos bens materiais, é muito feliz com sua vida simples. Então o rei decide que quer uma das colchas da mulher mais do que qualquer outra coisa, e fica surpreso quando ela não lhe vende uma por nenhuma quantia em dinheiro. A senhora explica que faz as colchas apenas para quem não pode comprá-las. O rei fica enraivecido, mas ela não cede, não importa o que ele faça para ameaçá-la ou puni-la... e ele certamente tenta!

Por fim, a mulher faz um acordo com o rei, pois sabe o quanto ele é egoísta e como não gosta de compartilhar nenhum de seus belos pertences. Ela diz que, para cada bem que ele doar, ela fará um quadrado para a colcha de retalhos dele. O rei concorda com relutância porque, embora adore todos os seus tesouros, a bela colcha da mulher é a única coisa que não pode ter. A princípio, não consegue encontrar nada entre todos os seus tesouros de que possa se desfazer, mas, finalmente, decide doar uma única bola de gude. Para sua surpresa, o menino que a recebe fica tão feliz que o rei decide procurar outros itens para doar; a cada vez que vê a alegria no rosto de quem recebe a doação, não resiste e sorri.

"Como pode ser?", grita o rei. "Como posso me sentir tão feliz dando minhas coisas?" Embora não entenda o porquê, ordena que seus criados "tragam tudo! Tragam tudo de uma vez!".

Assim, a cada vez que ele dá um presente, a tecelã adiciona outro retalho à colcha do rei. Depois que todos do reino receberam um presente dele, o rei começa a doar suas coisas para pessoas de todo o mundo, trocando seus tesouros por sorrisos.

Logo, o rei não tem mais nada para dar, e a velha termina a bela colcha, que envolve em torno dele, já que suas roupas reais estão em farrapos. "Como prometi há muito tempo", diz a senhora, "quando chegasse o dia em que você mesmo fosse pobre, só então eu lhe daria uma colcha".

"Mas eu não sou pobre", protesta o rei. "Posso parecer pobre, mas, na verdade, meu coração está cheio, cheio de lembranças de toda a felicidade que dei e recebi. Sou o homem mais rico que conheço."

Assim, a partir de então, a tecelã costura suas belas colchas de dia e, à noite, o rei as leva para a cidade, procurando os pobres e abatidos, muito feliz por estar doando algo.[9]

Você doa pouco quando dá do que tem. É quando dá de si mesmo que você realmente doa.
KHALIL GIBRAN

76

Viva fora de você

A pergunta mais urgente da vida é: o que você está fazendo pelos outros?
MARTIN LUTHER KING JR.

Essa pergunta afiada, frequentemente feita pelo dr. King, deveria atingir todos os corações e motivar todos à ação.

Em 2014, Adam Grant foi o professor mais jovem a se tornar titular e o mais bem-avaliado da Wharton School of Business da Universidade da Pensilvânia. Ele escreveu um livro chamado *Dar e receber*, que explica por que devemos incluir a doação ao formular metas pessoais.

Grant escreveu: "Quando penso em pessoas que são doadoras, eu as defino apenas como o tipo de pessoa que gosta de ajudar os outros e muitas vezes o faz sem pedir nada em troca". Grant acredita que a maioria das pessoas acha que precisa alcançar o sucesso primeiro para então poder prestar serviços de caridade, mas a pesquisa dele, na verdade, sugere exatamente o oposto. "Existem pessoas, como Bill Gates, que primeiro tiveram sucesso e depois começaram a retribuir, mas a maioria das pessoas de sucesso começou a doar muito antes de alcançar a grandeza." Grant diz: "Eu adoraria redefinir o sucesso para dizer que não é apenas o que realizamos, é também o que ajudamos outras pessoas a realizar".[10]

Imagine o impacto que você poderia causar se seu dinheiro, sua influência e seus esforços literalmente salvassem inúmeras vidas, como no exemplo inspirador a seguir.

Bill Gates foi reconhecido como um nome de sucesso na indústria de tecnologia com a criação da Microsoft, da qual foi cofundador e a qual transformou em uma empresa multibilionária que revolucionou a tecnologia, tornando a computação acessível a consumidores em todo o mundo. Ele chegou, inclusive, a ocupar o topo da lista da *Forbes* das pessoas mais ricas do mundo. No entanto, a história talvez um dia venha a honrá-lo como o maior filantropo do nosso tempo. Seu legado duradouro pode ser não apenas de inovação, mas de inspiração para milhões de pessoas cujas vidas foram impactadas para sempre por causa de suas iniciativas mundiais de saúde e educação. Talvez mais importante, Gates está inspirando outros que também têm grande riqueza e influência a fazer o mesmo. Como uma pedra atirada em um lago, a influência da doação dele e, como consequência, o bem que isso produz espalham-se cada vez mais, e as ondulações afetam tudo o que tocam.

No filme *Homem-Aranha*, tio Ben oferece ao sobrinho Peter a chave para usar seu dom para o bem ao compartilhar o conhecido ensinamento: "Com grandes poderes vêm grandes responsabilidades". Bill Gates foi criado por pais que tinham interesse em servir à comunidade e retribuir àqueles ao seu redor. Tal educação foi complementada pela influência de sua esposa, Melinda, que teve uma formação semelhante e também é muito prestativa. Além disso, o estudo de Bill sobre a vida de filantropos como Rockefeller e Carnegie incutiu nele um senso de dever de doar seus recursos para caridade — em especial enquanto ainda estivesse vivo, para que os administrasse ele próprio. Embora nunca tenha conhecido Rockefeller, Gates admirava a maneira estratégica como, antes de morrer, ele doara a maior parte de sua fortuna para causas em que acreditava.

> *O dinheiro não tem utilidade para mim a partir de certo ponto. Sua utilidade está inteiramente na construção de uma organização e na distribuição dos recursos para os mais pobres do mundo.*
> BILL GATES[11]

Em 2000, Bill Gates deixou o cargo de CEO da Microsoft e começou a dedicar mais tempo à Bill and Melinda Gates Foundation, com o objetivo de mudar o mundo por meio do paradigma de doação.[12] Um dia, o amigo e coadministrador deles, Warren Buffett, lhes deu ótimos conselhos sobre filantropia: "Não invistam apenas em projetos seguros. Enfrentem os problemas difíceis de verdade". O casal levou o conselho a sério e começou a trabalhar realizando ações decisivas.[13]

Com a crença e a visão de que "todas as vidas têm o mesmo valor", os Gates criaram o maior fundo filantrópico dos Estados Unidos e doam tempo e dinheiro para algumas das questões mais urgentes do mundo, dentre as quais cuidados de saúde adequados, prevenção de partos prematuros, combate a doenças infecciosas (particularmente malária), trabalhos com pobreza extrema, questões de saneamento, desigualdade na educação (particularmente de meninas e mulheres) e igualdade de acesso à informação e à tecnologia em todo o mundo.[14]

Bill e Melinda ficaram perplexos ao saber que meio milhão de crianças morriam todos os anos de doenças diarreicas em países pobres do mundo todo — mas não nos Estados Unidos. Sais de reidratação oral de baixo custo poderiam salvar suas vidas, mas ninguém sentia a responsabilidade de intervir por elas.

Os Gates perceberam que precisavam aproveitar a oportunidade que se apresentara a eles para salvar a vida dessas crianças. Eles aprenderam que poderiam exercer grande impacto por meio de sua fundação, indo em busca de problemas que governos e mercados não abordavam e à procura de soluções que não estavam sendo tentadas. Salvar a vida de crianças foi o objetivo que permeou o trabalho global dos dois, com um primeiro grande investimento em vacinas que ainda não haviam chegado aos países mais pobres.

Uma das iniciativas de vacinação concentrou-se em crianças de cinco anos ou menos e ajudou a reduzir o número de mortes infantis pela metade — de 12 milhões para 6 milhões por ano.[15]

Acreditamos que todas as vidas têm o mesmo valor, mas vimos que o mundo não agia assim, que a pobreza e as doenças afligiam alguns lugares muito mais do que outros. Então quisemos criar uma fundação para combater essas desigualdades.
MELINDA GATES[16]

Antes da campanha de vacinação, a poliomelite — que havia sido erradicada em quase todo o mundo — ainda assolava e destruía vidas no Afeganistão, na Índia, na Nigéria e no Paquistão. Em 2012, mais da metade dos casos de poliomelite do planeta ocorria na Nigéria. A Assembleia Mundial da Saúde lançou a Iniciativa Global de Erradicação da Poliomelite em grande parte por meio de uma campanha massiva de imunização à qual aderiram a Bill and Melinda Gates Foundation e o Rotary

International. Dois anos depois, a Gates Foundation comprometeu-se a pagar 76 milhões de dólares da dívida da poliomelite da Nigéria (ao longo de vinte anos) e, graças aos seus esforços bem-sucedidos, nenhum novo caso de poliomelite foi relatado na Nigéria em 2017.[17]

No mesmo ano, a Gates Foundation contribuiu com quase 3 bilhões de dólares para a Iniciativa Global de Erradicação da Poliomelite, reduzindo o número de casos de poliomelite em 99,9% e salvando mais de 13 milhões de crianças da paralisia. Os cerca de 350 mil casos de poliomielite por ano caíram para menos de vinte, encontrados em apenas dois países restantes: Afeganistão e Paquistão.[18]

Bill Gates descobriu que trabalhar em tempo integral na Gates Foundation era tão exigente e desgastante quanto ser o CEO da Microsoft, e continua sendo interessante e desafiador.[19] E, como uma estadunidense rica que se destaca em tecnologia, Melinda Gates poderia ter tomado um caminho muito mais fácil e não se envolver intimamente nas muitas questões complicadas e críticas da pobreza extrema mundial, mas, voluntariamente, fez uma escolha diferente.

Melinda influencia em particular a direção e as prioridades do trabalho da fundação. Ela não apenas estuda dados e analisa teorias no conforto de sua casa, mas vai até as comunidades com as quais a fundação trabalha. Ela visitou países de baixa renda na África e no sul da Ásia várias vezes com sua equipe, e conversou com mães, parteiras, enfermeiros e líderes comunitários para aprender sobre suas vidas e seus desafios. Negando-se a ignorar problemas difíceis, Melinda tem feito um grande esforço para estudar e compreender várias culturas, a fim de promover mudanças e progresso para as mulheres em muitas áreas importantes. Diversos avanços culturais que sua equipe alcançou por meio da educação e da capacitação acabaram não apenas enriquecendo, mas também salvando vidas.[20]

Melinda logo descobriu que, "em sociedades de pobreza extrema, as mulheres são empurradas para as margens. As mulheres são marginalizadas. [...] Superar nossa necessidade de criar marginalizados é o maior desafio como seres humanos. É a chave para acabar com a profunda desigualdade. [...] É por isso que há tantos idosos, fracos, doentes e pobres à margem da sociedade. [...] Salvar vidas começa com a inclusão de todos. Nossas comunidades serão mais saudáveis quando não tiverem pessoas marginalizadas. Temos de continuar trabalhando para reduzir a pobreza e as doenças. [...] Não basta ajudar quem está fora da sociedade a abrir caminho. O verdadeiro triunfo virá quando não expulsarmos mais ninguém".[21]

Depois de anos observando, aprendendo e trabalhando ativamente para encontrar respostas para problemas muito difíceis, Melinda escreveu um relato esclarecedor de suas experiências e percepções sobre a vida daqueles que vivem em situação de pobreza extrema: *O momento de voar: como o empoderamento feminino muda o mundo.*

Depois de atingir o Auge do Sucesso, Bill e Melinda escolheram viver fora de si mesmos e expandiram seu Círculo de Influência ao redor do mundo. Embora os Gates tenham se divorciado em 2021, ambos continuam comprometidos com o trabalho da fundação, dividindo sua presidência e administração, dedicados a dar continuidade ao trabalho que vêm fazendo desde 2000. Teria sido fácil se sentar e descansar sobre sua fortuna. O que mais havia para provar ou conquistar? No entanto, *a vida é contribuição*, não apenas acumulação, e as contribuições dos dois são imensuráveis.

Em 2010, Bill e Melinda, com Warren Buffett, estabeleceram o Giving Pledge, ou compromisso de doação, cuja missão é "convidar indivíduos e famílias ricos a se comprometerem a doar a maior parte de suas riquezas a causas filantrópicas e organizações de caridade de sua escolha, seja durante a vida ou depois da morte". O Giving Pledge "se inspira no exemplo de doadores de todos os meios financeiros e origens. Somos inspirados pelo exemplo de milhões de estadunidenses que doam generosamente (e muitas vezes com sacrifício pessoal) para tornar o mundo um lugar melhor".[22]

Uma pessoa está sentada à sombra hoje porque alguém plantou uma árvore há muito tempo.
WARREN BUFFETT

Desde a criação do Giving Pledge até dezembro de 2021, a adesão ao grupo aumentou para 231 signatários de 28 países ao redor do mundo, com idades variando da casa dos trinta aos noventa anos, prometendo suas fortunas para uma ampla variedade de causas.[23] Esse grupo de empreendedores e líderes empresariais também representa diversos setores, como tecnologia, medicina, biotecnologia, imobiliário e pecuária leiteira.[24] Da assistência à saúde à educação e ao alívio da pobreza, essa iniciativa de longo alcance é uma nova abordagem global e multigeracional para trabalhar em alguns dos maiores problemas da sociedade.

Bill Gates se comprometeu a doar 95% de sua riqueza, principalmente durante a vida. Em 2006, Warren Buffett prometeu que 99% de sua riqueza iria para a filantropia durante sua vida ou após sua morte. Ele explicou: "A reação que eu e minha família temos à nossa extraordinária boa sorte não é de culpa, mas de gratidão. Se usássemos mais de 1% dos meus rendimentos conosco, nem nossa felicidade nem nosso bem-estar melhorariam. Por outro lado, os 99% restantes podem ter um enorme efeito na saúde e no bem-estar de outras pessoas".[25]

Albert Lee Ueltschi, o pai do treinamento de voo moderno, doou a maior parte de sua fortuna para combater a cegueira. A catarata é a causa de 51% de todas as cegueiras e, no entanto, uma cirurgia de cinco minutos a um custo de cinquenta dólares é capaz de revertê-la. Ueltschi doou 5,1 milhões de dólares para a HelpMeSee, que realiza essas operações que mudam vidas. Quando assinou seu compromisso, incentivou outros a não esperarem até que seja tarde demais: "Nunca vi um carro funerário puxando um trailer de mudança. Não levamos nada conosco!". Ele morreu um mês depois, em 2012, aos 95 anos, após ter doado 260 milhões de dólares.[26]

Que diferença incrível faria para várias causas filantrópicas e organizações de caridade se aqueles que alcançaram o Auge do Sucesso aceitassem o desafio e assinassem o compromisso de doação. Imagine como os bilhões de dólares deles mudariam a vida de inúmeras pessoas. O Círculo de Influência desses milionários (que inclui as causas que valorizam e escolhem apoiar) seria sentido ao redor do mundo. O impacto não apenas mudaria, como também salvaria vidas.

Para a maioria de nós, o Círculo de Influência pode ser menor, afetando apenas indivíduos ou um grupo mais próximo. Mas essas contribuições ainda são muito valiosas. Contribuições de grande e pequena escalas são necessárias para promover mudanças positivas e um bem duradouro na sociedade.

Em vez de se concentrar em todas as coisas sobre as quais não podem fazer nada, como sucessos ou fracassos passados, pessoas proativas que estejam no Auge do Sucesso concentram tempo e energia naquilo que podem fazer para construir um futuro brilhante, nas necessidades que veem ao redor, e respondem a isso. Fazem coisas a partir das conexões e dos recursos que possuem e que podem influenciar os outros.

Doar nos liberta do território familiar de nossas próprias necessidades para mundos desconhecidos ocupados pelas necessidades dos outros.
BARBARA BUSH

Vejamos o exemplo de Kerry e Kevin. Depois de anos de trabalho árduo se estabelecendo em uma pequena cidade no norte do Texas, onde estão criando seus seis filhos, Kerry e Kevin experimentaram uma espécie de Auge do Sucesso em sua comunidade. Em vez de se concentrarem apenas na própria família, optaram por se doar generosamente por meio da contribuição e do envolvimento comunitário, pois a cidade em que vivem tem muitas carências.

Kevin trabalha como dentista, atuou como presidente do Rotary Club e treinou a maioria das equipes esportivas juvenis de meninos e meninas por muitos anos. Em um dos anos, a cidade não pagou pelo preparo e pela manutenção do campo de beisebol local, então Kevin pagou pelo serviço ele próprio, garantindo que as crianças não precisassem perder a temporada de beisebol naquela primavera. Todos os anos, Kevin e o outro dentista da cidade aplicam selantes nos dentes das crianças para prevenir cáries, de graça.

Além de ajudar a administrar a Sealant Clinic, Kerry participa ativamente da organização de uma turnê de Natal, na arrecadação de dinheiro para outras instituições de caridade locais, incluindo doações de alimentos ao longo dos anos, e é voluntária na escola de Ensino Fundamental de seus filhos, fazendo leituras para os alunos toda semana.

Certo dia, uma menina do segundo ano chamada Maria entrou na aula chorando, então Kerry espontaneamente lhe deu um grande abraço, o que a acalmou. Nas semanas seguintes, Kerry ficou de olho em Maria e percebeu que ela tinha uma personalidade muito forte e algumas crianças de sua sala não gostavam dela, chegando a praticar bullying. Além de encontrar dificuldades na socialização, as habilidades de leitura e matemática de Maria estavam muito abaixo de seu ano escolar, mas isso não era abordado de maneira alguma pela professora.

Kerry decidiu fazer amizade com Maria e pediu ao diretor o contato dos pais da menina, para que a convidasse para brincar com seus próprios filhos depois da escola. Ela ficou chocada com a resposta contundente do diretor: "Ah, não. Acredite, você não quer ter nada a ver com ela ou com o pai dela. A mãe da Maria está na prisão, e já faz muito tempo! Toda a família tem problemas reais de honestidade — eles mentem e roubam. É melhor ficar longe deles".

Para Kerry, isso explicava muitos dos problemas emocionais e comportamentais que Maria exibia. Apesar do aviso do diretor, ela decidiu que precisava se envolver com Maria e a irmã mais nova dela, Angie, e por fim conseguiu falar com o pai das duas.

Kerry descobriu que a família morava nos arredores da cidade. O pai não tinha carro e praticamente não se envolvia na educação das filhas, já que ele próprio era analfabeto. Com a aprovação dele, um dia Kerry levou as meninas para casa com os filhos dela depois da escola. Na primeira vez que foram, ficaram tão felizes por estar lá que choraram. Ela logo descobriu que a coisa favorita das meninas era apenas se sentar perto de Kerry enquanto ela lia livro após livro, a maioria deles para crianças pequenas. Ansiavam por atenção e adoravam quando Kerry demonstrava qualquer tipo de afeto maternal. Certa vez, quando estavam lendo, Angie se aproximou de Kerry e perguntou com timidez: "Você pode fingir ser minha mãe?". A necessidade de uma vida familiar normal com pais amorosos era de partir o coração, e Kerry logo descobriu que, embora gostassem de brincar com seus filhos, queriam apenas atenção e amor dela.

Tanto Maria quanto Angie adoravam voltar com Kerry para casa depois da escola, e ela fez disso um evento semanal, adotando a rotina de ajudá-las com o dever de casa antes de brincar e normalmente convidando-as para jantar. Embora o pai delas fosse um homem decente, ele não tinha muitas das habilidades que um pai solo precisa ter e enfrentava dificuldades para sustentar a família. Kerry começou a lhe dar carona para os programas e as atividades da escola e, por fim, o pai acabou vendo o quanto era importante para suas filhas que estivesse lá, percebendo que, se não fosse, elas seriam as únicas sem um pai para apoiá-las.

Maria e Angie floresceram. Não demorou muito para que os problemas de comportamento cessassem e suas habilidades de leitura e matemática melhorassem de maneira drástica após as aulas particulares de Kerry depois da escola. Ao brincar com os filhos dela, as duas aprenderam a ser mais socialmente conscientes, o que melhorou muito a relação das meninas com outras crianças na escola. À medida que suas habilidades melhoraram, a confiança de ambas aumentou.

Quando chegou o momento da atividade anual do museu de cera vivo na turma de Angie, Kerry garantiu que a menina tivesse uma fantasia de personagem histórico, assim como os outros alunos, além de um cartaz e um vídeo informativo para que pudesse fazer uma boa apresentação nesse importante projeto. Ao final da apresentação, Kerry percebeu que, pela primeira vez, Angie sabia que era capaz de alcançar sucesso.[27]

Que infusão de esperança essa mãe postiça injetou na vida dessas duas meninas negligenciadas que não tinham uma mãe para amá-las e nutri-las. Depois de criar uma bela vida doméstica para a própria família e se tornar uma pessoa influente na comunidade, Kerry ajudou a criar uma nova vida para essas meninas, na qual elas também poderiam ter sucesso e se sentir amadas e valorizadas.

A chave para a felicidade é viver fora de si mesmo — trabalhar em conjunto com os outros —, impulsionado por uma

85

visão ou missão comum de contribuir. Uma jovem mãe se lembra de sua avó sempre dizendo: "Foi um dia desafiador. Vamos encontrar alguém para servir". Que perspectiva notável e sábia! Reagir às necessidades e doar aos outros de maneiras que só você pode fazer são atitudes que compõem uma parte essencial de viver a Mentalidade Crescendo.

Mas, se você quer ser um verdadeiro profissional, fará algo fora de si mesmo, algo para reparar as rachaduras em nossa comunidade, algo melhorar a vida para as pessoas menos afortunadas que você. Isso é o que eu acho que é uma vida significativa. Uma pessoa vive não apenas para si mesma, mas para a sua comunidade.
RUTH BADER GINSBURG[28]

CAPÍTULO 4

Liderança é comunicar valor e potencial

Meu pai tinha muitas habilidades, mas uma mente mecânica, no sentido de saber como fazer reparos mecânicos, não era uma delas. De acordo com uma história familiar, nos primeiros anos de casamento de nossos pais, papai certa vez contratou um eletricista para ver o que havia de errado com uma luz e foi informado de que só precisava de uma lâmpada nova. Minha mãe afirma que papai perguntou quanto o eletricista cobraria para fazer a instalação! Virou uma piada eterna.

Depois que meu pai morreu, lembrei-me disso por causa de um bom homem chamado John Nuness, em quem ele confiou ao longo dos anos para o ajudar a montar os equipamentos de lazer no local de férias favorito de nossa família em Montana. Seu serviço era da melhor qualidade e ele mantinha plena atenção ao trabalho, além de se orgulhar de nossos equipamentos como se fossem seus. Papai dependia absolutamente dele, e John costumava ir ao lago à noite depois do trabalho para que nossos jet-skis e outros aparelhos estivessem funcionando no dia seguinte. Isso era muito valioso para nós, já que o tempo de férias para alguns membros de nossa família era limitado.

Depois que meu pai faleceu, John continuou a nos ajudar, e nós ficamos gratos por isso. Um dia, quando agradeci, ele me surpreendeu com sua resposta.

Preciso lhe dizer uma coisa. Stephen era a única pessoa que valorizava de fato o que faço para viver. Adorei trabalhar com ele ao longo dos anos, principalmente porque ele fazia eu me sentir muito bem comigo mesmo, e, para ser sincero, valorizava minhas habilidades e o serviço que eu prestava à sua família. Fico feliz em continuar ajudando vocês, porque seu pai me fez sentir valorizado como pessoa e na minha profissão — e isso significa o mundo para mim.[29]

Eu não fazia ideia. E é uma coisa tão simples de dizer:
"Eu realmente valorizo o seu trabalho. Obrigado". Quantas vezes
agradecemos com sinceridade a alguém que abençoa nossas vidas?
CYNTHIA COVEY HALLER

Muitos anos atrás, Kenneth Blanchard e Spencer Johnson escreveram um pequeno e poderoso livro chamado *O gerente-minuto*. Uma das grandes ideias do livro foi uma declaração contundente, mas verdadeira: "Bons pensamentos não ditos não valem nada!". Os autores escrevem ainda:

De todos os conceitos que ensinei ao longo dos anos, o mais importante é "surpreender as pessoas fazendo as coisas do jeito certo". Há pouca dúvida de que o segredo para desenvolver pessoas é surpreendê-las fazendo algo certo e elogiá-las pelo desempenho. Você notará quando fizer isso [...] que a atenção dessa pessoa se acende.[30]

Assuma agora o compromisso de, quando tiver um bom pensamento sobre alguém, reservar um tempo para expressá-lo naquele exato momento para aquela pessoa. Se deixar para depois, a oportunidade pode escapar — talvez para sempre. Ao desenvolver esse bom hábito, que toma meros segundos, você pode fazer o dia de alguém melhor, reforçar um bom comportamento, incutir confiança, mostrar apreço e talvez ajudar alguém com uma necessidade ou um problema invisível. Expressar bons pensamentos sobre as pessoas as motiva a continuar fazendo o seu melhor. Um velho provérbio japonês diz: "Uma palavra amável pode aquecer três meses de inverno".

Não deixe o momento passar, porque, como diz a canção do Seals & Crofts, "talvez nunca mais passemos por aqui". Nenhuma pessoa decente jamais disse ou pensou: "Eu gostaria de não ter sido tão bom para meus filhos quando eles eram pequenos!".

Eu chorei à noite
Por minha falta de visão,
Que me impedia ver as necessidades dos outros

Mas nunca tive uma pontada de arrependimento
Por ser um pouco gentil demais.
AUTOR DESCONHECIDO[31]

Todos os pais sabem que fazer com que crianças pequenas se comportem durante o jantar não é tarefa fácil, em especial se você estiver sozinho. Uma jovem mãe solo levou os filhos em um fim de semana a uma Pizza Hut em Raleigh, na Carolina do Norte. Ela estava passando por um divórcio complicado, e dois de seus filhos pequenos tinham necessidades especiais. A mulher se aproximou de um homem sentado nas proximidades e pediu desculpas antecipadamente pelo barulho e pelo incômodo. Ele lhe garantiu que também era pai e entendia a situação.

Foi só quando a mãe pediu a conta que a bondade do homem foi revelada. Ele já havia pagado pelo jantar da família dela, comprado um cartão-presente para que pudessem retornar em outra ocasião e escrito um bilhete no verso do recibo, que a levou às lágrimas:

> Não conheço sua história, mas tive o privilégio de vê-la ser mãe de seus filhos nos últimos trinta minutos. Preciso agradecer por cuidar deles de maneira tão amorosa. Vi você ensinar seus filhos sobre a importância do respeito, da educação, das boas maneiras, da comunicação, do autocontrole e da bondade, tudo com paciência. Nunca mais cruzarei seu caminho, mas tenho certeza de que seus filhos terão um futuro incrível. Continue com o bom trabalho e, quando começar a ficar difícil, não esqueça que outros podem estar vendo e precisarão do incentivo de ver uma boa família sendo criada. Deus a abençoe. Jake.[32]

Ela ficou tão agradecida pelo que havia acontecido que entrou em contato com uma estação de TV local na tentativa de agradecer a Jake por encorajá-la em um momento particularmente ruim de sua vida. "Você simplesmente não sabe pelo que as pessoas passam", disse a mãe à ABC 11. "Venho enfrentando um dos piores anos da minha vida e nunca recebi um reconhecimento assim! Só faço o que posso para sobreviver. Quero que ele e sua família saibam que ele é incrível! Nunca sabemos quem está nos observando."[33]

O gesto de Jake de reconhecer essa mãe solo por sua paciência e coragem em criar dois filhos que precisam de cuidados consideráveis foi de valor imensurável. Mais do que pagar a refeição e dar o vale-presente, Jake reconheceu o valor e a importância de criar uma jovem família.

Muitas vezes subestimamos o poder de um toque, um sorriso, uma palavra gentil, um ouvido atento ou o menor ato de carinho — todos têm o potencial de mudar uma vida.
LEO BUSCAGLIA

O Princípio Dulcineia: o poder das afirmações positivas

Adoro a história do musical *O homem de La Mancha*, baseado no livro *Dom Quixote*, de Cervantes, que ensina a mensagem inspiradora de acreditar no potencial do outro. Dom Quixote é um cavaleiro medieval que se apaixona por Aldonza, uma simples camponesa e prostituta. Todos ao seu redor a tratam como ela é, mas o valente cavaleiro ignora essa realidade — apenas ele a vê de acordo com o que acredita que ela pode se tornar, seu potencial como mulher virtuosa.

A princípio, Aldonza não acredita que ele seja sincero. Mas Dom Quixote afirma a visão que tem dela repetidas vezes e a chama por um novo nome, Dulcineia — oferecendo-lhe uma nova identidade pela qual possa se ver. O cavaleiro persiste pacientemente até que suas afirmações começam a rachar a dura casca de Aldonza. Aos poucos, ela faz mudanças em sua vida e abraça a percepção dele sobre si, para decepção de quem só consegue ver a prostituta. Com esse novo paradigma, ela acaba se tornando Dulcineia, uma mulher de beleza e virtude que, com uma nova imagem, tem pela frente uma vida de oportunidades completamente diferente.

Por fim, quando Dom Quixote está morrendo, ela chega ao seu leito de morte, onde ele reafirma seu valor e canta aquela canção inspiradora, "O sonho impossível". A mensagem dele para Aldonza é nítida: nunca desista do seu potencial. Ou dos seus sonhos!

Acredite sempre no melhor que reside dentro de você. O cavaleiro olha nos olhos dela, reafirma sua nova identidade e basicamente implora: "Nunca se esqueça de que você é Dulcineia".[34]

Só se vê bem com o coração. O essencial é invisível para os olhos.
ANTOINE DE SAINT-EXUPÉRY

Dom Quixote viu Aldonza além do que ela era, além do que ela podia ver. Com amor incondicional, revelou o que via. Podemos aprender muito com Dom Quixote. A "profecia autorrealizável" do Princípio Dulcineia é que as pessoas se tornarão e viverão de acordo com o que acreditamos que sejam.

Cada um de nós tem o poder de fazer isso por outra pessoa — especialmente quem atingiu o Auge do Sucesso em alguma área da vida, quando sua influência potencial tem mais poder de afetar outra pessoa para o bem do que você imagina. Muitas vezes, aconselho aqueles que estão em posições influentes a aproveitar a oportunidade e se concentrar em alguém que não seja eles mesmos. Em outras palavras, "procure abençoar, não impressionar".

Observe ao redor e identique uma pessoa que precisa de alguém para acreditar nela. Acredite e reforce sua grandeza de caráter, mesmo que ainda não tenha dado frutos. Ao fazê-lo, o potencial dessa pessoa se torna a realidade dela. Você pode amar e inspirar alguém a se tornar quem deve se tornar, independentemente de seu passado e da realidade do presente.

Trate um homem como ele é, e ele permanecerá como é. Trate um homem como ele pode e deve ser, e ele se tornará o que pode e deve ser.
JOHANN WOLFGANG VON GOETHE

Evocar o poder das afirmações positivas é o papel de um verdadeiro mentor, um verdadeiro professor e um verdadeiro líder. Não há nada mais gratificante do que ajudar outra alma humana a vislumbrar seu potencial e inspirá-la à grandeza.

- Esteja aberto à inspiração, de sua própria consciência e de fontes externas. Reconheça isso, e em breve terá maior influência sobre outras pessoas.

- Reconheça que as pessoas devem primeiro sentir que você as entende e se importa de maneira genuína com elas. Só assim estarão abertas à sua influência.

- Depois de construir um relacionamento com alguém que gostaria de incentivar, procure oportunidades espontâneas de "momentos de ensino", em que possa transmitir o que sabe e acredita ser importante.

- Use exemplos reais do que está acontecendo na vida da pessoa para ensiná-la a se desenvolver — inclusive dramatizando.

- Ofereça a essa pessoa uma visão nova e inspirada de si mesma.

- Ajude a incutir a confiança de que ela é capaz de enfrentar os desafios que venham a surgir e de fazer boas escolhas.

- Ensine-a a viver a partir da própria imaginação, não da própria história.

Uma poderosa fonte de autoconfiança é ter ao lado uma pessoa que nos ama e acredita em nós, mesmo quando não acreditamos em nós mesmos. O valor e o poder das afirmações positivas que você faz podem ser vitais para o crescimento de outra pessoa e para que alcance o próprio potencial, oferecendo grande paz e segurança interna e permitindo que saia das zonas de conforto restritivas com menos medo do fracasso.

Uma afirmação é pessoal, positiva, presente, visual e emocional. Deve ser simples, sincera e aplicável às habilidades da outra pessoa:

- "Sei que essas aulas de matemática são muito difíceis e competitivas, mas você sempre foi uma aluna tão conscienciosa que eu acho mesmo que seu trabalho duro valerá a pena. Aguente firme, Angie — mesmo que precise repetir uma matéria. Em matemática sei que geralmente leva-se um tempo para entender os conceitos, mas conheço sua ética de estudo. Você acabará tendo sucesso."

- "Você é um artista nato, John. Você é criativo e pinta com tanta emoção que suas pinturas passam uma perspectiva diferente da maioria. É corajoso da sua parte tentar trabalhar com pintura a óleo agora. Você vai aprender muitas novas habilidades."

- "Você é um pai melhor do que acredita. Não se culpe pelas típicas travessuras adolescentes que vê! Você passa tanto tempo no campo de beisebol jogando com Sam que ele sabe que você se importa. Construir relacionamentos sempre foi seu forte."

- "Gostei de como interagiu com os membros de sua equipe hoje, quando diferentes opiniões foram expressas. A situação poderia ter sido explosiva, mas você conduziu a discussão de maneira tão aberta e receptiva que todos sentiram que podiam compartilhar suas ideias. Não é algo fácil de fazer. Você tem algumas habilidades naturais de liderança que podem ajudar de verdade nossa equipe."

- "Obrigado por sempre escutar quando os outros só querem ser ouvidos. Conto com você aconselhando seus irmãos, porque você realmente os deixa se expressarem primeiro, e então ficam mais suscetíveis à sua influência. Você tem uma boa cabeça para tomar decisões difíceis. Eu com certeza conto com você."

É claro que todas as afirmações são subjetivas para a pessoa a quem você está tentando afirmar, mas, feitas com consideração e sinceridade, podem desempenhar um efeito enorme, já que a maioria das pessoas reflete o que os outros pensam e acreditam sobre elas. No Auge do Sucesso, você está na posição ideal para fortalecer os outros de forma eficaz, seguindo algumas práticas simples, mas importantes. Faça disso um hábito, e sua influência será poderosa.

Mude o nome, o roteiro ou o rótulo da pessoa que você está incentivando

- Velhos nomes, rótulos, títulos, apelidos e identidades bloqueiam o progresso. Em quase todas as sociedades, os ritos de passagem incluem a atribuição de um novo título ou nome, pois facilitam muito as mudanças de comportamento. Você não precisa literalmente dar um novo nome a alguém, como Dulcineia, mas deve superar a própria percepção a respeito da pessoa e ajudá-la a fazer o mesmo.

- Ajude a pessoa a se ver de forma diferente de como era vista antes. É importante ensinar aqueles de quem você gosta a viver da imaginação, não da história.

- Reconheça que muitas vezes somos nossos piores inimigos. Derrotamos a nós mesmos ao acreditar em roteiros antigos a nosso respeito, em vez de nos recriarmos.

Afirme a pessoa em sua nova identidade

- Ajudar alguém a reescrever a própria vida e missão requer coragem, mas está ao nosso alcance. Roteiros antigos podem ser alterados e reescritos, especialmente se alguém ama e acredita em você.

- Uma grande força e um grande poder atingem a pessoa quando isso acontece, em particular quando ela ainda não acredita totalmente em si mesma. O fato de alguém acreditar nela a ajuda a escapar da vitimização e a força a assumir responsabilidade por suas ações.

- Também compele a pessoa a se tornar um agente ativo de mudança, em vez de aceitar uma mentalidade negativa de autopiedade.

Ao conscientizá-lo do que pode ser e do que deve se tornar, ele torna essas potencialidades realidade.
VIKTOR FRANKL, *Em busca de sentido*[35]

A base da afirmação é a fé — uma crença profunda no potencial invisível de uma pessoa, um produto ou um projeto. Em geral, essa crença vem da fonte da visão. Os frutos de inovação e criatividade resultam naturalmente de uma visão desafiadora, uma fé infantil e um trabalho paciente e diligente:

$$\text{Fé} + \text{Trabalho} = \text{Fruto}$$

Acreditar no potencial oculto de outra pessoa é análogo a plantar uma árvore de bambu. Na China, quem planta essas árvores não vê absolutamente nada por quatro anos — nada acima do solo, exceto um pequeno bulbo. Todo o crescimento da planta durante os primeiros quatro anos é voltado para a construção da estrutura da raiz. Mas, incrivelmente, no quinto ano, a planta cresce 25 metros!

Sem as raízes, não obtemos os frutos. Os frutos de incentivar outra pessoa e acreditar em seu potencial decorrem de permitir que as raízes cresçam profundamente no solo e formem uma base sólida. Só então (e isso pode levar anos, como a árvore de bambu) as raízes produzem os frutos. E que fruto doce é para aquele que enfim floresceu, bem como para o mentor de confiança que ajudou a estabelecer as bases! É essencial que nunca definamos uma pessoa por suas fraquezas. Ela deve ser definida por seus pontos fortes.

Liderança é uma escolha consciente

Durante anos, em minhas apresentações, eu fazia a seguinte pergunta ao público:

Quantos de vocês alcançaram seu atual nível de sucesso em grande parte porque alguém acreditou em vocês quando não acreditavam em si mesmos?

Nunca falhava: cerca de dois terços dos presentes levantavam a mão. Minha próxima pergunta era:

Quem acreditou em vocês? Como essa pessoa demonstrou isso? Que impacto isso teve na sua vida?

Eu então andava pela sala e pedia que alguns compartilhassem experiências. Muitas vezes, as pessoas ficavam bastante emocionadas ao contar suas histórias. Por fim, eu gostava de fazer a pergunta mais importante de todas:

Você está tentando fazer a mesma coisa com outra pessoa?

Minha melhor definição de liderança é *comunicar o valor e o potencial de outra pessoa com tanta nitidez que ela se sinta inspirada a vê-los em si mesma.* A maioria de nós foi inspirada, incentivada e orientada por alguém que acreditou de verdade em nós, e isso fez toda a diferença. É possível que não percebamos o impacto poderoso que somos capazes de exercer sobre outra pessoa, mas esse impacto pode se espalhar para a próxima geração e além.

> *Na vida de todos, em determinado momento, nosso fogo interior se apaga. Ele então explode em chamas graças a um encontro com outro ser humano. Todos devemos ser gratos por aqueles que reavivam nosso espírito interior.*
> ALBERT SCHWEITZER

Fui abençoado por ter muitas pessoas em minha vida que acreditaram em mim e me inspiraram a alcançar o que viram ser meu potencial, a começar pelos meus pais. Certa vez, acordei no meio da noite e vi minha mãe curvada sobre mim, sussurrando palavras de afirmação de que eu me sairia bem em uma prova importante na manhã seguinte. Admito que, na época, aquilo me pareceu um pouco estranho, mas também não tive dúvidas de que ela acreditava em mim e fazia tudo o que podia para me incentivar em tudo que eu estava envolvido, assim como meu pai. A crença coletiva deles em mim exerceu um impacto tremendo em minha vida.

Quando estava com vinte anos, tive a oportunidade de participar de um trabalho voluntário na Inglaterra, e isso moldou profundamente minha vida. Albert Heimer Reiser era o líder na época e, depois de vários meses, pediu-me que treinasse líderes locais em algumas das principais cidades da Inglaterra, alguns dos quais tinham o dobro ou o triplo da minha idade. Eu mal podia acreditar no que ele estava me pedindo para fazer, pois tinha sérias dúvidas sobre minhas habilidades para executar algo tão longe da minha zona de conforto. Mas Reiser me disse: "Tenho grande confiança em você. Você consegue fazer isso". Ele enxergava muito mais em mim do que eu enxergava em mim mesmo.

Para minha surpresa, descobri ter uma habilidade natural para transmitir ideias de uma forma que inspirava outras pessoas e desenvolvi uma paixão pelo ensino. O sr. Reiser tornou-se um mentor de confiança ao ver meu potencial para ensinar e treinar líderes; e por causa do meu respeito por ele, me elevei ao seu nível de crença e expectativa. Cresci, vi os outros crescerem e encontrei minha voz. Essa experiência mudou todo o meu paradigma — a forma como eu me via — e acabou direcionando toda a minha profissão. O ensino acabou levando à escrita, que se tornou um veículo para impactar mais pessoas do que eu jamais imaginara.

Acredito que a verdadeira liderança é uma escolha consciente. Encontrei três métodos de influência que são obra de verdadeiros mentores.

1. Modele pelo exemplo: As pessoas que orientamos veem o que fazemos. Nós incentivamos a obediência às leis da vida quando vivemos as leis do amor. As pessoas são extremamente delicadas por dentro, em particular aquelas que agem como se fossem duronas e autossuficientes. Devemos ouvi-las com o "terceiro ouvido", o coração. Podemos exercer ainda mais influência sobre elas demonstrando amor, sobretudo o amor incondicional, que dá às pessoas uma sensação de valor intrínseco e de segurança, sem impor comportamentos ou comparações com os outros. Nossas palavras são vazias a menos que sejamos modelos do que gostaríamos que outras pessoas se tornassem. O que somos comunica de forma muito mais eloquente e persuasiva do que o que dizemos ou mesmo o que fazemos.

2. Construa relacionamentos atenciosos: As pessoas que orientamos sentem o que fazemos. Nossos esforços para classificar e categorizar, julgar e medir muitas vezes surgem de nossas próprias inseguranças e frustrações ao lidar com realidades complexas e em constante mudança. Há muitas dimensões em cada pessoa. Às vezes, o potencial de alguém é evidente, mas, para muitos, permanece adormecido. As pessoas tendem a responder à forma como as tratamos e ao que acreditamos a seu respeito. Alguns podem nos decepcionar ou tirar vantagem de nossa confiança, considerando-nos ingênuos ou crédulos. Mas a maioria corresponderá às expectativas, simplesmente porque acreditamos neles. Não prejudique muitos por medo de poucos! Sempre que assumimos a boa-fé, nascida de bons motivos e de segurança interior, apelamos para o bem nos outros. Assumir a boa-fé produz bons frutos.

3. Oriente por instruções: Aqueles que orientamos ouvem o que dizemos. Se realmente deseja exercer influência, é sempre importante preparar seu coração e sua mente antes do que vai dizer. O que dizemos pode ser menos importante do que a forma como dizemos. Você terá a oportunidade de orientar aqueles que admiram e seguem você, em especial familiares próximos. Aqui está um exemplo prático, se você é pai ou mãe. Antes de seus filhos voltarem da escola cheios das próprias necessidades, ou quando você voltar para casa do trabalho, reserve um tempo para se preparar. Em outras palavras, antes de estar em uma situação, pare e controle-se primeiro e decida como vai responder a tudo o que jogarem sobre você.

- Reúna seus recursos.

- Aquiete sua mente e seu coração.

- Escolha a suavidade e a alegria.

- Escolha dar total atenção às necessidades deles.

- Prepare-se para escutar o que eles dizem (assim como o que não dizem), em vez de preparar seu discurso enquanto estiverem falando.

- Escolher ser o seu melhor bloqueará a fadiga e renovará sua determinação.

Treine quem você orienta no que eu chamo de Lei da Colheita: nós colhemos o que plantamos. Como a maioria das coisas que têm valor, não há atalhos, saídas fáceis, soluções rápidas. O que você planta e como cuida disso, em última análise, determinam o que se obtém. Na agricultura, não há atalhos. Não há acúmulo, procrastinação ou maneira possível de enganar a Mãe Natureza para produzir uma colheita abundante sem pagar o preço de antemão.

Em última análise, o mesmo ocorre com os relacionamentos. Ensine a quem você orienta os eternos "princípios agrícolas" de preparar o solo, semear, cultivar, regar, capinar e colher para obter sucesso na vida. Lembre-se de que estamos ensinando uma coisa ou outra o tempo todo, porque irradiamos constantemente o que somos.

Construindo pontes

Há um poema antigo chamado "The bridge builder", da poeta Will Allen Dromgoole. É interessante notar que esse poema foi publicado em 1931, uma época menos "centrada no eu" e mais orientada para a contribuição ao outro do que os dias atuais.

O construtor de pontes

Um velho indo por uma estrada solitária
Chegou, na noite fria e cinzenta,
A um abismo vasto, profundo e largo
Através do qual fluía uma maré sombria
O velho atravessou na penumbra,
Sem temer o rio escuro
Mas, a salvo na outra margem, ele se virou
E construiu uma ponte para atravessar o rio.

Um companheiro peregrino próximo disse: "Velho,
Você está desperdiçando suas forças construindo aqui;
Sua jornada terminará com o fim do dia,
Você nunca mais passará por aqui;
Você cruzou o abismo, profundo e largo,
Por que construir esta ponte à noite?".

O construtor ergueu a cabeça grisalha:
"Meu amigo, no caminho que trilhei", disse ele,

"Vinha atrás de mim hoje
Um jovem cujos pés devem passar por aqui.
Este abismo que não me foi difícil vencer
Para aquele jovem pode ser uma armadilha;
Ele também deverá atravessá-lo na penumbra;
Bom amigo, estou construindo esta ponte para ele!".[36]

Às vezes, o que fazemos não necessariamente nos beneficia ou nos impacta de maneira direta, mas abençoa aqueles que nos seguem. Como é valioso ter alguém sábio e experiente na encruzilhada para mostrar o caminho. Existem muitas pessoas boas que influenciaram e impactaram de modo significativo a geração em ascensão, dando exemplos profundos e tornando o caminho adiante mais fácil de seguir.

Todos somos moldados por pessoas que nunca conhecemos.
DAVID MCCULLOUGH

Ainda na faculdade, um jovem teve a sorte de ser contratado como assistente pessoal de Scott, CEO de um grande banco regional. Scott surpreendeu esse jovem ao puxá-lo de lado no primeiro dia de trabalho e dizer: "Você não vai ser um estagiário que arquiva papelada, mas um estagiário que aprenderá a administrar uma empresa multimilionária".

O CEO cumpriu o que disse. Nas palavras do próprio estagiário:

Scott não apenas me atribuiu um serviço e se ausentou. Ele realmente se importava com os projetos em que eu estava trabalhando e me apoiava quando eu falava com ele. Costumava me dizer quanto era valioso ouvir minha opinião, que trazia uma nova perspectiva, e me fazia apresentar minhas descobertas aos executivos do conselho durante as reuniões semanais, às segundas-feiras de manhã. Como eu sabia que precisava fazer o meu melhor, todo mundo saiu ganhando: eu tinha a incrível oportunidade de fazer apresentações a altos executivos enquanto um jovem estagiário, e Scott recebia um relatório de qualidade que eu preparava com cautela e que beneficiava a empresa. Eu naturalmente queria fazer o melhor trabalho para ele e realizar mais a cada semana.

Para ser honesto, preparar as apresentações era difícil e intimidante, mas isso me desafiava a aprimorar habilidades. Ajudava o fato de que Scott sempre me apresentava antes e basicamente dizia quanto era importante o projeto em que eu estava trabalhando. Quando eu terminava, ele enfatizava meus principais pontos, para garantir que seu conselho valorizasse o que eu dissera. Ele sempre dava sequência às apresentações, e isso fazia com que eu me sentisse importante e parte da equipe.

Às vezes, quando pessoas importantes se reuniam com Scott em sua sala, ele me deixava participar, para que eu ouvisse o que era discutido, e então conversávamos a respeito mais tarde. Aprendi muito apenas escutando. Ficava encantado com o fato de que ele de fato parecia orgulhoso de me apresentar a pessoas bastante conhecidas. Ele dizia com entusiasmo: "Você precisa conhecer meu novo estagiário", como se eu fosse um bambambã ou algo assim!

Fui convidado a acompanhá-lo em viagens de negócios e, durante essas viagens, Scott aproveitava o tempo para me ensinar muitas habilidades práticas que aprendera sobre administrar uma grande empresa como CEO. Também me dava conselhos sobre minha própria carreira e me colocava em contato com pessoas que considerava que seriam úteis para mim. Scott me recomendou bons livros e se interessou não apenas pelo meu trabalho, mas também pelas minhas aulas e pela minha vida social; assim, passei a valorizá-lo como um mentor confiável. A crença dele em mim construiu minha confiança e me inspirou a querer imitá-lo e seguir uma carreira semelhante. O verão em que fiz estágio com ele foi uma experiência notável, e estabeleci uma meta futura de um dia influenciar positivamente outra pessoa, assim como ele fez comigo.[37]

Eis outro exemplo de uma pessoa de influência construindo uma ponte para ser seguida por alguém que está começando.

Deve ter ficado evidente que eu não era um funcionário comum quando consegui meu primeiro emprego na indústria de alta tecnologia. Depois de ouvir alguém no escritório se referir ao Code 3, com ingenuidade perguntei: "Então precisamos falar em código aqui?". Depois que todos deram boas risadas, fiquei sabendo que Code 3 era o nome de um de nossos clientes! Tenho certeza de que foi nesse momento que meu gerente soube que eu precisava de alguém que fosse bom em me ensinar, já que eu estava apenas começando, e tive a sorte de ser designado a uma mulher que trabalhava no setor havia quinze anos.

Ela me acolheu e se certificou de que eu aprendesse o jargão e a terminologia da indústria de computadores, para que eu não voltasse a passar vergonha. Ela me convidava para acompanhá-la em compromissos e reuniões, e me treinou em estratégia e eficácia de vendas, bem como no que eu precisava fazer para ter sucesso.

Mais importante, a mulher incutiu em mim a crença de que eu também poderia alcançar sucesso. Era positiva e incentivadora, e me proporcionou um ótimo início de carreira. Detesto pensar em como eu teria tido dificuldades naquele primeiro trabalho de verdade depois da faculdade se tivesse sido designado para alguém que não se desse o trabalho de me ensinar nem se importasse em garantir que eu fosse bem-sucedido.[38]

A Mentalidade Crescendo promove a crença de que algumas das maiores contribuições são feitas de forma altruísta por pessoas que queiram abençoar os outros ao construir pontes — sem se preocupar com elogios. A influência delas é imensurável, e pode inspirar excelência e mudança.

Se você pudesse ao menos perceber o quanto é importante na vida daqueles que conhece, o quanto pode ser importante para pessoas que pode nem imaginar. Há algo seu que você deixa em cada encontro com outra pessoa.
FRED ROGERS

Liderança como construção de caráter

No último livro que John Wooden escreveu em parceria com Don Yaegar, *A game plan for life: the power of mentoring* [*Uma estratégia para a vida: o poder da mentoria*], o renomado treinador de basquete cita sete grandes mentores que influenciaram sua vida — como seu pai, alguns de seus treinadores, sua amada esposa, Nellie, Madre Teresa e Abraham Lincoln. A segunda metade do livro se concentra em várias pessoas que ele, por sua vez, orientou, retribuindo o que recebeu — Kareem Abdul-Jabbar, Bill Walton e outras pessoas menos conhecidas, como sua neta.

Ao mesmo tempo que ensinava inglês e treinava basquete em seu primeiro ano na Dayton High School, em Indiana, Wooden teve a primeira e única temporada perdedora de sua carreira. Imagine se ele tivesse desistido, acreditando não dispor das habilidades para ser um treinador de sucesso! Em vez disso, John Wooden foi em frente e levou o UCLA Bruins a 665 vitórias e inéditos dez campeonatos da NCAA em doze anos (sete deles seguidos), quatro temporadas perfeitas, uma sequência de 88 vitórias consecutivas (o máximo de vitórias consecutivas de todos os tempos) e oito temporadas de conferências perfeitas. Foi a primeira pessoa a entrar no Naismith Memorial Basketball Hall of Fame como jogador e treinador. Em 2009, foi nomeado pela *Sporting News* como o "maior treinador da história do esporte americano".[39]

Sem dúvida, o treinador Wooden atingiu o Auge do Sucesso na arena do basquete, mas o papel que mais teve significado para ele foi o de professor. Ele acreditava que sua maior vocação era ensinar os alunos de sua equipe não apenas para que se tornassem grandes jogadores de basquete, mas para que fossem homens de caráter. Ele escreveu:

> Sempre tentei evidenciar que o basquete não é o auge. É algo de pouca importância em comparação com a vida que vivemos. [...] Eu vivi minha vida para ser um mentor — e para ter mentores! — constantemente. [...] Muitas pessoas encaram a mentoria como uma espécie de atribuição [...] a mentoria pode ser qualquer ação que inspire outra pessoa.[40]

A mentoria não precisa ser um relacionamento formal, afirmou. Significa tratar as pessoas com gentileza, incentivando-as ou inspirando-as, ensinando-lhes valores fundamentais em que acreditar — uma confiança sagrada.

Líderes não criam seguidores, eles criam mais líderes.
TOM PETERS, em *In search of excellence*

Quando John Wooden e seus irmãos se formaram no Ensino Médio, o presente de formatura do pai deles foi um único papel que listava seus valores em sete pontos. John o guardou ao longo dos anos na carteira como um lembrete e um legado passado de pai para filho. Desde então, foi transmitido de John Wooden para milhares de outras pessoas:

1. Seja verdadeiro consigo mesmo.
2. Torne cada dia sua obra-prima!
3. Ajude outras pessoas.
4. Muna-se profundamente de bons livros, em especial a Bíblia.
5. Faça da amizade uma bela arte.
6. Construa um abrigo contra dias chuvosos.
7. Peça por orientação e agradeça por suas bênçãos todos os dias.[41]

A definição de "sucesso" de Wooden não era apenas vencer — o que ele acreditava ser um subproduto de atitude e preparação. Ele acreditava que sucesso era "fazer o máximo de esforço possível" e estar "mais preocupado com o caráter do que com a reputação, porque o caráter é o que você realmente é, ao passo que a reputação é apenas o que os outros pensam que você é".[42]

Wooden passou mais de um terço da vida envolvido em um trabalho significativo depois que sua incrível carreira de treinador terminou (seu próprio Auge do Sucesso). Inacreditavelmente, até os 96 anos, ainda estava forte — vivendo a vida em crescendo, escrevendo livros, fazendo entre vinte e trinta palestras por ano, além de se colocar à disposição de muitos de seus jogadores, amigos e admiradores. Ele morreu em junho de 2010, poucos meses antes de completar cem anos. Para honrar seu legado, o time de basquete UCLA Bruins usou triângulos pretos simbolizando o modelo de construção de caráter da Pirâmide do Sucesso, que ele ensinou ao longo de sua vida. Em meio a todos os prêmios e elogios que o treinador Wooden recebeu, ele só queria ser lembrado por enriquecer vidas.[43]

Não há nada que você saiba que não tenha aprendido com outra pessoa. Tudo no mundo foi transmitido. [...] Se você entende isso como eu, a orientação se torna seu verdadeiro legado. É a maior herança que pode deixar aos outros. É por isso que acordamos todos os dias: para ensinar e aprender.[44]

JOHN WOODEN

CAPÍTULO 5

Trabalhe para expandir seu Círculo de Influência

Você pode ampliar seu Círculo de Influência ao ampliar seu Círculo de Serviço.
JOSEPH GRENNY

Pessoas proativas trabalham nas coisas a respeito das quais podem fazer algo — concentram seus esforços dentro de seu Círculo de Influência. Com energia positiva, podem ampliar e expandir sua influência em um círculo cada vez maior.

Cada indivíduo tem dons e talentos únicos para oferecer a pessoas específicas dentro de seu Círculo de Influência. Há sempre uma razão para ir além, aprender, contribuir, expandir e ajudar os outros a fazerem o mesmo por si próprios. Isso é o que torna a vida emocionante e válida.

Nenhum homem é uma ilha, inteiro em si mesmo; cada homem é um pedaço do continente. [...] Por isso, nunca pergunte por quem os sinos dobram; eles dobram por ti.
JOHN DONNE

Em 1782, William Wilberforce era um jovem e popular membro do Parlamento britânico que se sentiu impelido a apresentar um projeto de lei para abolir a escravidão na Inglaterra. No entanto, quase todos os membros do Parlamento representavam os interesses do tráfico de pessoas escravizadas. Eles se ressentiram de Wilberforce por ele se recusar a desistir de seu projeto e o derrotaram facilmente várias vezes.

O compromisso de Wilberforce com a causa da abolição se aprofundou quando se reuniu com seu ex-mentor, John Newton, que no início da vida fora capitão de um navio negreiro — um

106

empresário implacável e participante insensível contribuindo para a miséria da escravidão. Em um esforço para fazer algum tipo de penitência pela vida pecaminosa que levara, Newton desistiu por completo do tráfico de pessoas escravizadas e se tornou padre na Igreja Anglicana. Veio a compor "Amazing Grace", um dos hinos folclóricos mais duradouros de todos os tempos.

Wilberforce apelou para a compaixão e para as raízes cristãs de seus colegas legisladores, mostrando evidências da escravidão — algemas, grilhões e ferros em brasa — para que vissem por si mesmos a realidade brutal. Em outra ocasião, convenceu o governo e cidadãos proeminentes a fazer um passeio onde puderam ver os horrores de um navio negreiro e sentir o cheiro da morte.

Ao longo de um período de vinte anos, os esforços de Wilberforce começaram lentamente a impactar a consciência de mais membros do Parlamento, e sua influência aumentou. Mais legisladores começaram a reconsiderar suas posições. Em 1806, enfim chegou a hora certa, e o projeto de lei de Wilberforce para abolir o tráfico de escravizados na Grã-Bretanha foi aprovado por 283 votos contra 16. Embora tenham se oposto com veemência a ele por décadas, os membros do Parlamento o aplaudiram de pé por nunca desistir de sua nobre causa.

O comércio de escravizados se tornara ilegal, mas o Parlamento ainda se recusou a proibir a própria instituição da escravidão por mais 26 longos anos. Wilberforce se viu de novo compelido a continuar a luta e, finalmente, em 1833, a Câmara dos Comuns proibiu a escravidão em todo o Império Britânico. Mensageiros correram para compartilhar as boas notícias com Wilberforce, que estava gravemente doente. Ele morreu três dias depois.[45]

Inicialmente, William Wilberforce não tinha poder nem influência entre os colegas legisladores para abolir a escravidão. No entanto, depois de trabalhar febrilmente por vinte anos, seus associados viram sua sinceridade em apoiar aquela causa nobre. Por fim, como o sinal de crescendo <, que se estende para fora, seu Círculo de Influência se expandiu até abranger todo o Parlamento e mudou a história para sempre. Esforçar-se para viver a Mentalidade Crescendo significa trabalhar para apoiar causas importantes nas quais se vê uma necessidade e, ao fazê-lo, aumentar naturalmente o próprio Círculo de Influência, abrangendo muitas outras pessoas. Você pode não fazer isso na medida que Wilberforce alcançou, mas essa ação é parte de seu único e *mais importante trabalho* que *está sempre à sua frente.*

Um pequeno corpo de espíritos determinados, impulsionados por uma fé insaciável em sua missão, pode alterar o curso da história.
MAHATMA GANDHI

Encontre sua voz e ajude os outros a encontrar a deles

Quinze anos depois de escrever *Os 7 hábitos das pessoas altamente eficazes*, me senti compelido a adicionar um oitavo hábito: "Encontre a sua voz e inspire os outros a encontrar a deles". Não se consegue, de fato, ajudar os outros a encontrar a voz deles até descobrir a sua própria voz. Descubra no que você é bom e ajude outras pessoas a fazerem o mesmo por si.

Servir a alguém que não pode retribuir, ajudar outra pessoa financeiramente quando há uma oportunidade única para ela crescer e aprender, mostrar às pessoas seus potenciais únicos quando não conseguem vê-los em si mesmas, acreditar nas crianças e incentivá-las ao longo da vida — tudo isso e muito mais contribui para a soma total de quem as pessoas são e de quem podem se tornar.

Caímos como seixos nos lagos das almas uns dos outros, e as órbitas de nossas ondulações continuam a se expandir, cruzando-se com inúmeras outras.
JOAN Z. BORYSENKO

Imagine o impacto no mundo se todos trabalhassem para fazer isso em todas as etapas da vida. Como um efeito dominó ou ondulações em uma lagoa, de um para outro, o impacto para o bem continuaria indefinidamente.

Desde 1970 existe um cobiçado prêmio no futebol americano chamado NFL Man of the Year Award ("Prêmio Homem do Ano da NFL"), que representa o compromisso desse esporte profissional com a filantropia e o serviço comunitário. A cada ano é homenageado um atleta singular que exibe excelência não apenas em campo, mas fora dele, oferecendo seu tempo em trabalhos de caridade. Muitos dos maiores nomes da história do futebol americano receberam esse prestigioso prêmio, incluindo Johnny Unitas, Roger Staubach, Dan Marino e Peyton Manning.[46]

Walter Payton, considerado um dos maiores atacantes da NFL de todos os tempos, recebeu o prêmio em 1977 por trabalhar com sua fundação que ajuda crianças vítimas de abuso, negligenciadas e desprivilegiadas no estado de Illinois. Payton disse:

> As crianças sempre me trouxeram enorme alegria, e sinto que, se as educarmos ainda pequenas, podemos de fato mudar uma vida. Existem muitos estudos que mostram que um ato de bondade para com essas crianças tem 40% de chance de fazer com que elas tenham um resultado completamente diferente na vida. O que você espera é conseguir fazer uma criança acreditar em algo e acreditar em si mesma.[47]

Quando Payton morreu de câncer, em 1999, aos 45 anos, a NFL rebatizou o prêmio como Walter Payton NFL Man of the Year Award, em sua homenagem. Em 2015, Anquan Boldin ganhou o prêmio, tornando-se o primeiro jogador do San Francisco 49ers a ser homenageado. Boldin foi o único a ser indicado quatro vezes ao longo de sua carreira de catorze anos. O trabalho de caridade dele se estendia por três comunidades diferentes, nas quais ele viveu durante o tempo em que jogava futebol profissional.

Anos antes de ganhar o prêmio, Boldin criou uma fundação dedicada a expandir as oportunidades educacionais e de vida de crianças carentes, incluindo um programa educacional de férias, doações de alimentos no Dia de Ação de Graças, eventos de compras de material de volta às aulas e festas de fim de ano, e muito mais. Em 2014, Anquan e a esposa, Dionne, doaram 1 milhão de dólares para a fundação. O mais importante são as treze bolsas de quatro anos, de 10 mil dólares cada, que Boldin concedeu a estudantes merecedores que precisavam de ajuda com o ensino superior.[48]

Boldin falou sobre seu desejo de fazer mais do que jogar futebol, de causar impacto retribuindo:

> Quando entrei na NFL, ninguém podia me dizer nada. Eu estava vivendo a vida! Havia realizado meu sonho de entrar na NFL, mas logo percebi que a vida não é apenas isso. Percebi que meu propósito na vida não era chegar à NFL e marcar *touchdowns*. Deus me colocou nesta terra para algo muito maior do que isso, e percebo e entendo qual é o meu propósito agora. [...] Tenho esperança e oro para que eu viva o resto da minha existência honrando a Deus e ajudando o máximo possível de pessoas.[49]

Quanto impacto ele está causando na juventude dentro de seu Círculo de Influência em constante expansão, para que também tenham a chance de aproveitar ao máximo a própria vida!

Ondulações em uma lagoa

Conhece alguém que o considere um mentor? Existe alguém que precise do seu apoio, dos seus conselhos e da sua inspiração na vida? Reserve um momento para descobrir quem é essa pessoa. Em seguida, passe algum tempo com ela, conhecendo-a bem (seus objetivos, seus sonhos, o que considera importante) e comece a ajudá-la a encontrar a própria voz. Perceba que, como alguém comprometido a ajudar os outros a fazê-lo, você não tem os desafios ou problemas deles, servindo simplesmente como fonte de ajuda, orientação e inspiração. Você ficaria surpreso com quão pouco tempo e esforço são necessários para fazer diferença significativa na vida de outra pessoa.

O que quer que dê a essa pessoa — interesse, tempo, crença, habilidades — pode colocá-la no caminho certo para descobrir suas próprias paixão e voz. Fazer isso, por sua vez, lhe dará uma profunda sensação de alegria ao testemunhá-la progredir e obter sucesso. Se conhece alguém a quem poderia ajudar a encontrar a própria voz, mas ainda não se sente confiante sobre como fazer isso, permita-me apresentar um processo simples. Comece fazendo quatro perguntas básicas para identificar as necessidades da pessoa e como você pode ajudá-la da melhor maneira:

1. Descubra como vai a vida dela. Especificamente, como lida com os desafios.
2. Pergunte o que ela está aprendendo no momento e o que talvez queira fazer com isso.
3. À luz de como a aprendizagem ocorre e do que ela está aprendendo, ajude-a a definir metas.
4. Simplesmente pergunte o que pode fazer para ajudá-la a alcançar esses objetivos.

O verdadeiro valor da influência ocorre quando os outros sentem que você está sendo influenciado por eles — quando percebem que são compreendidos, profunda e sinceramente ouvidos por você e sentem abertura para falar contigo. Lembre-se sempre: o que você faz tem um impacto muito maior do que o que você diz.

O pai de William Ernest Henley morreu quando ele era jovem, deixando seis filhos para a mãe de William cuidar. Quando criança, Henley tornou-se aluno da Crypt School em Gloucester, na Inglaterra, e por cinco anos foi orientado por um brilhante diretor chamado Thomas Edward Brown, um poeta e "um gênio, o primeiro que conheci". Henley e Brown desenvolveram uma amizade durante toda a vida. Henley escreveu mais tarde que "ele [Brown] foi especialmente gentil comigo em um momento no qual eu precisava mais de bondade do que de incentivo".[50]

Quando tinha apenas doze anos, Henley contraiu tuberculose óssea, o que acabou levando à amputação da sua perna esquerda abaixo do joelho. A doença também afetou seu pé direito, e ele enfrentou três anos de internação em um hospital. Mas seu professor incentivou Henley a explorar e escrever poesia. Embora Henley tenha morrido de tuberculose com apenas 53 anos, a poesia dele perdurou, inspirou e impactou muita gente.

Anos depois, o poema mais conhecido de Henley, "Invictus", tornou-se uma grande fonte de inspiração para um homem preso na África do Sul, chamado Nelson Mandela.[51] Mandela, por sua vez, influenciou a África do Sul e a vida de milhões de pessoas que se libertaram do *apartheid*.

Uma pessoa influenciando outra — uma voz dando origem a outras.

Fazendo do mundo um lugar melhor

Quem sabe quando realizamos nosso trabalho mais importante ou demos nossa contribuição mais importante? É por isso que precisamos continuar aprendendo, nos esforçando e progredindo em todas as idades e fases da vida, apesar das dificuldades que surgem no caminho. Devemos evitar a tentação de ficar olhando por cima do ombro, no espelho retrovisor, para o que fizemos e, em vez disso, olhar para a frente com otimismo, para o que ainda podemos fazer.

O que fazemos por nós mesmos morre conosco. O que fazemos pelos outros e pelo mundo permanece e é imortal.
ALBERT PIKE

Todos conhecemos aqueles que têm a sorte de ter dinheiro, fama, talento e recursos e que fazem um bem incrível *depois* de atingir o Auge do Sucesso. Mas, mesmo "não levando nada conosco", muitos ainda vivem como o adesivo que vi em um carro exótico dirigido por um casal mais velho que orgulhosamente proclama: "Estamos gastando a herança dos nossos filhos!".

Paul Newman foi um exemplo perfeito de como conduzir a vida em crescendo e sempre viveu como se o trabalho mais importante dele ainda estivesse à sua frente. Adorado por gerações de espectadores, Newman foi um ícone do cinema, tendo atuado em 65 filmes ao longo de mais de cinquenta anos. Embora tenha ganhado um Oscar de Melhor Ator em 1987, aos 62 anos, ele ignorou a aposentadoria e trabalhou até depois dos setenta, gravando seu último filme aos 77 anos, ainda desempenhando papéis principais. Continuou a atuar quase até falecer de câncer em 2008, aos 83 anos. Apesar da carreira estelar de ator pela qual ficou conhecido, suas maiores alegrias e satisfações vinham de seu trabalho de caridade.

No Natal de 1980, Paul e o amigo A. E. Hotchner decidiram preparar um molho para salada com azeite e vinagre para dar de presente. As reações foram muito positivas e, em fevereiro, vizinhos e amigos estavam batendo à porta de Newman pedindo uma segunda garrafa. O proprietário de um mercado local sugeriu que a única maneira de vender o produto seria colocar "a cara de Paul Newman no pote".

Averso à autopromoção, Newman a princípio rejeitou a ideia. "Se baixarmos bastante a qualidade do produto e colarmos meu rosto em uma garrafa com azeite e vinagre apenas para forrar nossos bolsos, será um horror!", disse ele a Hotchner. "Mas, se o fizermos como um impulso para ajudar o próximo — para a caridade, para o bem comum —, temos uma ideia que vale a pena, um acordo comercial recíproco."[52]

Acreditando que tinha a oportunidade única de tornar o mundo um lugar melhor por meio desse esforço, Newman proclamou com entusiasmo: "Vamos doar tudo para quem precisa!". Ele doou cada centavo para a caridade porque, como explicou: "Existe um limite de coisas que conseguimos guardar no armário!". Assim, com o slogan "Exploração sem constrangimento em busca do bem comum", foi lançada a Newman's Own. Um grande sucesso, a empresa vendeu 10 mil garrafas de molho para salada em poucas semanas e, no final do ano, as vendas chegaram a 3,2 milhões de dólares.

Desde o início, a Newman's Own se comprometeu a doar 100% de seus *royalties* e lucros (descontados os impostos) para instituições de caridade, porque, como dizia Newman, "era a coisa certa a fazer". Uma década depois, mais de 50 milhões de dólares haviam sido doados para caridade. Newman sempre alegou que se sentia envergonhado por seu molho de salada ter rendido muito mais dinheiro do que sua carreira de ator![53]

A necessidade é grande, assim como as oportunidades de fazer a diferença. [...] O que poderia ser melhor do que estender a mão aos menos afortunados que você?
PAUL NEWMAN

Uma instituição de caridade, conhecida como Hole in the Wall Gang Camps, batizada em homenagem ao famoso bando do filme *Butch Cassidy*, era a sua preferida. Ele destinou 7 milhões de dólares em lucros da Newman's Own a esses acampamentos, que crianças com doenças graves podiam frequentar por uma semana inteira de diversão e aventura sem custos. Desde 1988, mais de 1 milhão de crianças participaram em uma rede de trinta acampamentos e programas, ajudando a organização a se tornar o maior grupo global de acampamentos familiares do mundo. Em um esforço para restaurar a infância de crianças que passam muitos meses do ano gravemente doentes ou em um hospital, os Hole in the Wall Camps oferecem a oportunidade de pescar, nadar, acampar, andar a cavalo, fazer artesanato e simplesmente aproveitar a infância. O objetivo de Newman era criar um lugar de esperança — um lugar para as crianças descobrirem que, apesar de suas doenças, a vida poderia ser cheia de possibilidades.[54]

Newman observou o poder do serviço para os envolvidos. "Você acha que criou algo para crianças que não têm a mesma sorte que você", disse ele, "e então descobre que as pessoas que estão a serviço dessas crianças estão ganhando mais do que estão dando".[55] Uma vez ele contou a história de quando estava caminhando até o refeitório do acampamento e uma menininha segurou sua mão, fitou-o e disse: "Sabe, sr. Newman, passo o ano todo pensando nesta semana!". "Pronto!", disse ele. "Esse é o aplauso! É isso que a gente quer na vida! O que poderia ser melhor do que estender a mão para pessoas menos afortunadas que você?"[56]

Paul Newman foi um exemplo inspirador de viver em crescendo, criando sua obra mais importante depois de atingir o Auge do Sucesso como ator de primeira classe. Desde sua morte em 2008, aos 83 anos, a família, os funcionários e os apoiadores de Newman ainda administram sua fundação, exatamente como ele queria, doando tudo. A Newman's Own ajudou a estabelecer o comitê de incentivo à filantropia corporativa e tem apoiado a Safe Water Network, o Discovery Center e outras organizações que promovem educação nutricional e acesso a alimentos frescos e melhoram a qualidade de vida de militares, veteranos e suas famílias, entre muitas, muitas outras causas nobres.[57] A Newman's Own produz mais de trezentos produtos e, com isso, já concedeu 22 mil subsídios, totalizando mais de 570 milhões de dólares (e aumentando) doados a milhares de instituições de caridade merecedoras, melhorando a vida de milhões de pessoas em todo o mundo.[58]

Em janeiro de 2018, a fundação desafiou as pessoas a serem "Newmanitários", ou seja, a retribuírem atos de bondade, fazendo boas ações e estendendo a generosidade aos outros. "Ao pedir às pessoas que pratiquem atos de bondade, esperamos espalhar a ideia de que filantropia não é apenas dinheiro. Isso significa que todos podemos fazer algo para tornar o mundo um lugar melhor",[59] explicou o presidente da Newman's Own.[60]

> *Somos muito extravagantes com nossa vida. [...] Não estou*
> *concorrendo à santidade. [...] Só acho que na vida precisamos ser um*
> *pouco como o agricultor, que devolve à terra o que tira.*
> PAUL NEWMAN[61]

Muita gente conhece Muhammad Yunus e seu modelo de microfinanças, que deu esperança a milhões de pessoas que tentam escapar da pobreza. Yunus nasceu em 1940, o terceiro de catorze filhos em uma pequena aldeia em Bangladesh, na fronteira nordeste da Índia. Seu pai o incentivou a buscar o ensino superior, mas sua maior influência foi o exemplo que recebeu da mãe: ela ajudava os pobres que muitas vezes batiam à sua porta e inspirou nele o desejo de ajudar a erradicar a pobreza.

Em 1974, Bangladesh estava no meio de uma terrível crise alimentar que tirou a vida de milhares de pessoas. Na época, Yunus era um jovem professor de economia na Universidade de Chittagong e logo percebeu que as teorias que ensinava não continham respostas para a realidade devastadora fora de sua sala de aula.

"Nada nas teorias econômicas que eu ensinava refletia a vida ao meu redor. Como eu poderia continuar narrando histórias de faz de conta para meus alunos em nome da economia? Precisava fugir daquelas teorias e dos meus livros didáticos e descobrir a economia da vida real de uma pessoa pobre."[62]

Yunus teve contato com uma mulher que precisava fazer um empréstimo de uma quantia muito pequena para comprar bambu cru para fazer banquinhos. Como ela não tinha garantias, o investimento era considerado de alto risco, e os bancos não lhe emprestavam dinheiro a uma taxa razoável. A mulher foi forçada a fazer o empréstimo com um intermediário a taxas absurdamente altas (muitas vezes de até 10% por semana), deixando-a com apenas um centavo de lucro. Isso mal era o suficiente para sua sobrevivência, o que a prendia a um ciclo interminável de pobreza.

Percebendo que as empreendedoras pobres jamais conseguiriam sair da miséria com taxas de juros tão altas, Yunus emprestou o equivalente a 27 dólares de seu próprio bolso para 42 mulheres da aldeia, que então tiveram um lucro de 0,2 centavos cada com o empréstimo. Ele descobriu que, com essa pequena quantia, era possível não apenas ajudá-las a sobreviver, mas também estimular a iniciativa pessoal e o empreendedorismo para saírem da pobreza. Yunus acreditava que o acesso ao crédito era um direito humano fundamental. Dar às pessoas a chance de pedir empréstimos sem garantias poderia ensinar-lhes princípios financeiros sólidos, libertando-as da pobreza extrema. Graças aos esforços de Muhammad Yunus, o microcrédito nasceu em Bangladesh.[63]

Ele e seus colegas acabaram por fundar o banco Grameen (que significa "aldeia"), oferecendo microcrédito aos muito pobres. Esse modelo de microfinanças inspirou esforços semelhantes em cerca de cem países em desenvolvimento, e também em países como Estados Unidos, Canadá, França, Holanda e Noruega. O Grameen já emprestou 4,7 bilhões de dólares para 4,4 milhões de famílias na zona rural de Bangladesh. A instituição inverteu a sabedoria bancária convencional, concentrando-se nas mutuárias mulheres, desconsiderando os requisitos de garantias e concedendo empréstimos apenas aos mutuários mais pobres. É um sistema revolucionário amplamente embasado na confiança mútua, na iniciativa e na responsabilidade de milhões de mulheres aldeãs.[64] Incrivelmente, mais de 94% dos empréstimos do Grameen foram para mulheres, que sofrem de maneira desproporcional com a pobreza em Bangladesh, e ficou provado que eram mais propensas a dedicar seus ganhos às suas famílias que os homens.[65]

Um dia, Yunus perguntou a uma plateia por que as pessoas escalam o Monte Everest. Elas responderam que alguns escalam pelo desafio. Alguns escalam mesmo sendo deficientes visuais ou portadores de outras necessidades especiais. A maioria dos alpinistas arrisca a vida lutando para chegar ao topo — no entanto, não há pilhas de dinheiro para coletar no cume. Yunus acredita que as pessoas não são motivadas apenas por dinheiro ou lucros, mas por intenções. Não se trata de uma retórica típica de MBA!

Ele acredita que as pessoas que querem mudar o mundo são genuinamente motivadas por melhorar não apenas a própria vida, mas também a vida dos outros, e os resultados são mais gratificantes do que receber recompensas financeiras.

Yunus fez parceria com a Danone para fornecer um iogurte rico em nutrientes por centavos o copo. Também se uniu à Adidas para fornecer calçados que custam menos de um euro. Fundou uma empresa de energia solar que levava eletricidade a mais de 1 milhão de lares em Bangladesh pelo mesmo custo do querosene e descobriu um jeito de fornecer alimentos e vegetais saudáveis para ajudar a curar crianças que sofriam da aflição comum da cegueira noturna resultante de deficiências de vitaminas. Cada empresa com a qual Yunus fez parceria sustentava a própria iniciativa, e os investidores não apenas receberam o dinheiro de volta, como também aproveitaram um pouco daquela sensação de "superfelicidade" que o dinheiro não pode comprar.[66]

Em 2006, Yunus recebeu o Prêmio Nobel da Paz por conceder milhões em empréstimos de microcrédito aos pobres.[67] Em 2009, mais de 128 milhões das pessoas mais pobres do mundo haviam recebido esses empréstimos, trazendo esperança para outras que não a tinham. Hoje, mais de 250 instituições operam programas de microcrédito com base no modelo do banco Grameen, ao passo que milhares de outros programas de microcrédito foram inspirados por seus princípios.[68]

Muitos acreditam que o programa de microcrédito inspirado em Yunus é o desenvolvimento mais importante dos últimos cem anos no terceiro mundo!

Pouco antes de seu aniversário de 75 anos, Muhammad Yunus sugeriu que "a pobreza deveria estar em um museu" e falou sobre como os estadunidenses poderiam acabar com ela se estivessem dispostos a fazê-lo. Embora tenha alcançado o Auge do Sucesso, ainda vive a vida em crescendo e não está nem um pouco interessado em se aposentar. Na realidade, parece estar ganhando mais energia à medida que envelhece.

Muhammad Yunus desafia o público a agir quando fala: "Basta encontrar um modo de ajudar cinco pessoas a saírem do desemprego. Se tiver sucesso, faça mais disso. Talvez você mude o mundo".[69] O legado dele promove a contribuição a outras pessoas.

Um inventário pessoal

É óbvio que a maioria de nós não tem o talento, o dinheiro ou a influência de pessoas como Muhammad Yunus, Bill e Melinda Gates ou Paul Newman. As contribuições deles são vastas e atingem um grande número de pessoas. O impacto do que fazem muda o mundo. Mas existem inúmeros exemplos inspiradores de pessoas menos famosas, mas igualmente bem-sucedidas, ou mesmo de pessoas bastante comuns que de fato fazem coisas extraordinárias para impactar positivamente a vida das pessoas ao seu redor.

Seu desafio não é mudar *o* mundo, e sim apenas o *seu* mundo — seu próprio Círculo de Influência, que você pode afetar de modo direto e permanente.

Cabe a você determinar onde alocar seu tempo, seus recursos e seus talentos. Pode ser algo pequeno, como coletar livros para uma biblioteca de empréstimo gratuito, produzir cobertores de lã com seus netos para um hospital infantil ou visitar um vizinho idoso solitário e plantar flores em seu quintal. Você pode optar por se voluntariar para ler para crianças em uma sala superlotada do Ensino Fundamental uma vez por semana, organizar um grupo para limpar uma área malcuidada da sua comunidade ou coletar roupas usadas ou de inverno para um abrigo local. Mesmo um serviço simples é útil, como ter lanches saudáveis no carro, como figos ou barras de proteína, para distribuir a pessoas necessitadas. Pense em um amigo ou membro da família que pode estar precisando de uma visita ou ligação de incentivo. Durante a pandemia, pessoas de toda parte tomaram a iniciativa de organizar a distribuição de alimentos na própria vizinhança ou comunidade, muitas vezes fazendo-o na garagem de casa. Os vizinhos e amigos responderam com avidez a algo negativo com algo positivo para fazer durante esse período difícil, e em apoio a quem perdeu o emprego.

Uma mulher, depois de superar o câncer de mama, visita pacientes que enfrentam o tratamento contra a doença, oferecendo o encorajamento necessário, uma atitude positiva e o desejo de lutar e resistir. Outra realiza ativamente o recrutamento on-line de ajuda para refugiados, coletando suprimentos e recursos para que essas famílias possam ter sucesso nas novas comunidades. Um grupo de idosos que se sentia um pouco culpado pelo tempo que passava jogando *pickleball* todos os dias decidiu misturar a diversão com algum serviço significativo. Nasceu então o "Pickleball com propósito", e agora esses amigos trabalham de maneira regular para garantir o estoque do banco de alimentos local, preparando lanches saudáveis para levar a estudantes carentes, costurando cobertores de lã para um hospital infantil e fazendo outros projetos de serviço comunitário.

Observe ao redor e verá uma infinidade de oportunidades para servir perto de você e dentro do seu Círculo de Influência. Não precisa ser um ato extraordinário para fazer uma diferença extraordinária — apenas escolha algo pelo qual tenha interesse e comece. E continue fazendo isso.

Considere o que tem a oferecer e o que pode fazer para promover mudanças positivas àqueles ao redor. Faça o Inventário Pessoal que proponho a seguir e descubra possibilidades. A Mentalidade Crescendo sugere que servir aos outros em qualquer etapa da vida abençoa grandemente tanto o receptor quanto o doador. À medida que você se concentra no que está à sua frente para realizar e interrompe o ciclo de se basear no que já fez no passado, sente ativamente que "o melhor ainda está por vir". Por ironia, essas contribuições podem ser as maiores da sua vida até agora.

Você é o candidato perfeito para mudar seu mundo se tiver alguma (ou algumas) das seguintes características:

- Tempo
- Talentos
- Habilidades
- Desejo
- Interesse
- Visão
- Influência
- Dinheiro
- Paixão

Com as próprias habilidades e características únicas, pense com criatividade sobre as necessidades que vê ao seu redor e sobre como pode contribuir com a melhora delas. Registre as respostas no espaço "Inventário pessoal" a seguir. Você pode se surpreender ao descobrir que tem mais a oferecer do que poderia imaginar a princípio.

1. Em que você é bom? O que aprendeu com sua profissão? Quais talentos (ou traços de caráter inatos) você tem que podem ajudar os outros?

_____

_____

_____

2. O que lhe desperta paixão? O que é importante para você? A quem poderia emprestar essa paixão, ou qual causa pode ajudar?

_____

_____

_____

3. Quais necessidades você vê ao seu redor, em seu bairro e sua comunidade? O que especificamente poderia fazer para atender a essas necessidades, mesmo que de forma singela?

_____

_____

_____

4. Como está a sua própria família (imediata e intergeracional)? Sabe de membros da família — filhos, netos, bisnetos e outros parentes, como irmãos, primos, tias ou tios — que estejam enfrentando alguma dificuldade? O que pode fazer para impactar as pessoas dentro de sua família imediata e intergeracional?

_____

_____

_____

5. Liste duas ou três pessoas que se espelham em você e determine como pode incentivá-las, apoiá-las e se tornar seu mentor confiável.

_____

_____

_____

6. Pelo que você quer ser conhecido? Qual legado quer deixar?

_____

_____

_____

7. Agora que conhece a Mentalidade Crescendo e a ideia de que "a vida é uma contribuição", o que você escolherá fazer?

_____

_____

_____

Faça a diferença em relação a algo que não seja você mesmo.
TONI MORRISON

PARTE 3

ADVERSIDADES QUE MUDAM A VIDA

staccato (stac-ca-to) — advérbio ou adjetivo: abreviado ou à parte; desconectado, abrupto, desconexo.

Dificuldades muitas vezes preparam pessoas comuns para um destino extraordinário.
Frase amplamente atribuída a C.S.LEWIS

Em 16 de agosto de 2008, Christian e Stephanie Nielson fizeram uma viagem de um dia na aeronave Cessna 177 Cardinal, sem desconfiar que o voo mudaria sua vida para sempre. Depois de reabastecer em St. Johns, Arizona, o pequeno avião caiu inesperadamente e pegou fogo. Christian escapou do avião acreditando que Stephanie também havia saído, mas ela foi engolida pelas chamas, incapaz de se libertar. Ela achou que ia queimar até a morte, mas, de repente, sentiu sua falecida avó guiando sua mão para desafivelar o cinto de segurança e conduzindo-a até a porta. Quando escapou do avião, com o corpo em chamas, ouviu sua avó lhe dizer: "Role!".

Christian Nielson teve uma fratura nas costas e queimaduras em 40% do corpo, mas foi o mais afortunado dos três no avião. Doug Kinneard, instrutor de voo e amigo de Christian, sofreu queimaduras em 90% do corpo. Depois de ser transportado de avião para o centro de queimados do Arizona, em Phoenix, ele morreu em virtude dos ferimentos. Stephanie teve 80% do corpo queimado. Para permitir que os corpos se curassem, os médicos submeteram Christian e Stephanie ao coma induzido. Christian acordou cerca de cinco semanas depois, mas se passaram quase três meses até que Stephanie recuperasse a consciência.

Em 5 de novembro de 2008, Stephanie enfim acordou e descobriu que suas mãos, braços, pernas e rosto estavam cobertos de queimaduras de terceiro e quarto graus. Sua irmã Page e sua mãe ficaram ao seu lado enquanto suas outras irmãs cuidavam dos filhos pequenos de Stephanie, que tinham seis, cinco, três e dois anos.

Logo os Nielson pediram transferência para um centro de queimados mais próximo de seus filhos enquanto iniciavam a longa jornada de recuperação física e emocional. Stephanie sempre fora uma bela jovem; no começo, não conseguia se olhar no espelho. Quando enfim reuniu coragem de olhar para seu novo rosto, ela disse que se "sentia um monstro!". No início, os filhos não conseguiam lidar com o dano físico que as queimaduras haviam deixado. Stephanie contou: "Meu filho mais novo, Nicholas, que tinha dois anos, simplesmente não se lembrava de mim. Ele não queria saber de mim! Isso destruiu meu coração. Minha filha mais velha, Jane, ficou branca como um fantasma e não olhou para mim". Claire ficou no corredor e não entrou depois que Jane a avisou: "Não entre aí!". Apenas Oliver, o menino de três anos, parecia confortável com a mãe, brincando de modo alegre em sua cama.

Levou tempo para os filhos se adaptarem ao novo rosto da mãe, e Stephanie precisou aceitar a própria aparência.

"Ainda luto com minhas cicatrizes", diz ela. "Mas me lembro de como sou grata por ainda ter um rosto ou um nariz. [...] Então olho para minha família e amigos e penso que tudo isso vale a pena. Sou esposa e mãe. O acidente não conseguiu tirar isso de mim. Não estou tão preocupada com minha aparência porque tenho essa linda família ao meu redor, e isso é o que mais importa. Eles não me veem como alguém que parece diferente ou não pode fazer as coisas que eu costumava fazer. Meu marido me vê como a esposa com quem se casou, e meus filhos me veem apenas como mãe. Eu me sinto linda porque tenho uma vida linda."[1]

Milhares de "mães blogueiras" responderam à história de Stephanie e arrecadaram dinheiro por meio de vendas de garagem, shows beneficentes e outras angariações de fundos para ajudar nas enormes contas médicas dela. Mais de 250 mil dólares chegaram de todo o mundo, incluindo China e Austrália.[2]

Enquanto estava em coma, Stephanie sentiu sua falecida avó perto dela, e se lembra de ter tido a escolha de ficar com seus filhos e viver com a dor de seus ferimentos ou voltar para Deus e ficar livre da dor. Ela acabou optando por ficar e perguntou à avó o que poderia fazer para melhorar as coisas quando voltasse para casa. Stephanie se lembra da avó simplesmente dizendo: "Compartilhe sua esperança!".

E é o que ela tem feito. A resposta de Stephanie ao seu trágico acidente não a impediu de viver em crescendo, inspirando outras pessoas ao redor do mundo a superar desafios com esperança, coragem e resistência.

Stephanie recebeu cartas e apoio suficientes para encher uma sala inteira. Ela ficou impressionada. Cinco meses após o acidente, escreveu em seu blog: "Meus olhos se enchem de lágrimas toda vez que penso em todo o apoio que recebi. Eu amo todos vocês". Ela tem incríveis 30 milhões de leitores que visitam seu blog todo mês em busca de mensagens de encorajamento e inspiração. Quase 100 mil pessoas a seguem no Instagram — motivadas por seu espírito de luta e pela vida incrivelmente plena que leva.[3]

Stephanie escreveu sobre sua incrível história e sua jornada de esperança e triunfo em seu livro *Heaven is here* (*O paraíso é aqui*), que ficou entre os mais vendidos do *New York Times*.[4] Por causa de sua escolha consciente de ter uma visão positiva e criar uma vida feliz, sua mensagem de esperança tem inspirado inúmeras pessoas. Ela apareceu nos programas de TV *Anderson Cooper 360°*, *Oprah*, *20/20* e *Today*, deu muitas entrevistas e se tornou uma popular palestrante motivacional. "Eu poderia virar alguém amarga ou me tornar uma pessoa melhor", percebeu. Stephanie escolheu usar sua experiência para encorajar outras pessoas que também passaram por adversidades avassaladoras.

A vida que você levou não precisa ser a única que terá.
ANNA QUINDLEN

Stephanie se refere à sua vida como "antes do acidente" ("A.A.") e "depois do acidente" ("D.A."), porque às vezes sente que teve duas vidas separadas. Contudo, abraçou sua nova vida e adotou a mensagem "compartilhe sua esperança!". Tornou-se sua missão ajudar quem enfrentou dificuldades.

Embora tenham tido perdas importantes com o acidente de avião, os Nielson também obtiveram informações valiosas que não teriam sem ele. Stephanie mudou fundamentalmente e quer que seus muitos seguidores e amigos saibam que a vida ainda pode ser boa de novo. Talvez, surpreendentemente, em alguns aspectos pode ser ainda melhor.

O casamento dos Nielson foi fortalecido de uma forma que só eles entendem, e os dois se tornaram muito mais próximos como família. Stephanie escreve:

> Quero que meus filhos se lembrem de que houve milagres decorrentes de nossa experiência. Por mais difícil que tenha sido, sou grata e me sinto muito orgulhosa de onde estamos. Por serem tão jovens, nossos filhos passaram por muita coisa, e passaram por isso maravilhosamente.[5]

Muitos responderam as postagens do blog de Stephanie ou escreveram cartas mostrando que a determinação dela em recuperar uma existência feliz valeu a pena e que ela inspirou outros para que enfrentassem seus desafios da mesma maneira. Uma garota, com lágrimas nos olhos, disse a Stephanie: "Você me ajuda a fazer coisas difíceis".[6]

Somente pela alegria e pela tristeza uma pessoa sabe algo a respeito de si mesma e seu destino.
JOHANN WOLFGANG VON GOETHE

Então, o que *você* faria se sua vida perfeitamente planejada desmoronasse? Como reagiria? Como recolheria os pedaços e seguiria em frente? É algo que você precisou enfrentar, ou alguém próximo a você teve a vida virada de cabeça para baixo muito rapidamente? Em geral, não podemos controlar o que nos acontece. Podemos, no entanto, escolher como lidar, e isso influencia o que acontece depois. Stephanie continua a viver em crescendo, embora sua trajetória tenha se tornado muito diferente do que esperava. Ela aprendeu que, como a infelicidade, a felicidade é uma escolha consciente, e ainda é possível conduzir uma vida feliz se não nos entregarmos à derrota e ao desespero.

Nesta seção, há várias histórias reais de pessoas conhecidas e desconhecidas que tiveram experiências transformadoras e, no entanto, com o tempo e com esforço constante, decidiram acreditar que ainda têm mais a realizar e contribuir. Embora o que aconteceu com elas possa ser trágico e até devastador, de alguma forma dentro de si escolheram viver em crescendo e tornar a jornada melhor para si mesmas e para os outros.

A partir de pessoas, como os Nielson, que recuperaram a felicidade após adversidades trágicas, identifiquei alguns dos "blocos de construção" para superar tais experiências:

- Aceite seu desafio.

- Acredite que a vida pode ser boa novamente — escolha de modo consciente a felicidade.

- Procure maneiras de ajudar os outros — compartilhe sua esperança.

Minha esperança é que você aprenda com esses exemplos corajosos dos próximos capítulos, permitindo que o elevem e inspirem ao enfrentar suas próprias adversidades desafiadoras.

CAPÍTULO 6

Escolha viver em crescendo, não em diminuendo

Sequer sabemos o quanto somos fortes até
sermos forçados a exibir essa força oculta.
ISABEL ALLENDE

Anthony Ray Hinton foi considerado culpado antes mesmo de seu julgamento começar. Em 1985, em uma pequena cidade no Alabama, Ray sofreu discriminação racial e foi acusado de dois assassinatos os quais não cometeu. Apesar de ter um álibi sólido e passar no teste do polígrafo, ele era pobre e não podia arcar com uma boa defesa, o que se mostrou fundamental para obter um julgamento justo na comunidade racialmente precon-ceituosa em que vivia e no sistema jurídico local. Apesar de a acusação não ter provas verossímeis contra ele, Ray foi conde-nado e enviado para o corredor da morte na prisão de Holman, no Alabama.

Seguro de sua inocência, Ray tinha confiado por completo no sistema jurídico. Mas, depois de receber a sentença, sentiu tanta raiva e desespero que jogou sua Bíblia debaixo da cama da prisão e decidiu se fechar. Normalmente aberto e amigável, Ray permaneceu em silêncio absoluto. Exceto por familiares e ami-gos que o visitavam, ele não interagiu com ninguém, nenhum companheiro de prisão ou guarda, por três longos e tristes anos.[7]

Uma vez, tarde da noite, Ray foi acordado pelos soluços e cho-ros de um preso desesperado que chamava por alguém para ajudá--lo com sua dor. Naquele momento, despertou dentro de Ray uma profunda compaixão que ele havia conscientemente reprimido. Embora não pudesse fazer nada a respeito da realidade de viver em confinamento solitário no corredor da morte, Ray descobriu que tinha outras escolhas importantes que poderia fazer.

128

Mais tarde, escreveu um livro sobre suas experiências chamado *O sol ainda brilha*. "O desespero foi uma escolha", disse ele. "O ódio foi uma escolha. A raiva foi uma escolha. Eu ainda tinha escolhas, e esse conhecimento me abalou. [...] Eu podia escolher desistir ou suportar. A esperança foi uma escolha. A fé foi uma escolha. A compaixão foi uma escolha. E, mais do que qualquer outra coisa, o amor foi uma escolha."[8]

Nesse momento revelador, Ray percebeu: "Eu tinha a escolha de estender a mão [...] ou ficar no escuro sozinho. [...] Nasci com o mesmo dom de Deus com o qual todos nascemos — o impulso de estender a mão e diminuir o sofrimento de outro ser humano. É um dom, e cada um de nós tem a opção de usá-lo ou não".[9]

Através das grades de sua cela, Ray quebrou seu silêncio de três anos e consolou um preso que confidenciou que sua mãe havia acabado de morrer. Ele passou a noite ouvindo um completo estranho contar histórias sobre a mãe, oferecendo-lhe esperança para seguir em frente. Ray decidiu que chegara a hora de renovar as próprias esperança e fé. Tirou o pó da Bíblia que ainda estava debaixo da cama e se comprometeu a permanecer fiel aos seus valores e à boa pessoa que sabia que era, e não ceder ao desespero profundo, apesar da dura realidade de viver no corredor da morte.

E fez outras escolhas. Ele se tornou, pelos 27 anos seguintes, um farol e uma luz — transformando não apenas seu próprio espírito, mas estendendo essa transformação aos companheiros de prisão, 54 dos quais foram executados a apenas dez metros de sua cela. E a influência dele cresceu. Ray criou uma identidade de compaixão no corredor da morte que fez com que outros respondessem da mesma maneira. Ele moldou a vida de dezenas de presos ao seu redor com bondade e humor, e espalhou a esperança de que "cada pessoa é mais do que seu pior ato", como acreditava seu advogado Bryan Stevenson.[10]

Embora tenha sido uma luta diária manter-se positivo e continuar resistindo ano após ano, Ray demonstrava sua humanidade enquanto vivia de forma desumana. Escapava do entorno expandindo a mente e a imaginação, devorando livros como forma de sair dos confins da prisão. E Ray se agarrou ferozmente à esperança de que um dia a verdade sobre sua inocência seria conhecida, e ele seria recompensado com verdadeira justiça e liberdade.

Depois de catorze anos em confinamento solitário sem nenhum progresso em seu caso, Ray enfim obteve assistência jurídica competente do advogado e defensor da justiça Bryan Stevenson e da equipe da Equal Justice Initiative. De imediato, Stevenson reconheceu a terrível injustiça e lutou incansavelmente em defesa de Ray pelos catorze anos seguintes de litígios, com dezenas de moções e apelações.

Finalmente, em 2015, o sr. Stevenson obteve uma rara decisão unânime na Suprema Corte dos Estados Unidos, e Anthony Ray Hinton foi considerado absolutamente inocente de todas as acusações, sendo liberto após quase trinta anos de prisão, tornando-se um dos prisioneiros que mais tempo ficou retido no corredor da morte dos Estados Unidos a ter sua inocência provada e ser liberto. Ao finalmente sair da prisão, Ray gritou com gratidão para a família e os amigos: "O sol ainda brilha!".[11]

Assim como Mandela, que ficou preso por 27 anos, Ray Hinton também saiu de sua longa sentença de prisão com notáveis alegria e capacidade de perdoar. "A amargura mata a alma", explicou. "Que bem me faria odiar?". De modo consciente, escolheu perdoar aqueles que o processaram. "Eles levaram meus trinta, meus quarenta, meus cinquenta anos — mas o que não puderam levar foi minha alegria!"[12]

Embora lamente de forma profunda as décadas desperdiçadas em que esteve encarcerado — as oportunidades que perdeu de ter uma carreira, de se casar e ter filhos, algo que sempre desejou —, Ray não permitiu que essas consequências negativas o consumissem e destruíssem o resto de sua vida. Ray acredita que "precisamos encontrar maneiras de nos recuperar depois de coisas ruins acontecerem".[13] Ele acredita profundamente que tem um trabalho importante pela frente, que só ele pode fazer — lutar por outras pessoas também processadas e presas injustamente.

Três anos depois de ser liberto, Ray escreveu um livro de memórias perturbador, mas significativo, que figurou na lista dos mais vendidos do *New York Times*, *O sol ainda brilha*. Nele, retrata a difícil jornada na qual não apenas aprendeu a sobreviver no corredor da morte, mas encontrou um modo de viver.

A história de Ray mostra que, independentemente de quão horríveis sejam as circunstâncias ou outros desafios que enfrentamos, ainda temos escolha. Podemos escolher nos fechar, como ele fez de início, e basicamente viver em diminuendo, com o resultado de que nosso poder chega ao fim >.

Independentemente da condenação injusta pelo sistema jurídico racista que ele experienciou, ninguém poderia, em última análise, tirar a capacidade de Ray de escolher usar sua fé, esperança, mente, imaginação, compaixão, humor e alegria. Quando também exercitamos essas escolhas em nossa vida, como Ray fez, mesmo no corredor da morte, crescemos em influência e poder, e a vida começa a se expandir e aumentar em crescendo <.

Agora Ray dedica seu tempo ao trabalho de ativista e defensor. Tornou-se um orador extraordinário e um poderoso educador, trabalhando com Bryan Stevenson e a equipe da Equal Justice Initiative. Eles se esforçam para obter a reforma da justiça criminal e a igualdade no sistema jurídico, para que outras pessoas inocentes não sofram como Ray sofreu. Por causa de sua importante missão de combater a injustiça, a existência e a influência de Ray só continuaram a se expandir e são uma luz para aqueles que aprendem com sua corajosa história de luta, escolha e triunfo.

> *A capacidade de escolher não pode ser tomada, nem mesmo dada —*
> *ela só pode ser esquecida.*
> GREG MCKEOWN[14]

Se você não cometeu grandes erros ou nunca precisou de um novo começo, é provável que não tenha vivido tempo o suficiente. Adversidades são inevitáveis. Acho inspirador aprender com aqueles que fizeram más escolhas — ou aqueles que sofreram nas mãos de outros ou como resultado de um destino cruel — e conseguiram dar uma pausa, perdoar a si mesmos ou aos outros, mudar a própria vida e depois ajudar outras pessoas a fazerem o mesmo.

Nelson Mandela resumiu isso de modo muito sucinto: "Não me julgue pelos meus sucessos; julgue-me por quantas vezes caí e me levantei".[15] E a África do Sul mudou para sempre por causa dele.

É exatamente assim que podemos mudar o mundo. Às vezes, é preciso apenas uma pessoa para iniciar um efeito dominó de mudança. Como veremos, muitas vezes, é quando pegamos leve conosco ou com os outros — e damos segundas chances — que os milagres acontecem, levando a trajetórias vividas em crescendo.

Segundas chances

Em 5 de setembro de 2011, Anna Beninati tomou uma decisão estúpida que mudou sua vida para sempre. Como nova aluna na Universidade Estadual do Colorado, viu-se envolvida em uma perigosa cultura escolar de pular em trens em busca de emoção. Depois de conseguir fazer isso algumas vezes, ela viu um amigo ser arrastado ao lado do trem depois de não conseguir subir a bordo. Felizmente, ele conseguiu rolar a tempo para longe, mas Anna continuou correndo sem perceber que outro amigo atrás dela estava gritando para ela não pular, porque o trem estava se movendo rápido demais.

Ela não o escutou por causa do barulho. Anna colocou o pé direito na beirada do vagão, mas a perna esquerda ficou pendente para fora, se arrastando no chão. Percebendo que não ia conseguir, ela fez a única coisa que podia fazer: se soltou. Mas, em vez de rolar para longe como o amigo, as pernas dela foram para baixo do trem. Anna ouviu seu fêmur estalar e pensou que ia morrer.

Felizmente, um socorrista e uma enfermeira estavam por perto, dentro de um carro, aguardando o trem passar. Chegaram a ela com agilidade e pressionaram suas pernas para estancar o sangramento. O amigo que tentou avisá-la havia sido médico do exército e, incrivelmente, levava um conjunto de torniquetes na mochila. Ele os usou e salvou a vida de Anna.

Ela teve a perna esquerda completamente amputada e apenas metade da perna direita permaneceu. Foi um momento horrível que mudou sua vida e ficará com Anna para sempre.

Antes do acidente, Anna se descrevia como uma garota triste e infeliz que era distante, nervosa, cínica e sofria de anorexia. Ela nunca gostou de regras, "e é por isso que estou aqui em uma cadeira de rodas", disse a um grupo de alunos do Ensino Fundamental. Hoje, ela conta a crianças sobre sua experiência e as lições que aprendeu, esperando que se beneficiem da história sobre sua falta de juízo. As crianças são atraídas por sua coragem e seu senso de humor — características que a ajudaram a sobreviver. Em tais palestras, Anna mostra uma foto sua com os irmãos e diz, com um sorriso irônico: "Eu costumava ser a irmã maior; agora sou a irmã menor!". As crianças ficam nitidamente fascinadas pela história, ao passo que Anna as adverte sobre fazer escolhas estúpidas, em especial quando sabemos o que seria melhor.

Recebendo toda a atenção dos alunos, ela conta como reagiu à sua nova realidade. "Na minha primeira semana em casa, depois de sair do hospital, senti muita raiva e percebi que precisava fazer uma escolha. Ou eu ficava parada e não fazia nada além de chafurdar na autopiedade por não ter pernas, ou seguia em frente. Você pode desistir ou levantar! Na segunda semana em casa, decidi: hoje é o dia em que vou descobrir todas as coisas que posso fazer."

Anna deu uma segunda chance a si mesma. Depois de decidir se concentrar no que ainda podia fazer, ficou surpresa com a extensão da lista. Começou a praticar ciclismo manual, levantamento de peso, boliche, equitação, natação, escalada, esqui sentado e até *bungee jumping*. Aprendeu a empinar e dar cavalos de pau com a cadeira de rodas. Quatro meses após o acidente, decidiu voltar ao local onde perdera as pernas. Anna esperava sentir raiva e medo, mas, em vez disso, experimentou uma sensação de calma. Também visitou os bombeiros que salvaram sua vida e os encantou dançando na cadeira de rodas, algo que nunca teria feito antes.

Embora Anna tenha precisado de mais de onze cirurgias para chegar aonde está hoje, ela abraçou a vida mais plenamente desde o acidente, mantendo uma agenda lotada que é uma inspiração para quem a conhece. Seu distúrbio alimentar desapareceu quando ela decidiu que já havia sofrido o bastante e tinha problemas de saúde piores com que lidar. Anna agora treina outras pessoas com deficiência por meio de um programa esportivo e oferece mentoria a membros de uma orquestra de jovens uma vez por semana, tocando violão, piano e fagote. Quando enfim conseguiu sair com os velhos amigos de novo, eles ficaram chocados ao ver como Anna estava conduzindo a nova vida com uma atitude tão positiva. "Estranhamente, sou muito mais feliz agora do que quando tinha pernas", conta Anna. "Digo isso para as pessoas o tempo todo. O jeito como sou agora é como eu deveria ser. Este é o meu verdadeiro eu."[16]

A melhor maneira de se animar é tentar animar outra pessoa.
MARK TWAIN

Anna acabou sendo entrevistada por Ann Curry no programa *Today* e compartilhou sua mensagem inspiradora: "A vida não termina com um acidente como o que sofri", disse ela. "Escolhi superá-lo e seguir em frente." Quando foi convidada a falar para seus colegas da faculdade, Anna expressou gratidão pela vida e os incentivou a ouvir a voz interior ao tomar decisões. "Sigam seus instintos", aconselhou. "Se você tem a sensação de que alguma coisa está errada, não importa qual seja a situação [...] se vai voltar para casa sozinho à noite, se está prestes a enviar uma mensagem de texto enquanto dirige ou vai pegar o volante de um carro depois de beber álcool, se tiver uma sensação ruim, não faça nada! Vou ter de pagar pelo meu erro pelo resto da minha vida."[17]

A abordagem confiante de Anna mostra o poder de uma atitude positiva e de acreditar que o que aconteceu com ela ficou no passado. Ela pode viver, e de fato vive, uma existência plena com um futuro produtivo. Anna não se concentra naquele dia sombrio em que perdeu as pernas. De maneira extraordinária, apesar de enormes adversidades, a vida dela, na realidade, está se expandindo em vez de diminuir. Anna escolheu conscientemente viver uma Mentalidade Crescendo, seguindo princípios que todos faríamos bem em adotar:

- Perdoe a si mesmo e siga em frente.

- Mantenha o senso de humor.

- Siga seu instinto — escute sua voz interior.

Ao contemplar as histórias compartilhadas nesta parte do livro — "Adversidades que mudam a vida" — e as escolhas corajosas que foram feitas, lembre-se deste importante princípio: você não é apenas um produto de suas circunstâncias, mas um produto de suas decisões proativas.

Sempre gostei destes versinhos:

Dois homens olharam pelas grades da prisão;
um viu lama, o outro viu estrelas.
DALE CARNEGIE

O que vemos em nossa circunstância atual é muito influenciado por nossa perspectiva. Olhando para baixo, podemos ver apenas lama e barras de ferro; por outro lado, olhando para cima, podemos ver raios de luz do sol, da lua e das estrelas. Sei que muitos se sentem aprisionados por suas circunstâncias e pelo que acontece na própria vida, sem poder controlar os fatos. No entanto, as grades que os mantêm na prisão raramente são tangíveis — há poucas, se houver, barreiras físicas ou restrições que não possam ser ajustadas ou mesmo vencidas.

A vida é como uma viagem de trem dos velhos tempos [...] atrasos,
desvios, fumaça, poeira, cinzas e solavancos, intercalados apenas de vez
em quando com belas vistas e emocionantes explosões de velocidade.
O segredo é agradecer ao Senhor por permitir que você faça o trajeto.
JENKIN LLOYD JONES[18]

Quando Elizabeth Smart foi sequestrada, viveu o pesadelo de qualquer pai e mãe. Uma garota de catorze anos desaparecer totalmente era algo apavorante para sua família e para todos que ficavam sabendo. Mas foi exatamente o que aconteceu em um dos casos de sequestro mais acompanhados da história.

Em 5 de junho de 2002, Elizabeth Smart desapareceu sem deixar vestígios, levada do próprio quarto no meio da noite sob a ameaça de uma faca. O horror de seu sequestro e os esforços de resgate que se seguiram atraíram enorme atenção da mídia. Mas seu sequestrador escapou das autoridades e a manteve cativa a apenas cinco quilômetros de casa.

Nada poderia ter preparado Elizabeth para o que teria de suportar pelos próximos nove meses de sua vida. "Foi uma passagem pelo inferno! Fui para a cama no meu mundo perfeito de catorze anos e acordei com um homem que poderia ser o próprio diabo", escreveu ela mais tarde.[19] Ela descobriu que seus sequestradores, Brian David Mitchell e Wanda Barzee, não tinham a intenção de pedir resgate em troca de sua libertação. Em vez disso, Elizabeth deveria fazer parte da vida depravada deles, como esposa do polígamo Mitchell e escrava de Barzee. Constantemente ameaçada com a própria morte e a morte de sua família se tentasse escapar, Elizabeth achava que a única maneira de finalmente se libertar seria viver mais que seus captores, cuja morte ocorreria muitos anos no futuro.

Nos meses seguintes, Elizabeth Smart passou sede e fome, acorrentada como um animal em condições imundas. Com frequência submetida a drogas, álcool e pornografia, ela foi estuprada todos os dias de seu cativeiro por um homem vil com idade suficiente para ser seu pai.[20]

Elizabeth se sentia completamente despedaçada, destruída. Sabia que não era sua culpa, mas se perguntava se alguém a amaria depois do que havia lhe acontecido. Então se lembrou do que sua mãe havia lhe dito apenas meses antes, quando a garota se sentiu deixada de lado pelos amigos:

> Elizabeth [...] há apenas algumas pessoas que importam. Deus. E seu pai e eu. Deus sempre vai amar você. Você é filha d'Ele. Ele nunca vai lhe virar as costas. O mesmo vale para mim. Não importa aonde você vá, o que quer que faça ou qualquer outra coisa que possa acontecer, sempre vou amar você. Você sempre será minha filha. Nada pode mudar isso.

Elizabeth mais tarde escreveu sobre aquele momento importante:

A percepção de que minha família ainda me amaria se mostrou o momento decisivo. Na verdade, aquele se mostrou o momento mais importante ao longo de toda a minha provação de nove meses. Foi naquele momento que decidi que, não importava o que acontecesse, eu sobreviveria [...] eu faria o que fosse preciso para viver.[21]

Por nove meses, sua família e seus amigos continuaram a trabalhar com a polícia, tentando mantê-la sob os olhos do público o máximo possível. Sua irmã mais nova, de nove anos, que estava acordada na cama ao lado dela durante o sequestro, finalmente identificou o sequestrador como o sem-teto que havia feito alguns reparos em sua casa muitos meses antes. O perfil que ela descreveu foi colocado no programa *America's Most Wanted*, de John Walsh (cujo filho havia sido sequestrado e assassinado anos antes), e em 12 de março de 2003 alguém finalmente reconheceu Mitchell da TV e chamou a polícia.

Quando a polícia a encontrou e a separou do casal, eles perguntaram: "Você é Elizabeth Smart?". Elizabeth ainda estava com medo de revelar sua identidade, por causa das ameaças dos sequestradores. Mas, depois, ela escreveu:

Por um momento, meu mundo pareceu parar completamente. [...] Eu me senti calma. Eu me senti segura. Meses de medo e dor pareciam derreter diante do sol. Senti uma doce certeza. "Eu sou Elizabeth."[22]

Mas a história de Elizabeth não terminou apenas com seu resgate bem-sucedido. Um legado de sua provação é que as agências policiais de todo o país agora investigam crianças desaparecidas e sequestradas de forma diferente, por causa do que aprenderam por meio de seu caso altamente divulgado.

Dez anos depois, Elizabeth escreveu *My story* (*Minha história*), com Chris Stewart — um livro de memórias incrível detalhando o que ela viveu:

Tento encorajar outros sobreviventes a fazer o que eles querem e não permitir que algo fora de seu controle arruíne o resto de suas vidas. [...] Não é culpa deles. O que aconteceu não os torna pessoas piores nem muda quem são. [...] Nunca é tarde demais para começar a viver.[23] [...] Acho que há muito mais milagres em nossa vida do que podemos imaginar. [...] Eles nos lembram de que Deus existe e de que Ele se importa. [...] Em meio a todo o tormento, consegui encontrar um pequeno raio de esperança.[24]

As escolhas corajosas e a notável influência de Elizabeth continuaram a se expandir para além de seu sequestro.

Mude primeiro a si mesmo

Uma das coisas que aprendi quando negociava foi que, antes de mudar a mim mesmo, eu não poderia mudar os outros.
NELSON MANDELA[25]

Além de Viktor Frankl, outro de meus heróis pessoais é Nelson Mandela, que acredito também ter sido um exemplo supremo de uma existência vivida em crescendo. Embora tenha ficado preso por 27 anos, Mandela se tornou o primeiro presidente negro da África do Sul, encerrando a odiosa era do *apartheid*.

Durante aqueles longos e aparentemente desperdiçados anos na prisão, será que ele realmente sabia que sua maior obra ainda estava à sua frente ou não acreditava nisso? Discutível. Mas, embora pudesse não imaginar que se tornaria um grande líder em seu país, Mandela manteve os próprios valores apesar do sofrimento, aumentou seu Círculo de Influência, adotou outra perspectiva e suportou a provação com grande dignidade. Durante o tempo em que esteve encarcerado, tornou-se muito autoconsciente e acabou se transformando em uma pessoa muito melhor do que a que havia atravessado os portões da prisão 27 anos antes. Como ele fez isso?

Mandela foi condenado por sabotagem em 1964 e sentenciado a prisão perpétua. Foi enviado para a temida prisão da ilha Robben, perto da Cidade do Cabo. Lá, por dezoito dos 27 anos em que passou preso, ficou confinado a uma pequena cela tendo o chão como cama e um balde como vaso sanitário — enquanto realizava trabalhos forçados em uma pedreira de calcário. Durante algum tempo, só lhe era permitido um visitante por ano, durante trinta minutos, e uma carta a cada seis meses. Em virtude da umidade do ambiente, ele contraiu tuberculose e acabou sendo transferido para outras duas prisões no continente, onde permaneceu por mais nove anos.[26]

Enquanto esteve na prisão, era proibido citar Mandela ou publicar sua foto, mas ele e outros líderes contrários ao *apartheid* conseguiam contrabandear mensagens de orientação para o movimento. Foi na prisão que ele leu o poema "Invictus", de William Ernest Henley, que inspira a escolha do próprio destino independentemente das circunstâncias. Ele costumava citá-lo para outros presos como fonte de inspiração.

> *Protegido da noite que me encobre,*
> *Escura como o vão entre os mastros,*
> *Eu agradeço a quaisquer deuses que acaso existam*
> *Por minha alma inconquistável.*
>
> *Nas garras das circunstâncias,*
> *Não estremeci ou chorei em voz alta.*
> *Sob os golpes do acaso*
> *Minha cabeça sangra, mas não curvada.*
> *Além deste lugar de ira e lágrimas,*
> *Agiganta-se o horror das sombras,*
> *E, ainda assim, a ameaça dos anos*
> *Me encontra, e me encontrará, sem medo.*
>
> *Não importa quão estreito seja o portão,*
> *Quão cheio de punições o pergaminho,*
> *Eu sou o mestre do meu destino,*
> *Eu sou o capitão da minha alma.* [27]

Encarcerado, Mandela percebeu que precisava mudar a si mesmo primeiro se quisesse liderar o povo da África do Sul. Ele tinha ido para a ilha Robben como um homem furioso que usava a violência em um esforço para obter a liberdade. Saiu de lá como um homem que aprendeu a ouvir seus inimigos e a perdoá-los. Isso se tornou o catalisador para seu sucesso na reconciliação do país.

A principal fonte de mudança pessoal é a dor. Adversidades levam à dor, que pode apontar para um de dois caminhos: a raiva ou a humildade.

A mudança de Mandela o levou a fazer o impensável: ele fez amizade com seus "inimigos", os guardas africâneres. Aprendeu a língua deles, estudou sua cultura, foi à igreja com eles e mudou o próprio coração e o coração deles. E aprendeu a perdoar. As amizades que desenvolveu foram sinceras e acabaram durando até o fim de sua vida.[28]

Em 11 de fevereiro de 1990, o então presidente da África do Sul, Willem de Klerk, libertou Mandela depois de ele ter passado um terço da vida na prisão. Como o governo nunca divulgou fotos dele durante o cativeiro, Mandela provavelmente foi o prisioneiro político mais famoso, mas menos reconhecido do mundo. "Quando enfim atravessei aqueles portões [...] eu senti, mesmo aos 71 anos, que minha vida estava começando de novo",[29] escreveu ele mais tarde em sua autobiografia. "Eu sabia que, se não deixasse minha amargura e meu ódio para trás, ainda estaria na prisão."[30]

Embora o *apartheid* ainda fosse a lei do país, Klerk já havia começado a fazer mudanças radicais para desmantelar a segregação racial. Uma nova era de esperança e igualdade era inaugurada. No ano seguinte, as odiadas leis do *apartheid* foram revogadas.

Quatro anos depois, em 1994, a África do Sul realizou sua primeira eleição representativa, multirracial, e as filas de votação nunca foram tão longas. De modo surpreendente, as eleições foram pacíficas, pois o país se uniu em torno de uma causa comum. Mandela foi eleito presidente da África do Sul, com Klerk como seu vice.

Com o "sapato no outro pé", a minoria branca de início teve medo de retaliações do presidente Mandela, mas ele imediata e propositalmente fez muitos esforços para entender as diferenças e promover a reconciliação.[31]

Durante a Copa do Mundo, um ano após sua eleição, o presidente Mandela entrou em campo em Joanesburgo antes do jogo final vestindo uma camisa verde dos Springboks, em apoio à seleção sul-africana de rúgbi. Poucos símbolos resumiam a opressão dos negros durante a era do *apartheid* tanto quanto a camisa desprezada e o time africâner formado por brancos. Foi um enorme gesto de reconciliação que não passou despercebido por negros e brancos. Após o jogo, o presidente Mandela voltou a campo para parabenizar a seleção pela vitória e entregou o troféu ao capitão da África do Sul. Isso enviou uma forte mensagem de que estava na hora de deixar a inimizade de lado e se unir como um país.[32] A visão de seu novo presidente negro vestindo a camisa e comemorando a vitória da nação fez com que a multidão esmagadoramente branca de 63 mil pessoas se levantasse, cantando "Nelson! Nelson! Nelson!".[33]

Mandela faleceu em 5 de dezembro de 2013, aos 95 anos, um símbolo global de sacrifício e reconciliação. Ele havia sido laureado com o Prêmio Nobel da Paz em 1993, com Klerk. A África do Sul celebrou a vida de Mandela de uma forma que refletia seus 67 anos de ativismo e trabalho público, com um dia nacional.[34]

A vida de adversidades e o triunfo final de Mandela exemplificam lindamente como levar a vida em crescendo depois de sofrer um infortúnio:

- Mude a si mesmo primeiro (trabalhe de dentro para fora) antes de tentar mudar sua situação ou a dos outros.

- Deixe a amargura e o ódio para trás — não se entregue à derrota e ao desespero.

- Use o poder do perdão para curar e avançar em direção aos seus objetivos.

Sou fundamentalmente um otimista. [...] Parte de ser otimista é manter a cabeça apontada para o sol, os pés avançando. Houve muitos momentos sombrios em que minha fé na humanidade foi duramente testada, mas eu não queria e não podia me entregar ao desespero. Esse caminho traz derrota e morte.
NELSON MANDELA[35]

Assim como Mandela, Elizabeth Smart, mesmo jovem, optou por não deixar seu passado trágico definir seu futuro. No dia que voltou para casa, sua mãe lhe deu o melhor conselho sobre como recuperar sua felicidade:

Elizabeth, o que esse homem fez foi terrível. Não há palavras o suficiente para descrever o quanto ele é perverso e mau! Ele tirou nove meses de sua vida, que você nunca mais terá de volta. Mas a melhor punição que você pode dar a ele é ser feliz. [...] Seguir em frente com sua vida. [...] Então seja feliz, Elizabeth. Se você sentir pena de si mesma ou ficar pairando sobre o que aconteceu, se você se apegar à sua dor, estará permitindo que ele roube mais de sua vida. Então, não faça isso! [...] Guarde cada segundo para si mesma [...] Deus cuidará do resto.[36]

Seis anos depois que Elizabeth Smart foi resgatada, ela testemunhou bravamente sobre tudo que Brian David Mitchell fez com ela, incluindo o abuso sexual que sofria todos os dias. Na emissão da sentença, Elizabeth disse a ele: "Sei que você sabe que o que fez foi errado. Você fez aquilo com pleno conhecimento. Mas quero que saiba que tenho uma vida maravilhosa".[37]

Elizabeth tomou a mesma decisão de Ray Hinton e escolheu como responder à sua difícil experiência:

Simplesmente fiz uma escolha. A vida é uma jornada para todos nós. Todos enfrentamos provações. Todos temos altos e baixos. Todos somos humanos. Mas também somos os donos do nosso destino. Somos nós que decidimos como vamos reagir à vida. Sim, eu poderia ter decidido me permitir ser prejudicada pelo que aconteceu comigo. Mas decidi muito cedo que só tinha uma vida e não a desperdiçaria.[38]

Elizabeth encontrou seu caminho para a cura e a felicidade pela fé, por suas crenças, pelo amor e pelo apoio da família, dos amigos e da comunidade. Outra fonte de cura foram seus *hobbies*: ela gostava de cavalgar, de cuidar de cavalos e de tocar sua harpa.

Elizabeth também acredita que demonstrar gratidão pelas coisas boas da vida lhe deu coragem e força para perdoar seus sequestradores. Gratidão e perdão: que ferramentas poderosas para curar e aproveitar a vida novamente!

Recrie sua vida

Dave's Killer Bread é um pão delicioso e saudável encontrado em muitos mercados estadunidenses hoje. Na frente da embalagem há a foto de um homem musculoso tocando violão e, na parte de trás, a inspiradora história de redenção de Dave. Mas há muito mais em sua singular história.

O pai de Dave, Jim Dahl, comprou uma pequena padaria em Portland, Oregon, durante a década de 1970 e se tornou um pioneiro no preparo de pão de trigo germinado, assando todo tipo de variedades deliciosas feitas com grãos integrais e sem gordura animal — uma raridade naqueles dias. Os filhos de Jim, Glen e Dave, trabalhavam com o pai na padaria, mas Dave era inquieto e rebelde e não tinha paixão pelos negócios da família. Ele também sofria de depressão severa. Para lidar com sua condição, Dave recorreu às drogas, e sua vida desmoronou. Foi preso por posse de drogas, roubo, agressão e assalto à mão armada, e acabou sendo condenado a quinze anos de reclusão em uma prisão estadual.

Nesse ínterim, Glen comprou a padaria do pai e mudou o nome do negócio para NatureBake. Enfim, Dave completou um programa de reabilitação e tornou-se elegível para liberdade antecipada em 2004.

Surpreendentemente, a família de Dave o recebeu de volta, e o irmão lhe deu aquilo de que ele realmente mais precisava: um emprego. Dave credita a Glen sua segunda chance para uma vida totalmente nova. No ano seguinte, ele e um sobrinho foram à feira agrícola de Portland para testar um pão especial que Dave havia desenvolvido. Rapidamente venderam dezenas de pães, e assim nasceu o Dave's Killer Bread (DKB) ("pão matador do Dave").

No outono, os produtos da marca Dave's Killer Bread estavam nas prateleiras das lojas de Portland. A empresa, que originalmente tinha 35 funcionários, cresceu para mais de trezentos. O DKB agora está disponível por todos os Estados Unidos e no Canadá, com um público fiel de mais de 400 mil clientes.

A DKB se destaca por sua filosofia única: "Damos às pessoas uma segunda chance de criar uma mudança duradoura em suas vidas".

Acreditamos que todos são capazes de grandeza. Acreditamos no poder da reinvenção e somos comprometidos com a transformação de segundas chances em mudanças duradouras. Estamos em uma missão para criar mudanças. Muitos bons empregadores relutam em assumir um compromisso, e muita gente com potencial de força de trabalho está sendo ignorada — pessoas com motivação, comprometimento e vontade de ter sucesso.
DAVE DAHL[39]

Um terço dos funcionários da Dave's Killer Bread tem antecedentes criminais. O diretor de produção da empresa disse que sua maior preocupação era saber quem lhe daria uma oportunidade de emprego depois de ser libertado da prisão. Segundo ele, 75% dos detentos libertos acabam retornando à prisão dentro de cinco anos caso não mudem a própria vida drasticamente. O emprego é um passo imenso nesse processo.

Dave criou a Dave's Killer Bread Foundation para promover um programa de segunda chance profissional, que ele acredita reduzir o impacto negativo do encarceramento em massa e da reincidência. A DKB realizou várias cúpulas do programa ao reunir funcionários do governo, representantes de organizações sem fins lucrativos e empresas, ao eliminar estigmas e ao ajudar ex-presidiários a seguir em frente. O poder transformador de oferecer uma chance a alguém que está pronto para mudar de vida — uma segunda chance — dá a oportunidade de essa pessoa não apenas ganhar a vida, mas de fazer uma vida.

O próprio Dave admite que ainda tem dificuldades, mas continua a luta contra as adversidades e se recriando: "Você precisa estar disposto a reconhecer e admitir suas fraquezas. [...] Muito sofrimento transformou um ex-presidiário em um homem honesto que tenta tornar o mundo um lugar melhor, um pão de cada vez".[40]

Embora seja difícil se recriar após uma adversidade mudar sua vida, isso é possível, e você pode exercer um impacto positivo em muitas outras vidas, como veremos a seguir com a história de uma mulher chamada Ona. Nenhum pai acha que deve viver mais que os filhos, mas, quando estava na casa dos setenta anos, Ona já havia enterrado três de seus quatro filhos. Sua única filha morreu em um trágico acidente de carro quando tinha apenas dezesseis anos, e dois de seus filhos adultos morreram de câncer anos depois.

Apesar da dor, Ona voltou sua vida para a Educação Infantil, com uma paixão por ensinar poesia e escrita, assuntos incomuns de ensinar para alunos tão jovens. Ela era criativa, atenciosa e generosa, muitas vezes indo além do que se esperava dela para ajudar os alunos e outros professores que estivessem com dificuldades. Homenageada em seu distrito como uma excelente professora por 38 anos, Ona abençoou a vida de centenas de crianças, incutindo autoconfiança e amor pelo aprendizado.

Depois de se aposentar do ensino, Ona recriou sua vida mais uma vez. Apesar de estar com mais de noventa anos, ainda mantém uma agenda de atividades que até uma pessoa mais jovem teria dificuldade de cumprir. Ela acorda cedo para trabalhar no jardim, é voluntária em projetos de serviço em centros humanitários e na igreja local, regularmente mói trigo e leva pão para quem está doente ou precisa de um apoio, adora aprender coisas novas e foi editora de um boletim comunitário trimestral por mais de dez anos. Ona faz rondas regularmente em busca de "idosos" (embora alguns sejam mais jovens do que ela!), a quem oferece carona para atividades e eventos culturais. Embora enfrente sérios desafios de saúde, Ona ainda quer mais tempo para terminar os muitos projetos em que trabalha ao mesmo tempo, incluindo escrever sua história de vida — e ela não quer terminar essa tarefa tão cedo.

Os desafios únicos de Ona a transformaram em uma pessoa extremamente atenciosa, consciente e sensível. Ela muitas vezes faz uma pausa para apreciar um belo pôr do sol, ou as cores vibrantes do outono, e escreve cuidadosos bilhetes manuscritos de agradecimento para quem lhe faz coisas. Ona é muito amada e admirada por todos que a conhecem, e aqueles que não a conhecem bem nunca poderiam imaginar que, por trás de um comportamento alegre e positivo, houve grandes dor e mágoa.[41]

Embora tenha experimentado mais do que sua cota de adversidades, a vida de Ona é como o símbolo musical <, que indica que o volume aumenta em força e poder. Ela está continuamente se expandindo e abençoando outras pessoas.

Viver em crescendo durante ou após uma adversidade capaz de mudar o rumo de uma vida significa:

- Acreditar e dar segundas chances.

- Jamais desistir de outra pessoa.

- Trabalhar intencionalmente para recriar a vida em sua nova realidade.

Eu amo o homem que consegue sorrir quando está em dificuldade, que é capaz de reunir força da angústia e se tornar corajoso pela reflexão.
THOMAS PAINE

Elizabeth Smart muitas vezes compara sua experiência a ter um corte profundo no braço ou na perna. Você pode optar por limpá-lo por completo e tratá-lo com remédios para combater a infecção. Ele acabará se curando, embora possa deixar uma cicatriz. Mas mesmo uma cicatriz pode desaparecer em sua totalidade. Ou você pode optar por deixar o corte em paz. Ele pode curar-se por conta própria, mas também pode abrir e sangrar de novo, apodrecer e infectar.

É sua escolha tratar o corte adequadamente ou não, e o mesmo vale para um evento transformador. Ona recriou sua vida servindo aos outros, e Elizabeth acredita que cada sobrevivente deve encontrar o próprio caminho para a recuperação. Você pode escolher aconselhamento, medicação ou terapia, ou pode encontrar uma paixão por algo grande que ainda não descobriu. Com apoio e cuidado, a cura virá com o tempo.

CAPÍTULO 7

Encontre o seu "porquê"

Aquele que tem um porquê para viver pode
suportar quase qualquer como.
FRIEDRICH NIETZSCHE

O que você faria se sua vida perfeita desmoronasse? Como reagiria? Como recolheria os pedaços e seguiria em frente?

Conheço uma casa abandonada em um bairro bonito, uma lembrança feia de um casamento arruinado. Quando o casal dono da casa se divorciou, o marido irritado deixou o lugar sem manutenção por mais de uma década, para implicar com a ex-esposa (e os vizinhos que ficaram do lado dela). A pintura está descascando, o telhado precisa de reparos, as venezianas estão quebradas e o gramado está amarelo e cheio de ervas daninhas. E esse homem amargo não tem intenção de vender o imóvel a outra família porque não quer dividir o dinheiro com a ex-mulher.

Em vez de encontrar um novo propósito para a vida, o homem permitiu que um casamento desfeito o definisse e destruísse. O oposto de levar a vida em crescendo <, é viver em diminuendo >, que literalmente significa diminuir, reduzir em volume e intensidade. Eu gostaria de perguntar a esse homem vingativo: "Por que permite que sua ex-mulher arruíne sua vida e ainda ocupe um lugar significativo nela? Por que não superou o divórcio e recomeçou a sua história?". Em vez de aceitar o que aconteceu e encontrar um novo propósito e felicidade, a amargura e o coração implacável diminuem a alma e o futuro desse homem.

Por outro lado, considero muito inspirador conhecer pessoas que enfrentaram grandes tragédias, mas não deixaram que as destruíssem; gosto de ouvir e ler sobre elas. Essas pessoas encontraram um novo motivo para se levantar todos os dias. Encontraram propósito em sempre seguir em frente, mudando o mundo para melhor.

147

Em 23 de junho de 1985, Manjari Sankurathri, seu filho Srikiran, de seis anos, e a filha Sarada, de três anos, embarcaram no voo 182 da Air India no Canadá, onde moravam, para passar férias em Londres. Quando o avião se aproximava da costa da Irlanda, uma bomba colocada por separatistas sikhs explodiu, matando as 329 pessoas a bordo — o maior assassinato em massa da história canadense. Nenhum corpo foi encontrado.

Por três anos, o dr. Chandrasekhar Sankurathri (conhecido como "dr. Chandra") cambaleou por sua rotina como biólogo em Ottawa, perdido na descrença de que sua mulher e seus filhos haviam mesmo partido. "Eu costumava pensar que talvez eles tivessem pousado em algum lugar — talvez alguém os tivesse resgatado." Depois de três anos passando a vida no automático, sem viver de fato, o dr. Chandra tomou uma decisão altruísta de transformar sua dor pessoal em oportunidade para abençoar sua terra natal, a Índia.[42]

"Eu queria fazer algo útil com minha vida. Eu precisava de um propósito. [...] A vida só não tem sentido se permitirmos isso. Cada um de nós tem o poder de dar sentido à vida, de fazer do nosso tempo, do nosso corpo e das nossas palavras instrumentos de amor e esperança."[43]

Aos 64 anos, o dr. Chandra largou o emprego como biólogo em Ottawa, onde vivera por vinte anos, vendeu sua casa e seus pertences e voltou para a Índia. Seu objetivo era melhorar a qualidade de vida dos necessitados e carentes em áreas remotas. Ele foi atraído no mesmo instante por dois problemas gritantes: cegueira e déficit na educação.

Cerca de 75% da população da Índia — mais de 750 milhões de pessoas — vive em vilarejos, e 60% dessas pessoas são miseráveis. Fora das cidades, os aldeões trabalham sob o sol escaldante o dia todo, e a dieta pobre que consomem torna 15 milhões de indianos vítimas da cegueira.

O dr. Chandra também aprendeu que a maioria desses adultos pobres não sabe ler ou escrever, e seus filhos frequentam escolas precárias, nas quais a taxa de evasão é superior a 50%. Assim, apesar da profunda tristeza, o dr. Chandra pegou as economias de sua vida e criou a Sankurathri Foundation (em homenagem à esposa), com a missão de melhorar os cuidados de saúde e a educação dos pobres. Ele construiu uma escola e um hospital oftalmológico em um terreno de 12 mil metros quadrados perto da cidade natal da mulher, na pequena vila rural de Kuruthu.

Hoje, a Sankurathri Foundation apoia três programas:

A Sarada Vidyalayam School (em homenagem à filha do dr. Chandra) é uma escola de Ensinos Fundamental e Médio com uma incrível taxa de evasão: zero. A escola fornece gratuitamente livros, uniformes, refeições e exames médicos para esses estudantes rurais e, em troca, pede apenas vontade de aprender e disciplina para estudar. A instituição começou com apenas uma série e agora cresceu para nove.[44]

Até janeiro de 2019, 2.875 alunos de áreas rurais receberam educação gratuita na escola, além das 661 crianças de outras famílias carentes que receberam bolsas para continuar os estudos em várias escolas e faculdades.

Um estudante pobre que completou os estudos na Sarada disse: "Devo o crédito à Sankurathri Foundation e ao dr. Chandrasekhar. Sem a ajuda deles, eu teria me tornado um trabalhador braçal, seguindo os passos de meu pai". Por causa de sua educação, esse jovem obteve nota 96 nos exames do Ensino Médio e foi admitido em uma prestigiosa faculdade de engenharia.

O Instituto de Oftalmologia Srikiran (em homenagem ao filho do dr. Chandra) é agora um provedor de cuidados oftalmológicos de classe mundial na região. O instituto abrange cinco prédios e oferece serviços oftalmológicos para seis distritos diferentes na Índia. Os mesmos ônibus que buscam os alunos para a escola pela manhã são frequentemente usados no final do dia para trazer pacientes oftalmológicos de outras áreas rurais para o instituto. O governo da Índia reconheceu Srikiran como um dos onze centros de treinamento para oftalmologistas do país, estabelecendo altos padrões para outros seguirem.

O dr. Chandra diz com orgulho: "Nossa missão é fornecer, com compaixão, atendimento oftalmológico equitativo, acessível e com preços baixos a todos". Srikiran oferece de graça exames oftalmológicos, cirurgias, medicamentos, acomodações e alimentação enquanto os pacientes estão no hospital. A inspiração para esse trabalho é "acender uma lâmpada na vida do deficiente visual".[45]

Desde 1993, o projeto cresceu de modo substancial e agora conta com quinze unidades. Até 2022, havia atendido surpreendentes 3,5 milhões de pacientes e realizado 34 mil cirurgias — 90% delas realizadas com gratuidade para os necessitados — , com mais de mil crianças sendo tratadas.[46]

O dr. Chandra nega que esteja fazendo algo especial e diz: "Sou apenas um ser humano comum tentando fazer o melhor para ajudar os outros. Sinto-me muito próximo da minha família. Sinto que estão aqui comigo", acrescenta, "e isso me dá muita força".[47]

Deixando sua dor de lado, o dr. Chandra trabalhou para tornar o local em que vive um lugar mais saudável e feliz — e isso o ajudou a encontrar seu "porquê" e aprender a viver em crescendo.

Agradeço a Deus por minhas deficiências, pois por meio delas
encontrei a mim mesma, meu trabalho e meu Deus.
HELEN KELLER

A busca por significado

Há poucas pessoas que admiro mais do que Viktor Frankl, que sobreviveu aos campos de concentração alemães e depois escreveu sobre sua experiência no livro *Em busca de sentido*. A mensagem central do livro é que a principal força motivadora da humanidade é a busca por propósito e significado na vida. Embora tenha sofrido imensamente, ele sabia que suas feridas acabariam se curando e acreditava de verdade que ainda tinha um trabalho significativo a fazer.

Em vez de se fixar por inteiro na própria infelicidade durante o aprisionamento, Frankl usou a imaginação e a disciplina para ver a si mesmo em sua mente — literalmente se imaginava dando palestras para estudantes universitários no futuro sobre o que estava vivendo. Isso lhe deu motivação e propósito para esperar um resultado melhor e perseverar. Por meio da própria experiência e de suas observações, convenceu-se de que ter um senso de propósito — uma razão ou um "porquê" — mantém a pessoa viva diante da adversidade.

Na realidade, precisávamos de uma mudança fundamental em nossa atitude em relação à vida. [...] Tínhamos de ensinar a homens desesperados que não importava o que esperávamos da vida, mas sim o que a vida esperava de nós. Precisávamos parar de perguntar sobre o sentido da vida e, em vez disso, pensar em nós mesmos como aqueles que estavam sendo questionados pela vida — diariamente e a cada hora.
VIKTOR FRANKL[48]

Frankl mais tarde registrou que, no início, todos os critérios que ele usou para avaliar quem sobreviveria estavam errados. Ele examinou a inteligência, as habilidades de sobrevivência, a estrutura familiar e a saúde atual de cada um, mas esses fatores não explicavam a sobrevivência dos indivíduos. A única variável significativa era a sensação de que tinham um futuro: algo de valor ainda por fazer na vida. Frankl aprendeu que tentar restaurar a força interior de um homem nos campos de concentração exigia primeiro mostrar-lhe algum objetivo futuro. Escreveu sobre dois homens que consideraram seriamente o suicídio, acreditando que não tinham mais nada a esperar da vida:

> Em ambos os casos, foi questão de fazê-los perceber que a vida ainda esperava algo deles. Algo era esperado deles no futuro. Descobrimos que, para um dos homens, era o filho que ele adorava e que o esperava em um país estrangeiro. Para o outro [...] o homem era um cientista e havia escrito uma série de livros que ainda precisavam ser concluídos. O trabalho dele não poderia ser feito por nenhuma outra pessoa, assim como outra pessoa não poderia jamais ocupar seu lugar de pai nos afetos do filho. [...] Perceber a impossibilidade de substituir uma pessoa permite que a responsabilidade que um homem tem por sua existência e a continuidade dela apareça em toda a sua magnitude. Um homem que se conscientiza da responsabilidade que tem para com um ser humano que o espera carinhosamente ou em relação a uma obra inacabada jamais poderá jogar fora sua vida. Ele sabe o "porquê" de sua existência e será capaz de suportar quase qualquer "como".[49]

Depois que Viktor Frankl sobreviveu aos campos de extermínio, seu foco — e, em última análise, seu maior trabalho e contribuição — foi entender a importância de encontrar sentido na vida das pessoas. Ele descobriu que, mais que uma maneira de sobreviver, encontrar o seu "porquê" de viver contribui para a crença de que cada vida tem um propósito único. Em última análise, o dr. Frankl foi fundamental para ajudar os outros a descobrir isso por si mesmos; no momento de sua morte, em 1997, *Em busca de sentido*, escrito em 1946, havia vendido mais de 10 milhões de cópias em 24 idiomas.

Lições valiosas ao enfrentar as adversidades da vida

Você já foi ao deserto e viu uma flor de cacto em plena floração? As flores de cacto às vezes são chamadas de "fogos de artifício da Mãe Natureza", em virtude de suas cores tão vibrantes. Mas como poderia um simples cacto de pele espinhosa e aparência pouco atraente produzir flores tão incrivelmente bonitas? Alguns cactos, como o saguaro, têm galhos que não enraízam em certas condições climáticas, então devem ser cultivados a partir de sementes, demandando uma espera de quarenta a 45 anos pela primeira flor![50]

Dá para imaginar? Nenhuma floração por meio século e, então, finalmente, de uma planta seca que nunca pareceu capaz de produzir nada... lindas flores. Que ótima analogia visual para enfrentar os desafios da vida. Como as flores dos cactos, se você for paciente e persistente, os desafios no final não serão o que eram no início. Desafios e adversidades muitas vezes parecem não ter nada a oferecer além de dor e mágoa, mas espere e, com o tempo, surgem lições valiosas e úteis. Lembre-se de que há ganhos significativos além de perdas nos momentos de aflição.

Você nunca encontrará um parceiro de treino melhor do que a adversidade. Não ser bonita foi uma verdadeira bênção [...] forçou-me a desenvolver meus recursos internos. A menina bonita tem uma desvantagem.
GOLDA MEIR

Quando enfrentamos adversidades, problemas e tristezas, aprendemos a ter empatia com nosso próprio sofrimento. Além disso, aprendemos as nobres virtudes de fé, coragem, resignação, perseverança, serviço, caridade, gratidão e perdão. Embora possamos ter sofrido perdas enormes, também há um incrível ganho à medida que descobrimos nosso verdadeiro e melhor eu. Como disse William Shakespeare: "Doces são os usos da adversidade".

Superar a adversidade exige:

- Encontrar um novo propósito gratificante — descobrir o *porquê* para suportar o *como*.

- Trabalhar para melhorar a vida dos outros — ser um catalisador para o bem.

- Estar preparado para oportunidades adequadas às nossas habilidades e ao nosso caráter único.

Se você estiver preparado e buscar pragmaticamente a Mentalidade Crescendo, poderá esperar uma existência rica em propósitos.

Tal como sua mãe a aconselhou, Elizabeth Smart conscientemente escolheu conduzir uma vida feliz após sua provação. Entre outras realizações, trabalhou como comentarista da ABC News, serviu em uma missão de sua igreja na França, formou-se na faculdade, casou-se e agora tem três filhos. Com a ajuda e o apoio dos pais, fundou a Elizabeth Smart Foundation em 2011 (oito anos após seu sequestro), com a missão de acabar com crimes predatórios contra crianças. O objetivo da fundação é responder a uma única pergunta que os Smart fizeram: "E se pudéssemos evitar futuros crimes contra crianças?". Isso representa o "porquê" deles. Seu objetivo é capacitar as crianças por meio da educação e da compreensão de suas escolhas, e apoiar a aplicação da lei no resgate de vítimas.[51]

Encontrar seu "porquê" ao enfrentar adversidades capazes de mudar o curso da vida é crucial para adotar a Mentalidade Crescendo e seguir em frente. Como demonstraram os exemplos inspiradores que vimos daqueles que enfrentaram adversidades pessoais, isso leva a redescobrir novos significado e propósito na vida.

153

Faça uma escolha corajosa

É a capacidade de escolher que nos torna humanos.
MADELEINE L'ENGLE

De que modo pessoas como Anthony Ray Hinton ou Elizabeth Smart, que enfrentaram obstáculos aparentemente intransponíveis, conseguem seguir levando uma vida produtiva? Como superam adversidades imensas e ainda são bem-sucedidos e até contribuem para melhorar a vida dos outros? Eles acreditam que têm uma escolha.

Em 1990, o pai de Michael J. Fox morreu inesperadamente, e ele experimentou o que chamou de "o prenúncio do período mais difícil da minha vida". Nesse mesmo ano, foi diagnosticado com a doença de Parkinson de início precoce e informado, aos trinta anos e no meio de uma carreira próspera, que provavelmente só poderia trabalhar por mais dez anos. "Minha vida derrapou terrivelmente para fora da estrada", escreveu ele.

A princípio, Michael entrou em negação e buscou consolo na bebida. Mas logo descobriu que estava apenas tentando se esconder de si mesmo.

> Sem ter como escapar da doença, de seus sintomas e desafios, fui forçado [...] a recorrer à aceitação, que significa simplesmente reconhecer a realidade de uma situação. [...] Percebi que a única escolha que não estava disponível para mim era ter ou não Parkinson. Todo o resto dependia de mim. Ao optar por aprender mais sobre a doença, fiz escolhas melhores sobre como tratá-la. Isso retardou o progresso e fez com que eu me sentisse melhor fisicamente. Fiquei mais feliz e menos isolado, e consegui restaurar meus relacionamentos. [...] Quando as coisas forem mal, não se esconda! Levará tempo, mas você descobrirá que mesmo os problemas mais graves são finitos, e suas escolhas, infinitas.[52]

Fox se tornou o "rosto" da doença de Parkinson e — em um esforço para obter financiamento para pesquisas médicas — foi corajoso o suficiente para renunciar à medicação antes de falar com um subcomitê do Senado, para que seus sintomas não fossem mascarados. Desde o diagnóstico, tornou-se também autor de vários livros otimistas e inspiradores. Em *Coisas engraçadas aconteceram no caminho para o futuro*, ele compartilha sua receita para o sucesso — em essência, "deixar o passado para trás e viver o momento".

> *A pessoa mais assustadora do mundo é a que não tem senso de humor.*
> MICHAEL J. FOX

A vida de Fox com sua esposa, Tracy Pollan, e seus quatro filhos é plena e feliz, embora definitivamente não seja o que ele pensava que seria. Ele pratica consciente e diariamente estes dois princípios: aceitação e gratidão. "O que aconteceu antes e o que pode acontecer depois não podem ser tão importantes quanto o que está acontecendo agora. Não há melhor momento para celebrar o presente. O presente pertence a você. Deixe outra pessoa tirar a foto... apenas sorria."[53]

Durante a pandemia da Covid-19, Fox estava ocupado ditando meticulosamente o que chamou de "um livro de memórias revelador" para um assistente, já que a doença roubou sua capacidade de escrever ou digitar. *No time like the future: an optimist considers mortality* [*Não há tempo como o futuro: um otimista considera a mortalidade*] é uma lente contundente sobre viver com uma doença incurável por três décadas. Dedicando à defesa de uma causa os mesmos comprometimento e profissionalismo que havia dispensado à carreira de ator, ao longo dos anos Fox ajudou a arrecadar 1 bilhão de dólares para pesquisas por meio de sua fundação homônima.[54]

Mesmo que Fox não esteja mais atuando, a maioria das pessoas diria que ele desempenha um papel mais crucial agora, inspirando outros que também sofrem de doenças crônicas. Ele fez uma escolha consciente de aproveitar ao máximo o que a vida oferece, vivendo-a em crescendo, apesar de uma doença que mudou tudo. "Eu tive uma alta tolerância às dificuldades", reconhece. "Aprendi a viver com o Parkinson e coisas boas vieram disso." Coerente com sua visão positiva de que coisas boas ainda estão por vir, ele acredita que "o futuro é a última coisa que acaba. Até morrermos, temos um futuro, e então não temos mais".[55]

Os passos dele para superar sua adversidade incluem:

- Entender que os problemas mais graves são finitos, e suas escolhas, infinitas.

- Deixar o passado para trás — viver no momento.

- Escolher o otimismo e uma perspectiva positiva.

A gratidão torna o otimismo sustentável. Se acha que não tem nada a agradecer, continue procurando.
MICHAEL J. FOX

É claro que nem todo mundo tem o tipo de recurso que está disponível para Michael J. Fox. Mas mesmo "pessoas comuns" podem fazer uma grande diferença vivendo em crescendo após uma adversidade e escolhendo fazer coisas extraordinárias.

Em 11 de maio de 1975, Rick Bradshaw foi a Lake Powell, no sul de Utah, para desfrutar de alguns dias relaxantes de passeios de barco, nadando com amigos. Certa noite, ele mergulhou para buscar uma mochila que havia caído na água. Mesmo estando a mais de trinta metros da costa, a água não era profunda o suficiente — ele mergulhou em um banco de areia.

O acidente de mergulho causou uma lesão na medula espinhal, classificada como tetraplegia.

A princípio, Rick achou que, aos 22 anos, teria de viver em um centro de vida assistida cercado de idosos. Ele não ficou entusiasmado com a ideia, e isso foi motivação suficiente para começar a procurar opções.

Quando eu estava aprendendo a mover meu corpo paralisado, aprendendo a me equilibrar, muitas vezes caía em posições irrecuperáveis, nas quais eu ficaria preso até alguém me ajudar. Então, enfim consegui aprender primeiro a cair de modo gracioso. Ao pensar sobre isso, percebi que era algo que pode se aplicar a todos nós em tudo o que fazemos.

Ele sabia que nunca recuperaria seu equilíbrio anterior, mas percebeu que poderia melhorar em muitas outras coisas se tivesse vontade e paciência para praticar.

> Saber de antemão que eu seria horrível em quase tudo me deu a liberdade de fazer as coisas horrivelmente, mas eu tinha confiança de que começaria a progredir. Com isso, percebi que o "fracasso" é um sinal de engajamento e se parece mais com o sucesso do que a abstinência. O fracasso leva ao sucesso.

Diante de desafios aparentemente intransponíveis, Rick precisou dar o que chamou de "milhares de saltos de fé" apenas para chegar ao ponto em que pudesse viver e funcionar de forma independente. Matricular-se em uma universidade apenas dez meses depois da lesão, quando mal conseguia escrever e não tinha ideia de como seria seu desempenho, exigiu um grande salto de fé.

Rick logo decidiu dispensar a ajuda do governo e aceitar um emprego no próprio hospital onde estava sendo tratado, embora trabalhar significasse menos dinheiro do que ele receberia da assistência social. Também perdeu os benefícios de saúde que recebia do Medicaid e precisava pagar mil dólares por mês do próprio bolso. Segundo Rick: "O mais fácil a fazer seria relaxar e deixar as pessoas cuidarem de mim pelo resto da vida". Mas, para ele, "viver do dinheiro do governo era como estar institucionalizado".

> Precisei aceitar que estava paralisado em um nível muito alto, mas percebi que poderia redefinir os caminhos para ter o que me importava. Meus verdadeiros desejos estavam relacionados a me casar e ser amado, ter uma família, ter uma boa carreira de que gostasse, aprender e viajar. Percebi que todas essas coisas ainda eram possíveis.[56]

Rick escolheu:

- Desafiar pensamentos e percepções preconcebidos.

- Dar corajosos "saltos de fé".

- Dar um bom exemplo para quem o estivesse observando.

Rick sentiu que deveria realizar algo importante. Ele disse à família: "Se essa é a minha missão de vida, dar um bom exemplo para aqueles que me observam, estou tentando ao máximo fazer exatamente isso".

Rick acabou por encontrar uma ótima nova carreira, casou-se com uma mulher maravilhosa, ganhou dinheiro e pagou impostos como todo mundo — e descobriu que o sucesso profissional possibilita outros sucessos. Décadas depois, sua vida é muito mais do que normal. Recentemente, ele concluiu um doutorado e um prestigioso curso de treinamento em liderança em saúde, e agora está olhando em frente, para o que está por vir.[57]

Grande disciplina gera uma força enorme.
ROBERT SCHULLER

Ao fazer uma escolha consciente de não permitir que suas circunstâncias determinassem seu futuro, tanto Michael J. Fox quanto Rick Bradshaw encontraram coragem para superar enormes desafios.

Ensinei meus filhos a escolherem "ser fortes nos momentos difíceis" em que são desafiados por algo novo ou fora de sua zona de conforto. Momentos difíceis exigem uma tremenda autodisciplina e coragem para enfrentar e superar os desafios. Mas nossa força nesses momentos nos mostrará quanto somos de fato resilientes e influenciará todos os outros momentos de nossa vida.

Para isso, devemos, de modo consciente, visualizar de antemão exatamente o que podemos enfrentar, como vamos reagir, e então decidir como avançar com coragem e princípios, independentemente da pressão externa.

Esses momentos difíceis costumam ser seguidos por momentos mais tranquilos se permanecermos firmes e perseverarmos.

Não é na calmaria da vida ou no repouso de uma estação pacífica que um grande caráter se forma. Os hábitos de uma mente vigorosa são formados na luta contra as dificuldades. Grandes necessidades invocam grandes virtudes. Quando uma mente é elevada e animada por cenas que envolvem o coração, aquelas qualidades que de outra

forma ficariam adormecidas despertam para a vida e formam o caráter do herói.
ABIGAIL ADAMS, carta a John Quincy Adams, 19 de janeiro de 1780[58]

Adote uma atitude *carpe diem* — aproveite o dia!

Aproveite o momento! Lembre-se de todas aquelas mulheres no Titanic que dispensaram o carrinho de sobremesas!
ERMA BOMBECK

No filme *Sociedade dos poetas mortos*, Robin Williams interpreta John Keating, um professor de inglês em uma escola preparatória para meninos, e uma figura de transição. A certa altura, ele brada para seus alunos em um esforço para inspirá-los: "*Carpe diem* — aproveitem o dia, rapazes! Tornem suas vidas extraordinárias!".

Keating era o único professor a incentivar os alunos a se esforçar além do que era necessário, a romper com o aprendizado da maneira tradicional e a ver as coisas de uma perspectiva diferente. Ele queria que aqueles jovens se vissem de uma nova maneira — descobrissem seu verdadeiro potencial, tentassem coisas novas, mesmo que fracassassem, e alcançassem seus sonhos, embora parecessem inatingíveis.[59]

O desafio de Keating — "Tornem suas vidas extraordinárias" — significa que fazer as coisas acontecerem está ao nosso alcance. Depende de você! Assuma o controle e responsabilize-se por viver no limite ou fora de sua zona de conforto, para crescer e se expandir.

Na nossa família, gritávamos "*Carpe diem!*" quando um de nós tinha a chance de fazer ou aprender algo diferente ou realizar uma tarefa nova e desafiadora. Nossos pais nos incentivavam a aproveitar ao máximo uma grande oportunidade, "sugar a essência da vida", como escreveu Thoreau, e fazer tudo ao alcance para isso acontecer!

Acho que crianças e pessoas mais velhas entendem a ideia de "aproveitar o dia". Não se apressar nem se preocupar com o tempo, mas apenas aproveitar o momento. Já viu uma criança andando no meio-fio, querendo se equilibrar enquanto a mãe está freneticamente tentando entrar em uma loja, em plena correria? A criança está aproveitando o momento, divertindo-se com o desafio, ignorando por completo o horário que a mãe acredita ser tão importante manter. Se você conversar com uma pessoa mais velha enquanto ela estiver sentada na varanda, em uma loja ou na igreja, ela não estará com pressa alguma. Ela quer que você fique para conversar, para ouvir uma nova piada ou história — ignorando totalmente que você está com pressa e precisa fazer algo que supõe ser mais importante. De alguma forma, nos dois extremos do espectro eles estão certos, enquanto deixamos nossas prioridades atrapalharem tudo.

Em 2009, Todd Bol, um empreendedor social em Hudson, Wisconsin, construiu uma pequena maquete de escola com um único ambiente como homenagem à mãe, uma professora que sempre gostou de ler. O homem colocou a maquete na frente de sua casa, em um poste, encheu-a com alguns de seus livros favoritos e convidou os vizinhos e amigos para pegá-los emprestados de graça. Como a vizinhança achou a ideia ótima e usufruiu dela extensivamente, Todd construiu várias outras maquetes e as distribuiu para serem colocadas em outras áreas. Rick Brooks, da UW-Madison, viu as maquetes artesanais de Todd e se juntou a ele com o objetivo de compartilhar bons livros e unir as comunidades.

Com o lema "Pegue um livro, devolva um livro" e, portanto, promovendo conexões comunitárias, essas bibliotecas são chamadas de "pracinhas". À medida que a ideia se espalhava por Wisconsin, os fundadores decidiram "aproveitar o dia" formando um grupo sem fins lucrativos chamado Little Free Libraries ("Pequenas bibliotecas gratuitas") que não apenas impactaria Wisconsin, mas se espalharia para outros estados. Inspirados por Andrew Carnegie, o filantropo que estabeleceu a meta de financiar 2.508 bibliotecas públicas gratuitas em todo o mundo de língua inglesa, Brooks e Bol estabeleceram a própria meta de superar esse número até o final de 2013. Eles ultrapassaram a meta um ano e meio antes da data prevista.[60]

O crescimento do projeto tem continuado de forma constante a cada ano, e os resultados são surpreendentes. Eles são agora um programa mundial de compartilhamento de livros cujo movimento social preza pelo acesso gratuito a livros e pela promoção da alfabetização.[61] Estudos têm mostrado repetidas vezes que livros podem representar grande impacto na alfabetização de crianças, mas duas em cada três que vivem na pobreza não têm livros para chamar de seus. A Little Free Library resolve isso ao colocar essas pequenas bibliotecas nas áreas onde são mais necessárias. A missão de Todd de tornar os livros mais acessíveis teve um efeito dominó em todo o mundo. Desde 2021, é possível encontrar Little Free Libraries em todos os cinquenta estados dos Estados Unidos, em mais de cem países, e 42 milhões de livros são compartilhados todo ano. Como um efeito dominó, mais de 125 mil pequenas bibliotecas foram instaladas em todo o mundo — de Wisconsin à Califórnia, passando por Holanda, Brasil, Japão, Austrália, Gana e Paquistão.

A organização é construída inteiramente por voluntários, da diretoria aos patrocinadores, incluindo os administradores dos bairros e aqueles que pegam um livro e devolvem outro. Funcionando inteiramente no sistema de honra, as Little Free Libraries continuam a partir de um fluxo constante de pessoas que tomam a iniciativa e agem em seus próprios bairros.[62]

A visão de Todd de um mundo onde os vizinhos se conhecem pelo nome e todos têm acesso aos livros está sendo realizada. Embora Todd infelizmente tenha morrido de câncer no pâncreas em 2018, seu legado de amor pelos livros e pelo aprendizado continua, em crescendo.

Eu realmente acredito em uma Little Free Library em cada quarteirão e um livro em cada mão. Acredito que as pessoas podem consertar seus bairros, desenvolver sistemas de compartilhamento, aprender umas com as outras e ver que têm um lugar melhor neste planeta para viver.
TODD BOL[63]

Use sua "c e i" e faça acontecer!

Há uma história muito conhecida, mas poderosa, de dois homens que chegaram a uma praia coberta de centenas de estrelas-do-mar levadas para a praia durante a maré alta e deixadas na areia quando a água recuou. Um homem ficou correndo freneticamente de um lado para o outro, jogando estrelas-do-mar de volta à água em uma tentativa desesperada de salvá-las. O outro ficou olhando para ele, zombando de seus esforços.

"O que acha que está fazendo?", perguntou o segundo. "Não faz diferença jogar algumas de volta. São muitas para salvar!"

Sem se abalar, o primeiro homem pegou uma estrela-do-mar, ergueu-a e a jogou de volta no oceano. "Bem, fez a diferença para aquela ali!"

Se você é fã de *Os Simpsons*, deve se lembrar do episódio em que Marge voltou para casa desanimada porque havia perdido por pouco uma eleição na cidade. Para seu horror, ela descobriu que Homer, seu próprio marido, havia se esquecido de votar! Quando Marge ficou brava, Homer entrou na defensiva: "Mas Marge... Sou apenas uma pessoa. Como posso fazer a diferença?", ao que ela respondeu, com raiva: "Mas eu só perdi por um voto!".

Viver a vida em crescendo significa que uma pessoa pode fazer uma grande diferença usando apenas sua "c e I": criatividade e iniciativa. Não importa quem você seja, ou se tem dinheiro ou influência, se você apenas trabalhar para "fazer acontecer"!

Quando alguém em nossa família, mesmo um dos integrantes mais novos, dava uma desculpa, se esquivava da responsabilidade e esperava que outra pessoa desse uma solução, sempre dizíamos: "Use sua c e I!". Agora, muitas vezes antes de dizermos isso, eles mesmos respondem: "Eu sei... usar c e I!".

Que diferença um indivíduo pode fazer? Celeste Mergens estava trabalhando no Quênia com grupos sem fins lucrativos para ajudar com a tremenda pobreza nas moradias improvisadas de lá. Depois de orar para saber como poderia ajudar especificamente as crianças, ela acordou às duas e meia da madrugada com um questionamento que nunca havia lhe ocorrido: "Já se perguntou o que as meninas estão fazendo pela higiene feminina?". Rapidamente, enviou um e-mail para um contato que saberia a resposta. Ela ficou chocada com o retorno, que dizia simplesmente: "Nada! Elas esperam em seus quartos!". Seu contato disse que seis em cada dez meninas não tinham acesso a produtos de higiene feminina no Quênia.

Celeste descobriu que a maioria das meninas não tinha permissão para ir à escola durante a menstruação, e elas ficavam em casa até o sangramento terminar. Perder tanto tempo de escola era devastador para o futuro das meninas, fazendo com que ficassem para trás nos estudos e levando muitas a desistir. Se não se formassem, não conseguiriam empregos com remuneração decente, o que aumentaria as chances de elas serem casadas pelos seus pais em tenra idade, acabando por completo com qualquer chance de um futuro melhor. Para Celeste, era difícil acreditar que a simples falta de produtos de higiene feminina criasse um ciclo de pobreza do qual era difícil escapar.

Então, Celeste e alguns amigos fundaram o Days for Girls ("Dias para meninas"), uma organização voluntária sem fins lucrativos com o objetivo principal de recuperar dias perdidos na escola para meninas. A missão do grupo é restaurar a saúde, a dignidade e a educação em todo o mundo fornecendo acesso a um kit de higiene feminina reutilizável específico para as necessidades de meninas e mulheres que antes não tinham nada para usar.

Os kits femininos reutilizáveis agora são feitos com amor por milhares de voluntários em todo o mundo e por mulheres locais que atendem às necessidades das próprias comunidades internacionalmente. Tudo isso resulta em dias capazes de mudar a vida de meninas, que agora podem frequentar a escola sem constrangimento ou vergonha. O ciclo da pobreza pode ser quebrado. Com as meninas permanecendo na escola, ganham mais confiança e apoio da comunidade, tornando-a saudável, e podem mudar drasticamente seu futuro. Noreen, do Quênia, escreveu: "Com esses kits, podemos fazer algo grande no mundo". O dr. Pedro Sanchez, que observou esse impacto, disse: "Uma menina que recebeu educação formal pode exercer um impacto profundo no desenvolvimento de uma comunidade".[64]

Com os devidos cuidados, esses preciosos kits podem durar até três anos, sendo o equivalente a usar 360 absorventes descartáveis. Mais importante, as meninas recuperam 180 dias na escola, as mulheres podem passar 36 meses sem interromper seus trabalhos, e ambos os grupos mantêm a dignidade. Após a distribuição dos kits do Days for Girls, as taxas de ausência escolar caíram incrivelmente — de 36% para 8% em Uganda e de 25% para 3% no Quênia. Incríveis 115 milhões de dias de ausência escolar foram recuperados e substituídos por mais educação, dignidade, saúde e oportunidades.

O Days for Girls agora tem uma aliança global de quase mil seções e equipes, empresas e organizações governamentais e não governamentais, alcançando um número impressionante de mulheres e meninas — mais de 2,5 milhões em 144 países até maio de 2022. O Days for Girls fortalece e une mulheres, e tem 70 mil voluntários trabalhando em filiais ao redor do mundo. Existem oportunidades de voluntariado para qualquer pessoa que queira se envolver.[65]

Em 2019, Celeste recebeu o prêmio Global Hero por seus esforços proativos como fundadora e CEO da Days for Girls, ajudando outras pessoas a encontrarem o porquê de servir. Todos os seus esforços e conquistas começaram ao fazer uma pergunta, responder a uma necessidade e trabalhar para encontrar uma solução.

Quais outras perguntas não estamos fazendo?

Senhor, deixe-me sempre desejar mais do que acho que posso fazer.
MICHELANGELO

Torne-se uma figura de transição

Grandes adversidades muitas vezes podem servir de catalisador para as pessoas se libertarem do "roteiro" recebido da geração anterior. Quer tenhamos consciência delas ou não, podemos estar levando nossa vida segundo crenças destrutivas ou limitantes profundamente enraizadas em nossa mente e coração:

- "Ninguém em nossa família fez faculdade; nós simplesmente não gostamos de educação formal."

- "Todos os Murphy têm temperamento explosivo! Deve ser nossa origem irlandesa."

- "Meu pai perdia o controle ao me disciplinar, e nós criamos os filhos como fomos criados."

- "Meu irmão e eu temos o mesmo problema para nos mantermos em um emprego. De alguma forma, somos autodestrutivos."

- "A maioria das mulheres da nossa família acaba se divorciando; é quase como se não pudéssemos deixar de seguir a tradição."

Abuso sexual, abandono ou alcoolismo podem ter sido transmitidos por sua linhagem familiar. Mas, mesmo que seja muito difícil, você deve ter autoconhecimento para enxergar e se libertar de forma consciente desses roteiros negativos e destrutivos.

Para mudar uma pessoa, é necessário mudar a consciência que ela tem de si mesma.
ABRAHAM H. MASLOW

O ciclo pode parar com você. Você pode ser a figura de transição na sua família para quem vier depois. Sua decisão pode se estender para além de uma vida inteira, beneficiando seriamente as gerações futuras.

No clássico musical *Camelot*, Lancelot tenta justificar e desculpar sua infidelidade, dizendo ao rei Arthur, com resignação na voz: "O destino não foi gentil". O que ele está dizendo na verdade é: "Simplesmente aconteceu, e não havia nada que eu pudesse fazer a respeito". O rei Arthur responde com vasta sabedoria quando retruca de maneira apaixonada: "Lance, o destino não deve ter a última palavra! Não devemos deixar que nossas paixões destruam nossos sonhos".[66]

Independentemente do que a vida lhe ofereça ou das circunstâncias que enfrente, *você* é a força determinante da própria vida. Em vez de passar esses comportamentos para a próxima geração, pode interrompê-los agora mudando a si mesmo por meio da Mentalidade Crescendo.

Uma figura de transição pode ser uma influência poderosa na família e na sociedade. Você conhece alguém assim na sua vida? Pode ser isso para outra pessoa?

No Livro de Provérbios, na Bíblia, há um versículo sábio: "Onde não há visão, o povo perece". Visão é a capacidade de pensar à frente e planejar o futuro com imaginação e sabedoria.

Ela fornece uma percepção de longo prazo de onde você deveria estar, e por que e como chegar lá — como "começar com o objetivo em mente" (o segundo hábito de *Os 7 hábitos das pessoas altamente eficazes*).

Malala Yousafzai é um exemplo incrível de alguém que teve a visão e a coragem de se tornar uma figura de transição para crianças e mulheres em todo o Paquistão. Sendo ainda uma jovem garota quando o Talibã proibiu as meninas de frequentarem a escola em sua terra natal, o Vale do Swat, Malala fez um discurso em Peshawar em setembro de 2008 com o corajoso título "Como o Talibã ousa tirar meu direito básico à educação?". A educação era muito importante em sua família. Malala frequentou uma escola fundada por seu pai, um ativista contrário ao Talibã (e ele próprio uma figura de transição), que exerceu impacto profundo sobre ela.

Quando tinha apenas doze anos, Malala usou um pseudônimo para escrever um blog para a BBC, abordando sua vida sob o domínio do Talibã e suas opiniões sobre a educação para meninas. Seu ativismo fez dela uma das adolescentes mais conhecidas do mundo na época. Em 2011, Malala foi indicada para o Prêmio Internacional da Paz Infantil pelo arcebispo Desmond Tutu, notável ativista na África do Sul. Embora não tenha vencido, a garota recebeu o primeiro Prêmio Nacional da Paz da Juventude do Paquistão no mesmo ano. Ao parabenizar Malala, o primeiro-ministro Nawaz Sharif disse: "Ela é o orgulho do Paquistão. [...] Sua conquista é incomparável e inigualável. Meninas e meninos do mundo devem seguir seu exemplo de luta e comprometimento".[67]

Mas dar entrevistas e falar publicamente a expôs ao perigo. Ameaças de morte foram colocadas sob a porta da sua casa e publicadas em jornais locais. Embora seus pais se preocupassem, não acreditavam que o Talibã realmente pudesse fazer mal a uma criança. Mas Malala sabia que as ameaças eram reais:

Eu tinha duas opções. Uma era ficar em silêncio e esperar ser morta. A segunda era falar e ser morta. Escolhi a segunda. Decidi falar. [...] Sou apenas uma pessoa comprometida e até teimosa que quer ver todas as crianças tendo uma educação de qualidade, que quer ver as mulheres tendo direitos iguais e que quer paz em todos os cantos do mundo. [...] A educação é uma das bênçãos da vida e uma de suas necessidades.[68]

Em 9 de outubro de 2012, um pistoleiro enviado pelo Talibã embarcou num ônibus escolar, perguntou por Malala e, em seguida, apontou uma pistola para sua cabeça e disparou três tiros. Uma bala atingiu o lado esquerdo de sua testa, percorreu o comprimento de seu rosto e se alojou em seu ombro. Os outros dois tiros atingiram amigos dela, que também ficaram feridos, mas não tão gravemente.

A tentativa de assassinar uma menina de quinze anos que se atreveu a falar contra o Talibã provocou um clamor nacional e internacional e uma onda de apoio a Malala. Três dias depois que ela foi baleada, cinquenta sacerdotes islâmicos no Paquistão condenaram aqueles que tentaram matá-la, mas o Talibã reiterou com ousadia sua intenção de matar não apenas Malala, mas também o pai dela.

Por dias depois de ser baleada, Malala ficou inconsciente e em estado crítico. Mas, assim que ficou estável o suficiente, foi levada para a Inglaterra, onde passou por várias cirurgias. Milagrosamente, ela não sofreu nenhuma lesão cerebral importante. Mais tarde, reconheceu com gratidão o enorme apoio internacional e as orações em seu favor. Apesar das ameaças contínuas, Malala voltou à escola em 2013 e continuou como uma defensora ferrenha do poder da educação.

Seus esforços causaram um movimento significativo em direção ao acesso à educação. Gordon Brown, enviado especial das Nações Unidas para a educação global e ex-primeiro-ministro britânico, lançou uma petição da Organização das Nações Unidas (ONU) em nome de Malala, que foi assinada por 2 milhões de pessoas, exigindo que, até o final de 2015, todas as crianças do mundo pudessem frequentar a escola. Isso levou à aprovação da primeira lei de direito a educação gratuita e obrigatória do Paquistão, um avanço substancial para o ensino naquele país.[69]

Em seu aniversário de dezesseis anos, em 12 de julho de 2013, Malala fez um discurso na ONU diante de mais de quinhentos estudantes em uma assembleia de jovens. A visão dela ali viva e forte, depois de ser baleada, afetou de modo profundo seu público e foi um testemunho poderoso da sua mensagem de esperança por meio da educação. Embora fosse jovem, suas palavras eletrizaram todos os que a ouviram falar:

> Queridos amigos, no dia 9 de outubro o Talibã atirou contra mim, no lado esquerdo da minha testa. Amigos meus também foram baleados. Eles pensaram que as balas nos silenciariam, mas falharam! E a partir disso o silêncio, a fraqueza, o medo e a desesperança morreram! Força, poder e coragem nasceram. [...] Estou aqui para defender o direito à educação de cada criança. [...] Devemos acreditar no poder e na força de nossas palavras. Nossas palavras podem mudar o mundo. [...] Então, vamos travar uma luta gloriosa contra o analfabetismo, a pobreza e o terrorismo, e vamos pegar nossos livros e canetas. Eles são nossas armas mais poderosas. [...] Uma criança, um professor, uma caneta e um livro podem mudar o mundo. A educação é a única solução. Educação em primeiro lugar.[70]

Malala Yousafzai acabou sendo agraciada com o Prêmio Nobel da Paz aos dezessete anos — a pessoa mais jovem a receber essa honra. Ela também recebeu 50 mil dólares do Prêmio das Crianças do Mundo, valor que ela doou imediatamente para reconstruir uma escola das Nações Unidas na Faixa de Gaza, alegando: "Sem educação, nunca haverá paz". Como uma figura de transição influente, Malala espera liderar seu país como primeira-ministra um dia.[71] Isso é que é visão.

> *Você vê as coisas e diz: "Por quê?". Mas eu sonho com coisas que nunca existiram e digo "Por que não?".*
> GEORGE BERNARD SHAW

A influência de uma pessoa comprometida com uma boa causa está ao alcance de todos os que escolhem de propósito como responder ao que lhes acontece. A coragem e a visão de Malala nos dão a base para vencer adversidades:

- Escolha se tornar uma figura de transição em sua família ou comunidade — impeça que comportamentos negativos e destrutivos continuem.

- Acredite que você tem a capacidade e o poder de escolher como reage ao que quer que lhe aconteça.

- Use o poder de uma pessoa comprometida e com visão para inspirar mudanças.

A história demonstrou que os vencedores mais notáveis em geral encontraram obstáculos dolorosos antes de triunfarem. Eles venceram porque se recusaram a desanimar com suas derrotas.
B. C. FORBES

Elizabeth Smart também exemplificou o poder da vida em crescendo ao se tornar uma figura de transição. Depois que sua provação ganhou notoriedade, o Congresso criou um programa que se tornou uma ferramenta crucial para encontrar crianças desaparecidas. Em 2003, Elizabeth e seu pai, Ed Smart, foram convidados a estar presentes quando o presidente George W. Bush sancionou a Lei de Proteção de Alerta AMBER para crianças sequestradas em todo o país (AMBER é a sigla para America's Missing: Broadcast Emergency Response, ou "Desaparecidos nos Estados Unidos: transmissão de resposta de emergência".)

Hoje esse sistema continua em expansão. A partir de janeiro de 2013, alertas AMBER passaram a ser enviados automaticamente para milhões de celulares em todo o país e, em 31 de dezembro de 2021, 1.111 crianças haviam sido resgatadas e devolvidas a suas famílias com sucesso por causa deles.[72]

Elizabeth trabalhou com o Departamento de Justiça na criação de um guia para sobreviventes intitulado *Você não está sozinho: a jornada da abdução ao fortalecimento*. O guia incentiva crianças que passaram por experiências semelhantes a não desistir, a perceber que há vida após eventos trágicos.[73]

Por meio da Elizabeth Smart Foundation, Elizabeth tranquilizou inúmeras vítimas com seu exemplo inspirador de como recuperar uma vida feliz após sofrer abuso. Ela continua contando sua história em apoio a programas de prevenção e recuperação para crianças vítimas de abuso, sequestro e pornografia na internet. Ela é uma voz potente de fortalecimento para vítimas, sobreviventes e famílias em toda parte.[74]

A Smart Foundation também se uniu ao radKIDS — "rad" sendo uma sigla para Resist Aggression Defensively ("Resistir à agressão de maneira defensiva") —, um programa sem fins lucrativos criado para prevenir crimes contra crianças. O objetivo dessa organização é ensinar as crianças a reconhecer situações perigosas e equipá-las com opções. Nos Estados Unidos, o radKIDS é líder em educação de segurança infantil, tendo treinado 6 mil instrutores para 300 mil crianças por meio de um currículo revolucionário em escolas em 46 estados dos Estados Unidos e no Canadá.

Das mais de 300 mil crianças que se formaram no programa radKIDS, foram registrados mais de 150 salvamentos de sequestros predatórios e dezenas de milhares de salvamentos de agressão sexual e potencial tráfico humano. Esses alunos formados usaram suas novas habilidades e foram devolvidos com segurança às suas famílias. As estatísticas mostram que 83% das crianças que revidam, gritam e reagem conseguem escapar do agressor. O radKIDS capacita as crianças a substituir o medo pelo enfrentamento de situações perigosas por meio das habilidades de confiança, autoestima e segurança. E, por causa das informações e do treinamento que receberam, dezenas de milhares de crianças abusadas e agredidas sexualmente se manifestaram e receberam a ajuda de que precisavam para acabar com o abuso. Milhares de outras pessoas escaparam do *bullying* e da violência entre pares.[75]

Apesar de ter sido sequestrada ainda muito jovem, Elizabeth exemplifica lindamente a vida em crescendo, mostrando ao mundo que, apesar da provação, seu trabalho e suas contribuições mais importantes estavam, e continuam a estar, definitivamente à frente dela. E, de acordo com o que C. S. Lewis observou, suas dificuldades a prepararam para um destino extraordinário que talvez só ela possa cumprir.

Aprendi que meus desafios podem me ajudar a alcançar outras pessoas com mais empatia e compreensão do que eu jamais poderia ter tido antes. Quando deparamos com um desafio, é muito fácil ficarmos bravos ou chateados. Mas, quando passamos por nosso grande teste, temos a oportunidade de alcançar outras pessoas. Somos capazes de realizar mudanças de um jeito que, de outra forma, não teríamos conseguido. Por causa do que vivi, posso ajudar outras pessoas agora. Posso alcançar outras vítimas e ajudá-las a aprender a ser felizes. [...] Se eu não tivesse tido essa experiência terrível, não tenho certeza de que teria me importado o suficiente com essas questões para me envolver. [...] Sou grata pelas oportunidades que tive de ajudar outras pessoas. Elas abençoaram minha vida. A gratidão também me ajudou a manter uma perspectiva saudável.

ELIZABETH SMART[76]

PARTE 4

A SEGUNDA METADE DA VIDA

largo (lar-go) — advérbio ou adjetivo: lento e com grande dignidade; lento, amplo, do latim largus: abundante

accelerando (ac-ce-le-ran-do) — advérbio ou adjetivo: do latim, significando [...] "acelere!"

Há coisas muito, muito melhores pela frente do que qualquer outra que tenhamos deixado para trás.
C. S. LEWIS

Anos atrás, quando eu ensinava um grande grupo sobre o que agora chamo de "conduzir a vida em crescendo", vi um homem na plateia ficar muito animado, tentando envolver as pessoas ao seu redor. Mal podia esperar para falar com ele. Após minha apresentação, ele explicou que era um juiz que completaria 65 anos no ano seguinte e que até então havia simplesmente aceitado o fato de que estava na hora de se aposentar. Uma luz se acendeu quando ele percebeu que ainda tinha mais a contribuir e estava em condições de fazê-lo. "Por que parar agora?", perguntou-se o homem. Durante anos, seu serviço exerceu impacto positivo na comunidade, e ele ainda tinha uma intensa paixão por seu trabalho. Percebeu que sua cidade precisava dele para ajudar com os problemas crescentes e complicados com os quais ele estava muito familiarizado. Ao vislumbrar seu futuro através do prisma da Mentalidade Crescendo, o homem ficou animado ao perceber que seu trabalho mais importante ainda poderia estar à sua frente.

"Aposentadoria", ou encerrar todo o trabalho em determinado período da vida, é um conceito relativamente novo. Se você olhar para trás, descobrirá que muitos grandes homens e mulheres da história nunca pararam simplesmente por causa da idade. Havia e há muitas pessoas ainda trabalhando produtivamente até os setenta, os oitenta e além — fazendo diferenças notáveis em seus campos. Hoje, CEOs, educadores, advogados, empreendedores, treinadores, políticos, cientistas, agricultores, empresários, atletas, lojistas, médicos — pessoas de todas as esferas da vida — não aceitam a noção falha de "aposentadoria" da sociedade. Continuam a contribuir, ano após ano. Há apenas uma ou duas gerações, nossos ancestrais morriam exaustos em uma idade em que, graças a avanços médicos, podemos agora esperar por uma vida plena por muitos anos mais.

Para surpresa de todos, quando eu tinha 64 anos, Sandra e eu construímos a "casa dos sonhos" que sempre desejáramos. Fizemos isso depois que a maioria de nossos nove filhos estava adulta, porque queríamos um lugar para criar uma cultura familiar maravilhosa, onde nossos netos pudessem se tornar melhores amigos dos primos e a família se reunisse para relaxar, aproveitar e se apoiar mutuamente em uma casa intergeracional.

David, um de meus filhos, não acreditava que eu empreenderia tal tarefa chegando ao "fim da minha vida", como ele imaginava. Ele me provocou, parando no canteiro de obras com os braços abertos em admiração e berrando diretamente para mim: "No pôr do sol de sua vida... e, ainda assim, ELE CONSTRÓI!".

Todos deram boas risadas, inclusive eu, mas sempre acreditei que ainda havia muito mais a fazer, com nossa família e nossa casa sendo parte notável disso. Desde a finalização, nossa casa tornou-se um lugar de renovação e refúgio, risadas e lições, um local de encontro para nossa posteridade, para ser desfrutado por muitos anos.

Quero que você perceba como é crucial estar aberto a oportunidades de servir e abençoar os outros — não importa sua idade —, porque seu melhor e mais importante trabalho ainda pode estar à sua espera! Acredito nisso de maneira absoluta. Muitas vezes, os primeiros dois terços da vida servem como preparação para o último, no qual faremos nossas melhores contribuições.

Em 1940, durante um período que foi referido como o momento mais sombrio da Grã-Bretanha, Winston Churchill disse o seguinte sobre tornar-se primeiro-ministro aos 66 anos:

Senti como se estivesse caminhando com o destino, e que toda a minha vida passada tinha sido apenas uma preparação para aquela hora e para aquela prova. [...] Eu acreditava saber muito a respeito de tudo e tinha certeza de que não falharia.[1]

Nessa altura da vida, temos mais recursos, experiência e sabedoria do que nunca. Há simplesmente muitas necessidades e muitas coisas ainda a realizar para se considerar a "aposentadoria". Você pode se aposentar de uma carreira ou de um emprego, mas nunca deve se aposentar de fazer contribuições significativas. Quantas aventuras emocionantes ainda esperam por você!

CAPÍTULO 8

Mantenha seu impulso em movimento!

Para mim, aposentadoria é morte! Não sei por que as pessoas se aposentam.
MERV GRIFFIN, famoso apresentador de televisão que criou os programas *Jeopardy* e *Roda da fortuna*

No meu livro *A 3ª alternativa*, incluí uma citação do livro *Stress: a tensão da vida*, do dr. Hans Selye, que é muito perspicaz ao abordar a aposentadoria e as consequências que a seguem:

> Com o passar dos anos, a maioria das pessoas precisa de cada vez mais descanso, mas o processo de envelhecimento não avança na mesma velocidade em todos. Muitas pessoas valiosas que ainda poderiam ter dado vários anos de trabalho útil à sociedade ficaram fisicamente doentes e prematuramente senis pela aposentadoria forçada em uma idade em que seus requisitos e habilidades para a atividade ainda eram altos. Essa doença psicossomática é tão comum que recebeu um nome: "doença da aposentadoria".

Em seu livro, o dr. Selye diferencia entre a variedade desagradável ou prejudicial de estresse, chamada "distresse" (dis = ruim), e a variedade útil, ou "eustresse" (eu = bom). O dr. Selye descobriu que a pessoa que não fica envolvida ou conectada, como fazia quando estava trabalhando, verá seu sistema imunológico ficar mais lento, e as forças degenerativas do corpo, mais aceleradas. No entanto, se ela se envolver em algum trabalho

176

ou projeto significativo, no qual encontre "eustresse" (estresse benéfico), experimentará realização e propósito.[2]

O dr. Selye acreditava que as pessoas que procuram um estado sem tensão têm na verdade uma vida útil mais curta, porque a vida é sustentada pelo eustresse, a tensão entre onde estamos agora e onde queremos estar — perseguindo algum objetivo que inspire. A vida tem mais significado quando respondemos a um trabalho que seja significativo para os outros.

Em *50 simple ways to live a longer life* [*50 maneiras simples de viver uma vida mais longa*], Suzanne Bohan e Glenn Thompson discutem o *ikigai* (uma razão de ser), uma filosofia amplamente conhecida e praticada no Japão, que promove o desenvolvimento de um propósito positivo na vida e um sentimento de satisfação. A Fundação Ikigai, promovida pelo governo japonês, incentiva a independência dos idosos para aliviar o fardo das famílias e dos sistemas sociais. Um estudo com mais de mil japoneses idosos descobriu que aqueles que praticavam o *ikigai* viviam significativamente mais do que aqueles que não o faziam. Outro estudo também relatou que "aqueles que tinham forte motivação para alcançar um propósito eram significativamente menos deprimidos do que os que não tinham motivação".[3]

Outro estudo com 12.640 húngaros de meia-idade que acreditavam que sua vida tinha sentido descobriu que eles usufruíam de taxas significativamente mais baixas de câncer e doenças cardíacas do que os que não tinham um senso de propósito. O Blue Zones Project, que estudou algumas das pessoas mais longevas do mundo, descobriu que ter um senso de propósito — ou simplesmente ter um motivo para sair da cama — era uma característica comum encontrada em muitos centenários do mundo.

"As pessoas que sentem que sua vida faz parte de um plano maior e que são guiadas por valores espirituais têm sistemas imunológicos mais fortes, pressão arterial mais baixa, menor risco de ataque cardíaco e câncer, curam-se mais rápido e vivem mais", escreve o médico Harold G. Koenig, que vem estudando esse fenômeno de forma consistente. Deepak Chopra, autor de best-sellers e cofundador do Centro Chopra para o Bem-Estar, está convencido de que "o propósito lhe dá satisfação e alegria [...] e isso pode lhe trazer a experiência da felicidade".[4]

Em seu livro de sucesso *Dare to be 100* (*Ouse completar 100 anos*), Walter Bortz, médico e autoridade respeitada em envelhecimento bem-sucedido, escreveu que, à medida que envelhecemos, nossa responsabilidade deve, ironicamente, aumentar, não diminuir. "Quanto mais velhos ficamos, mais responsáveis devemos ser, porque moldamos o ambiente ao nosso uso." Bortz acredita que devemos continuar engajados nos assuntos da vida e usar nossos talentos para um propósito maior. No entanto, como a sociedade nos condicionou a acreditar no contrário, a tendência, à medida que envelhecemos, é nos afastarmos de amigos, familiares e círculos sociais.

Bortz aconselha os idosos a se esforçarem para experimentar o "fluxo" em seu trabalho, de modo que fiquem tão imersos em projetos e empreendimentos interessantes que o tempo passe rapidamente e quase despercebido. Ele descobriu que "conduzir essa vida totalmente engajada não apenas permite que você viva mais e melhor, mas também que não sofra com uma morte lenta. Você quer ir com o pé totalmente no acelerador. Não quer ficar ocioso!".[5]

Lute contra a tendência de se afastar à medida que envelhece e, em vez disso, envolva-se em projetos que forneçam significado e propósito para você e para os outros. Não se submeta ao contágio mental e social que espalha a "doença da aposentadoria". Olhe ao redor e encontrará muitos exemplos de homens e mulheres excepcionais que levam vidas felizes e produtivas durante essa emocionante fase. A seguir, cito vários deles em diversas ocupações. Ainda têm muito a contribuir e acreditam que o antídoto para a doença da aposentadoria é *propósito*.

George Burns foi um dos poucos artistas cuja carreira atravessou com sucesso as gerações de Vaudeville, rádio, televisão, cinema, comédia *stand-up*, discos, livros e filmes — uma carreira no *show business* que durou 93 anos! Com quase oitenta anos, ele ganhou um Oscar de Melhor Ator Coadjuvante em *Uma dupla desajustada*, o ator mais velho a ganhar o prêmio. Na época, Burns não desempenhava um papel principal havia 35 anos — e brincava dizendo que sua agência queria evitar sua superexposição! Ganhar o Oscar lançou uma incrível segunda carreira em crescendo, que o manteve ocupado trabalhando em filmes e especiais de TV até depois dos noventa anos.

Na casa dos noventa anos, o lendário comediante anunciou, com o humor de "homem sério" pelo qual era famoso, que comemoraria seu aniversário de cem anos no London Palladium, dizendo: "Eu não posso morrer agora — tenho um compromisso!". Acabou escrevendo dez livros, alguns deles best-sellers e um apropriadamente intitulado *How to live to be 100 — or more* [*Como viver até os 100 anos — ou mais*]. Burns viveu o que pregou, e morreu aos cem anos, trabalhando até o fim. Ele brincava que ficaria no *show business* até ser o único que restasse. No fim, aos cem anos, ele se foi.[6]

Não há muitos pilotos da NASCAR com mais de cinquenta anos, muito menos na casa dos oitenta, mas Hershel McGriff quebrou os estereótipos de idade no mundo das corridas e surpreendeu algumas pessoas ao fazer isso. Aos 81 anos, McGriff se tornou o piloto mais velho a competir em uma corrida da NASCAR, no Portland International Raceway, terminando em 13º dentre 26. Ele não competiu apenas pela distinção de pilotar na casa dos oitenta anos — ele queria voltar ao esporte que amava e no qual correu por quase seis décadas.[7]

Enquanto muitos em seus últimos anos usam andadores e cadeiras de rodas, Hershel McGriff não conseguiu se aposentar. Doze vezes considerado o piloto mais popular do ano, foi admitido no hall da fama do automobilismo estadunidense aos 79 anos. Sua maior honra, porém, veio mais tarde, quando foi uma das cinco lendas a serem escolhidas para o NASCAR Hall of Fame — um prêmio que poucos pilotos recebem.[8]

McGriff comentou: "Pensei que, quando chegar aos oitenta anos, quero experimentar uma corrida de pista curta em algum lugar, só para ver se consigo acompanhar os jovens!". Claro que ele o fez, competindo no Sonoma Raceway aos 84 anos.[9]

Pesquisas demonstraram que continuar trabalhando até uma idade avançada pode contribuir para a longevidade. Um estudo que acompanhou 3,5 mil funcionários da Shell Oil descobriu que aqueles que se aposentavam aos 55 anos tinham duas vezes mais chances de morrer durante os próximos dez anos do que pessoas da mesma idade que continuavam trabalhando. Um estudo europeu que acompanhou 16.827 homens e mulheres gregos por doze anos descobriu que aqueles que se aposentaram precocemente tiveram uma taxa de mortalidade 50% maior do que os que continuaram trabalhando. "Um trabalho é provavelmente a maneira mais fácil de ajudar você a sentir que sua vida tem propósito. Por isso, considere manter-se trabalhando o máximo de tempo possível", diz o médico Robert N. Butler, diretor fundador do Instituto Nacional do Envelhecimento dos Estados Unidos.[10]

Em 2018, Arthur Askin foi um dos três cientistas da área de estudos com lasers premiados com o Prêmio Nobel por suas contribuições à física. Aos 96 anos, acreditava-se que ele seria a pessoa mais velha a receber essa honra. Essa conquista parecia ser o ponto alto e a conclusão de uma longa e bem-sucedida carreira científica, mas Askin não via dessa forma. Ele "disse ao comitê do Nobel que talvez não estivesse disponível para entrevistas sobre o prêmio por estar muito ocupado trabalhando em seu próximo artigo científico". Nitidamente, Arthur Askin ainda tinha muito mais a contribuir para o campo científico e não queria ficar parado![11]

No entanto, em outubro de 2019, o alemão John B. Goodenough obteve a honra de ser o mais velho ganhador do Prêmio Nobel. Aos 97 anos, Goodenough ganhou o prêmio em química por sua pesquisa sobre baterias de íons de lítio usadas em notebooks e smartphones. "Fico extremamente feliz", disse ele a repórteres, "que as baterias de íons de lítio tenham ajudado pessoas a se comunicarem em todo o mundo". Ele continuou trabalhando em seu laboratório, sem planos de se aposentar.[12]

Irma Elder não planejava trabalhar nos negócios da família, mas, quando seu marido teve um ataque cardíaco e morreu inesperadamente, essa mãe de três filhos, uma tímida dona de casa de 52 anos, de repente se viu diante de uma grande decisão: podia vender a problemática concessionária Ford do marido em Detroit por quase nada ou tentar administrá-la ela própria. Irma descobriu que tinha um talento especial para transformar uma concessionária de carros problemática em um sucesso. Aprendeu a discutir com fabricantes, banqueiros e empresas de crédito, e trabalhou durante os vinte anos seguintes, abrindo sua nona e décima concessionárias quando se aproximava dos oitenta anos. Ela acabou ficando entre os principais vendedores de Jaguar do mundo, e o Elder Automotive Group tornou-se uma das maiores empresas hispânicas dos Estados Unidos.

"Se me perguntar quando vou me aposentar, vou dizer que será quando eu parar de me divertir!", diz a avó de três. "Trabalhar me deixa viva." Ela também é uma mulher pioneira no setor. "Acho que ainda existe a percepção de que as mulheres não podem dirigir concessionárias de carros", comenta. "Mas qual é o segredo? Eu apenas aceito, e sei que vou quebrar o teto de vidro. Com a idade vem a paciência."[13]

Aos 65 anos, Elliott Carter ganhou seu segundo Prêmio Pulitzer de música por seu Quarteto de Cordas nº 3 e, aos 86 anos, recebeu seu primeiro Grammy, por um concerto para violino. Aos noventa, chocou o mundo da música ao experimentar um novo gênero, a ópera. O *Boston Globe* escreveu sobre seu trabalho operístico em uma crítica entusiasmada intitulada "O que vem a seguir?". Em seus últimos anos, Carter foi surpreendentemente ativo, publicando mais de quarenta obras entre os noventa e os cem anos de idade. "Isso é o que eu chamo de 'desabrochar tardio'! Levei muito tempo para descobrir coisas que eu tinha em mente que não conseguia cristalizar de forma clara", explica Carter. "É como aprender uma nova língua. Depois que desenvolvemos o vocabulário básico, fica mais fácil e instintivo."

Durante anos, a rotina de Carter foi levantar-se de manhã cedo para compor quando sentia que estava em seu pico mais criativo. Ele publicou vinte peças depois de completar cem anos, e seu último trabalho foi concluído aos 103 anos, três meses antes de falecer. Ele surpreendeu a indústria musical, compondo até sua 11ª década de existência, trabalhando até o fim da vida. Sendo um dos compositores mais importantes e duradouros da música contemporânea dos Estados Unidos, sua vida mostra como "coisas boas vêm para quem espera".[14]

Aos sessenta anos, Clayton Williams decidiu que era hora de encerrar uma bem-sucedida carreira de quarenta anos na engenharia como proprietário e diretor da Williams Equipment & Controls Co. Mas não foi para jogar golfe e relaxar, ou mesmo viajar pelo mundo, que Clayton tomou essa decisão. Em vez disso, se lançou corajosamente em uma carreira totalmente diferente, em outra direção: como artista. Ele sempre pintou por hobby e, como a mãe, tinha um olho afiado para a beleza. Naquele momento, sentiu que era a hora certa de entrar para o mundo da arte. Embora a maioria possa considerar a engenharia e a arte diametralmente opostas, Clayton não se intimidou ao iniciar uma carreira completamente diferente mais tarde na vida e estava ansioso para começar a usar mais o lado direito do cérebro.

Depois de trabalhar em tempo integral em suas habilidades de pintura, logo abriu a Williams Fine Art, uma galeria de arte onde poderia exibir e vender as próprias pinturas e as de outros artistas. Ele exibia e vendia pinturas de artistas antigos e atuais, arte regional do oeste estadunidense, e adorava promover jovens artistas com talento que ainda não houvessem vendido suas peças. Clayton estudou e aprendeu com mentores confiáveis e logo estava ministrando uma variedade de seminários de arte para outras pessoas. Entrou em mostras de arte, exibiu pinturas em sua própria exposição individual e teve outras publicadas em diversos livros e revistas de arte. Aos 89 anos, continuou trabalhando em tempo integral em sua galeria de arte, afirmando: "Eu não sei não trabalhar. Meus amigos jogam golfe e bridge e, embora isso seja bom, não seria o suficiente para mim. Adoro estar sempre trabalhando em um projeto atual com um desafio e uma recompensa. Fico animado com o que cada dia prepara para mim!".

Clayton pintou e vendeu milhares de seus próprios quadros, e deu muitos para a família.

Além de colecionar e vender pinturas, Clayton serviu com diligência por décadas em vários conselhos de arte e de caridade em sua comunidade. Ele também iniciou sua própria fundação, que atende a muitos necessitados — fornecendo aulas particulares para alunos vulneráveis, patrocinando bolsas de estudos do Ensino Médio para estudantes de baixa renda e fornecendo refeições para moradores de rua —, além de se envolver com outros projetos necessários em sua comunidade.

Embora Clayton ganhasse bem, o dinheiro nunca foi a força motriz de sua arte. Ele facilmente tomou a decisão de doar um desenho raro de um artista importante do oeste estadunidense chamado Maynard Dixon a um museu de arte local, para que milhares de pessoas o apreciassem ao longo dos anos, em vez de apenas vendê-lo a uma única pessoa. Também doou várias outras pinturas valiosas para museus de arte em vez de lucrar com elas.

Depois de trabalhar por 32 anos em sua galeria e pintar até os oitenta, aos 94 anos ele vendia pinturas de sua casa, ainda fortemente envolvido e contribuindo para o mundo da arte. Embora tenha enfrentado desafios de saúde ao longo da vida, ele surpreendeu os adversários mais jovens jogando competitivamente no tênis individual até os 85 anos.

Clayton ficou tudo, menos ocioso: manteve-se fortemente envolvido em vários projetos e viveu em crescendo. Todos os dias mantinha a mente afiada trabalhando no computador e escrevendo a história de vida de sua mãe, compartilhando ideias sobre o crescimento de sua fundação, servindo em um conselho de arte, conectando pessoas que lhe traziam obras para vender e trabalhando em livros de arte a serem publicados. E adorando passar o tempo com sua grande posteridade.

Olhando para trás, ele disse: "Meus últimos anos de arte foram os mais gratificantes porque pude contribuir para a sociedade e retribuir. Fiz muitos novos amigos e tem sido uma bênção sentir que contribuí com algo de valor". E, surpreendentemente, permaneceu à procura dos próximos "desafio e recompensa" à sua frente.[15]

Aos 79 anos, Barbara Bowman trabalhou por oito anos para supervisionar programas para 30 mil crianças como chefe do escritório de Educação Infantil de Chicago. Conhecida como pioneira no campo da Educação Infantil, Barbara foi uma defensora das crianças ao longo da carreira. Especialista em Educação Infantil, de renome internacional, trabalhou como professora, palestrante, autora e administradora, além de ser uma das três cofundadoras do Instituto Erikson (fundação para estudos avançados em desenvolvimento infantil), do qual acabou sendo presidente. Bowman buscou incansavelmente um treinamento de maior qualidade e mais extenso para a Educação Infantil e, aos 81 anos, atuou como consultora do secretário de educação dos Estados Unidos no governo do presidente Obama.[16]

Professora de coração, com amor pelas crianças, aos 91 anos ela continua ativa em causas educacionais e gosta de convidar de quinze a 25 pessoas todos os domingos para jantar em sua casa. "Faço isso há cinquenta anos", explica ela. "É o que me mantém jovem."

Barbara acredita que a idade lhe dá uma vantagem marcante, dizendo: "Você pode fazer o que acha certo sem se preocupar com a carreira. [...] E há um senso de urgência que vem com a idade — como não sei quanto tempo me resta, não o desperdiço com coisas desimportantes".[17]

Veja, não estou compartilhando tal diversidade de histórias e exemplos para você sentir culpa. Espero que isso inspire você a considerar o que também pode fazer durante esse momento crucial da vida. Meu objetivo é injetar em você a ideia da "doença da aposentadoria", fazer com que busque um propósito, acreditando que esta fase da vida pode ser de oportunidade e realização. George Bernard Shaw realmente resumiu este capítulo:

Esta é a verdadeira alegria da vida: ser usado para um propósito reconhecido por você mesmo como poderoso, ser uma força da natureza, em vez de um emaranhado febril e egoísta de doenças e queixas, reclamando que o mundo não se dedica a fazer você feliz. Sou da opinião de que minha vida pertence a toda a comunidade e, enquanto eu viver, é meu privilégio fazer por ela o que posso. Quero estar completamente esgotado quando morrer, pois, quanto mais trabalho, mais vivo. Alegro-me com a vida em si mesma. Para mim, a vida não é uma vela breve. É uma espécie de tocha esplêndida que tenho em mãos no momento, e quero fazê-la queimar o mais brilhante possível antes de entregá-la às gerações futuras.[18]

Transição de carreira para contribuição

Mas e se você for alguém que não sente ter muito em comum com os chamados "super-realizadores"? Talvez não consiga aceitar o mantra pessoal de Shaw, de que tornar o mundo um lugar melhor seja onde está a verdadeira alegria. Talvez esteja fazendo questionamentos como:

- E se eu gostar da ideia de largar o trabalho para jogar golfe ou viajar?

- Por que essas pessoas [loucas] querem trabalhar tanto tempo?

- Estou cansado. De onde vem esse tipo de energia, compromisso e paixão?

- O desejo de continuar trabalhando, servindo e contribuindo é algo com que se nasce ou é mais como uma escolha?

- Todos são capazes de fazer tal escolha?

Primeiro, o que estou propondo não é que todos devam trabalhar até cair! Se não quer continuar trabalhando até os setenta, oitenta ou noventa anos, você definitivamente não está sozinho. À medida que envelhece, pode optar por não manter uma agenda das nove da manhã às cinco da tarde. É mais provável que queira fazer coisas para as quais não teve tempo enquanto trabalhava em período integral. É um momento ideal e perfeito para adotar novos hobbies, passar mais tempo com a família e os amigos, viajar e desfrutar de algum tempo de inatividade. Tudo isso são coisas boas para fazer nessa fase da vida.

Dito isso, no entanto, espero inspirar você a extrair de si todas as contribuições que tem para dar. Pode se aposentar de um emprego, mas, por favor, nunca se aposente de fazer *contribuições* extremamente significativas na vida. O que proponho é que todos olhemos para a aposentadoria através de uma nova lente, de um paradigma diferente. Um paradigma crescendo de conscientemente escolher passar de uma vida dominada pelo trabalho e pela carreira para uma vida focada na contribuição.

O que é a minha vida se não sou mais útil para os outros?
JOHANN WOLFGANG VON GOETHE

Warren Bennis, conhecido como pioneiro em estudos de liderança, escreveu mais de trinta livros de sucesso sobre esse tema. Ele continuou a trabalhar e escrever em seus setenta e oitenta anos, lançando sua biografia, *Still surprised* (*Ainda surpreso*), aos 85. Em um artigo intitulado "Reflexões sobre a aposentadoria", Bennis sugeriu duas ideias básicas sobre como via essa fase posterior da vida, com as quais concordo absolutamente:

Primeiro, as pessoas bem-sucedidas estão sempre em transição. "Essas pessoas nunca param. Elas seguem em frente. Nunca pensam em realizações passadas ou em aposentadoria." Bennis admirava pessoas como Winston Churchill, Clint Eastwood, Colin Powell, Grace Hopper, Bill Bradley e Kay Graham (entre outros), dizendo: "Todas essas pessoas começaram tarde, mas simplesmente continuaram a crescer, sem nunca parar. Não falavam sobre aposentadoria ou realizações passadas [...] estavam sempre ocupadas redesenhando, recompondo e reinventando a própria vida".

Em segundo lugar, as pessoas bem-sucedidas na carreira e na vida também são bem-sucedidas em suas transições à medida que continuam a envelhecer. Ao estudar líderes excepcionais, Bennis identificou cinco características de transições bem-sucedidas. Pense nisso pelo paradigma da contribuição e da Mentalidade Crescendo — aqueles na "segunda metade da vida" que procuram fazer a transição de trabalhar em uma carreira para trabalhar fazendo contribuições significativas.

1. Eles têm um forte senso de propósito, uma paixão, uma convicção, um sentimento de querer desempenhar algo importante para fazer a diferença.

2. São pessoas capazes de desenvolver e sustentar relacionamentos profundos e de confiança.

3. São portadores de esperança.

4. Parecem ter um equilíbrio na vida entre trabalho, poder e atividades familiares ou externas. Não vinculam toda a sua autoestima à posição que ocupam.

5. Tendem à ação. São pessoas que parecem não hesitar em correr riscos; embora não sejam imprudentes, são capazes de se mover. Amam aventuras, desafios e promessas.[19]

Quase todo mundo conhece pessoas na casa dos setenta, oitenta e até noventa anos que têm essas características e ainda trabalham e gostam de atividades que seus pares deixaram de fazer anos antes. Se têm a sorte de manter a saúde física e mental, ainda são capazes de realizar muito e são parte essencial da vida familiar e comunitária.

Ao longo de sua carreira estelar, Crawford Gates foi compositor e arranjador, publicou e gravou trilhas sonoras de filmes e liderou as sinfonias de Beloit-Janesville, Quincy e Rockford em Illinois, onde compôs muitas sinfonias originais.

Aos 78 anos, e muito depois do que só pode ser chamado vagamente de sua "aposentadoria", Gates compôs seis sinfonias adicionais — uma para a National Music Fraternity, para comemorar o centésimo aniversário da instituição. Desde então, compôs vinte peças adicionais, além de uma ópera. Aos noventa anos, mantinha uma agenda vigorosa, compondo música durante quatro horas pela manhã (das oito ao meio-dia) e depois mais duas horas à tarde, cinco dias por semana. Antes de morrer, em 2018, aos 96 anos, Gates estava sempre trabalhando em alguma coisa, e normalmente tinha seis ou mais peças em andamento. "É tão emocionante agora como sempre foi", dizia ele. "É uma atitude." A esposa dele, Georgia, foi uma pianista muito talentosa e, com mais de oitenta anos, se voluntariava alguns dias por semana para tocar piano para turnês em um centro de conferências local. Georgia cunhou a filosofia dos dois com uma frase perspicaz: "É preciso manter o ritmo".[20]

Adoro esta ideia: "Mantenha o ritmo!". Continue seguindo em frente, mesmo que não esteja mais trabalhando em um emprego ou carreira. O que você aprendeu pode ser muito útil e valioso para outras pessoas que não tiveram sua experiência. Imagine se todos que se aposentaram profissionalmente olhassem ao redor para contribuir e compartilhassem de bom grado o que levaram uma vida inteira para adquirir? Se escolher de modo consciente viver em crescendo e acreditar que tem mais a aprender, contribuir, quanta diferença poderá fazer nos próximos anos? A abordagem oposta é acreditar que já deu o seu melhor e não há mais nada a oferecer no futuro. Assim, você estaria retrocedendo e vivendo em diminuendo.

Quem para de aprender fica velho, seja aos vinte ou aos oitenta anos. Quem continua aprendendo permanece jovem.
HENRY FORD

A sociedade tem um conceito equivocado e prejudicial de que, à medida que envelhecemos, há apenas duas opções: trabalhar ou se aposentar! Não precisa ser um ou outro. A terceira alternativa — *fazer uma contribuição* — engloba as duas coisas. Essa é a mudança de paradigma que estou propondo neste estágio crucial. Imagine o seguinte:

Quando vejo a expressão "aposentar-se", só penso em olhar para trás, olhar para baixo, submissão, retraimento. A Mentalidade Crescendo sugere o contrário: é *accelerando*! Ou seja, acelerar! Quando acelera, naturalmente não tem tempo para olhar para trás ou para baixo; você deve olhar para frente, para cima — mantendo o foco em fazer algo acontecer bem na sua frente.

Eu me inspiro em dois grupos de pessoas nesta segunda metade da vida. Há aqueles que se "aposentaram" ou deixaram seus empregos diários, mas ainda trabalham em projetos significativos e contribuem de outras formas. E há aqueles que não se "aposentaram" na idade tradicional, mas continuam trabalhando aos setenta, oitenta e até noventa anos. O fator comum é que ambos os grupos ainda desejam contribuir, visando realizar um importante trabalho que está à sua frente. Tais pessoas podem ou não ter feito grandes coisas em seus primeiros anos, mas saem da cama todos os dias com uma atitude de ainda querer tornar a vida melhor para o outro.

O que poderia ser mais importante que isso?

Nós ganhamos a vida com o que recebemos, mas fazemos a vida com o que damos.
Frase atribuída a WINSTON CHURCHILL

O Projeto Longevidade

Sabemos que não é bom se aposentar e ir para a praia. Mas também não é bom ficar em um trabalho chato e estressante. Precisamos pensar em negociar essas transições de maneira saudável.
DR. HOWARD FRIEDMAN

Há um fascinante estudo de oitenta anos analisado em *O Projeto Longevidade*, do dr. Howard Friedman e da dra. Leslie Martin, ambos psicólogos. Esse projeto começou em 1921, quando Lewis Terman, um psicólogo de Stanford, pediu a professores de São Francisco que identificassem as crianças de dez e onze anos mais brilhantes para que ele pudesse acompanhá-las e talvez identificar os primeiros sinais de alto potencial. Acabou selecionando 1.528 crianças e começou a observá-las, primeiro quando crianças, brincando, depois à medida que cresciam. Terman entrevistou as crianças e os pais delas com regularidade e acompanhou a vida delas de forma contínua durante décadas, estudando seus traços de personalidade, hábitos, relacionamentos familiares, influências, genes, aptidão acadêmica e estilo de vida.[21]

Em 1956, após 35 anos de coleta de informações, Lewis Terman morreu aos oitenta anos, mas sua equipe deu continuidade à pesquisa. Em 1990, o dr. Howard Friedman e sua assistente de pós-graduação Leslie Martin perceberam a amplitude e a singularidade da pesquisa do dr. Terman e decidiram continuar de onde ele havia parado. Com décadas de dados à disposição, continuaram fazendo as mesmas perguntas e analisando por que alguns dos sujeitos adoeciam e morriam aparentemente antes do tempo, ao passo que outros desfrutavam de saúde e longevidade.

Friedman e Martin pretendiam estudar as descobertas de Terman e continuar a pesquisa por um ano, mas acabaram trabalhando por mais vinte anos no projeto, finalmente publicando suas descobertas em 2011. Sendo uma pesquisa de oito décadas extremamente valiosa e única, *O Projeto Longevidade* tornou-se um dos estudos mais importantes em psicologia já publicados, pois acompanhou, da infância até a morte, um único conjunto de participantes.

Friedman e Martin afirmam que os fatores genéticos oferecem apenas parte da explicação sobre por que determinadas pessoas desfrutam de saúde melhor e vivem mais. Surpreendentemente, alguns dos resultados põem em xeque muitas crenças antigas sobre saúde, felicidade e longevidade. A partir de um artigo do *Reader's Digest* sobre *O Projeto Longevidade*, aqui estão algumas conclusões resumidas que dizem respeito especificamente à Mentalidade Crescendo:

1. A felicidade é um resultado, não uma causa

"Está bem estabelecido que pessoas felizes são mais saudáveis", escreveu Friedman. "As pessoas acreditam que a felicidade as leva a ser mais saudáveis, mas não encontramos isso. Ter um trabalho no qual você se sente envolvido; uma boa educação; um relacionamento bom e estável; estar envolvido com outras pessoas — essas coisas causam saúde e felicidade."

Em outras palavras, pelas descobertas do estudo, parece que você pode criar a própria felicidade e escrever o próprio roteiro se estiver envolvido em certas coisas, e muitas delas você pode controlar:

- Escolher um trabalho que lhe interesse e seja desafiador.

- Escolher uma educação formal para aprimorar suas habilidades naturais.

- Escolher conectar-se com os outros de maneira positiva.

Esses pontos se combinam para criar uma atmosfera de felicidade em sua vida e podem levar a um estilo de vida mais saudável também.

2. O estresse não é tão ruim

"Estamos sempre ouvindo sobre os perigos do estresse, mas as pessoas que se mantiveram mais envolvidas e dedicadas a realizar as coisas permaneceram mais saudáveis e viveram mais", escreveu Friedman. "Não é bom se sobrecarregar pelo estresse, mas as pessoas que mais prosperaram foram aquelas que não tentaram relaxar ou se aposentar cedo, mas aceitaram desafios e foram persistentes."[22]

Essa descoberta coincide com o que o dr. Selye diz sobre o "eustresse" — o bom estresse — e o quanto é importante e saudável experimentá-lo regularmente, sobretudo na velhice. Estar sob alguma pressão para produzir ou ter expectativas a cumprir faz o sangue fluir e nos motiva a realizarmos e nos esforçarmos de maneira positiva.

Em uma entrevista à Associação Americana de Psicologia, o dr. Friedman explica:

Há um terrível mal-entendido sobre o estresse. Um distúrbio fisiológico crônico não tem nada a ver com trabalho duro, desafios sociais ou carreiras exigentes. As pessoas estão recebendo conselhos ruins para desacelerar, ter calma, parar de se preocupar e se aposentar na Flórida. O Projeto Longevidade descobriu que quem mais trabalhou viveu por mais tempo. Os empreendedores responsáveis e bem-sucedidos prosperaram em todos os sentidos, em especial se eram dedicados a coisas e pessoas além de si mesmos.[23]

Se não se lembrar de mais nada desta seção, lembre-se do seguinte: pessoas que permanecem altamente envolvidas em empreendimentos significativos vivem mais.

3. O exercício físico é importante, se você sentir prazer

Friedman e Martin descobriram que se forçar a fazer exercícios pode sair pela culatra. O exercício físico é importante, mas é ainda mais importante gostar do que se está fazendo do que simplesmente fazê-lo. Também nunca é tarde para começar, mesmo depois de muito tempo sedentário. O exercício pode ter um grande impacto no resto de sua vida se você simplesmente começar. Friedman explica: "Estamos realmente falando aqui sobre a diferença entre as pessoas que adoecem e morrem aos cinquenta e sessenta anos e as que vivem bem até os setenta, oitenta e noventa anos".[24]

Dick Van Dyke, cuja carreira já dura mais de sete décadas, faz um esforço consciente para ir à academia e se exercitar todos os dias, quer queira, quer não: "No instante que ficamos sem atividades e algo para fazer, começamos a enferrujar", diz o ator. "As pessoas aceitam todas as enfermidades da idade com muita facilidade. Elas dizem: 'Bem, não consigo mais fazer isso, então acabou'. Mas a verdade é que conseguimos, sim! Nunca é tarde demais. Uma pessoa de noventa anos pode se levantar e começar a se mexer um pouco e se surpreender com o que acontece." Em 2018, aos 93 anos, Dick Van Dyke encantou os fãs ao estender sua carreira de ator e aparecer em *O retorno de Mary Poppins*, provando que ele definitivamente pratica o que prega.[25]

Sempre acreditei que precisamos manter o corpo em movimento e comer de forma saudável na maior parte do tempo para obter o máximo de resultados. Manter o corpo em forma reflete a "lei da colheita" — nós colhemos o que plantamos. É importante reservar um tempo para "afiar a serra" diariamente (o que chamei de 7º hábito), praticando princípios de autorrenovação equilibrada. Ao longo dos anos, descobri que, se mantivesse minha rotina matinal de andar de bicicleta ergométrica e ler literatura inspiradora, isso, além de me manter em forma, me motivaria a trabalhar para melhorar e alcançar meus objetivos.

4. Um lampejo não dura — ser consciencioso, sim

O estudo do Projeto Longevidade revelou segredos surpreendentes. "O principal indicador de personalidade de uma vida longa era algo que nunca esperávamos: ser consciencioso", escreveu Friedman. "Nossos estudos sugerem que uma sociedade com cidadãos mais conscientes e orientados para objetivos, bem integrados em suas comunidades, provavelmente será importante para a saúde e a vida longa. Essas alterações de paradigma envolvem mudanças lentas, passo a passo, que se desdobram ao longo de muitos anos."[26]

E não é ser consciencioso apenas em relação às próprias vida e carreira, mas também aos relacionamentos significativos, que prolongam a vida. O dr. Friedman explica ainda:

> Como *baby boomer*, é natural eu pensar no que devo fazer na próxima fase da minha vida. Felizmente, a consideração cuidadosa é uma parte fundamental de um dos caminhos saudáveis que chamamos de "alto nível". Esse indivíduo é do tipo consciencioso, com bons amigos, um trabalho significativo e um casamento feliz e responsável. O planejamento cuidadoso e a perseverança que essas pessoas investem em suas carreiras e seus relacionamentos promovem uma vida longa de forma natural e automática, mesmo quando surgem desafios. Por ironia, esses realizadores prudentes e persistentes, com famílias e redes sociais estáveis, costumam ser os mais preocupados com o que deveriam fazer para se manter saudáveis. Mas eles já estão fazendo isso.[27]

5. Mantenha-se envolvido em um trabalho significativo à medida que envelhece

Como a expectativa de vida aumentou e a enorme geração *baby boomer* está agora branqueando os cabelos, os idosos dos Estados Unidos superam os pré-escolares numa proporção de mais de dois para um. Susan Perlstein, fundadora do Centro Nacional do Envelhecimento Criativo, alega que os idosos precisam estar continuamente envolvidos em atividades e comunidades para otimizar sua saúde emocional e física: "Envolver-se em expressão criativa de fato melhora a saúde. A principal doença mental em adultos mais velhos é a depressão. Isso ocorre porque as pessoas não têm coisas significativas e com propósito para fazer", diz Perlstein.[28]

Esse achado significativo reforça a ideia principal desta seção: viver a Mentalidade Crescendo, especificamente na segunda metade da vida, não apenas promove maiores propósito e significado na existência, como também tem o potencial de aumentar sua duração e sua qualidade. Em 1997, aos 62 anos, Julie Andrews fez uma cirurgia para remover um cisto não canceroso que danificou de maneira permanente suas cordas vocais e a deixou incapaz de usar a voz para cantar novamente. "Entrei em depressão — parecia que eu havia perdido minha identidade", admitiu ela.[29] Antes disso, Julie havia sido uma figura lendária na indústria do entretenimento, conhecida por sua bela voz de soprano na Broadway e no West End de Londres e em filmes clássicos de Hollywood, como *Mary Poppins* e *A noviça rebelde*.

Ela contou que, no início, ficou em total negação, mas depois sentiu que precisava fazer alguma coisa. "O que digo em *A noviça rebelde* é verdade... uma porta se fecha, e uma janela se abre." Isso a forçou a desenvolver outras saídas criativas, e Julie começou a escrever vários livros infantis com sua filha Emma. No fim, as duas foram coautoras de mais de vinte livros para crianças, incluindo um livro e uma série que ficaram entre os mais vendidos do *New York Times*, *The very fairy princess* (*A princesa muito encantadora*). Trabalhar com crianças levou a vida de Andrews a uma direção totalmente diferente, cativando um público de uma nova geração.

Se não tivesse perdido a voz, Julie diz que "jamais teria escrito tantos livros. Eu nunca teria descoberto esse prazer". Isso também lhe deu uma nova identidade, diferente da que tinha antes, mas ainda assim gratificante.[30] Aos 84 anos, ela escreveu um segundo livro de memórias, cobrindo seus anos em Hollywood, e está descobrindo importantes trabalhos e contribuições ainda por vir.[31]

Quando uma porta de felicidade se fecha, outra se abre; mas muitas vezes olhamos tanto para a porta fechada que não vemos a que foi aberta para nós.

HELEN KELLER

6. Mantenha uma rede social forte

Quando perguntado em entrevista pelo *New York Times* a respeito de qual era a condição social mais preponderante para garantir uma vida longa, a resposta de Friedman foi clara: uma rede social forte. As viúvas vivem mais do que os viúvos. Friedman explica: "As mulheres tendem a ter redes sociais mais fortes. Os genes constituem cerca de um terço dos fatores que levam à vida longa. Os outros dois terços têm a ver com estilo de vida e oportunidades".[32]

Descobri que as pessoas que ainda estão ativas com setenta, oitenta e noventa anos reconhecem a importância de manter as amizades vivas e em expansão. Ouvi falar de um grupo de mulheres mais velhas que são amigas desde o Ensino Fundamental e formaram um "clube da amizade" no Ensino Médio. Desde então, elas se encontram todas as quartas-feiras à noite para conversar sobre a vida umas das outras, compartilhar uma refeição, fazer artesanato ou concluir um projeto de serviço juntas. Esse clube tem sido sua tábua de salvação, pois muitas lidaram com os altos e baixos normais da vida, desde problemas de saúde até a perda dos cônjuges. A conexão semanal não apenas preservou sua amizade, mas lhes deu um motivo para continuar a viver.

No periódico *PLoS Medicine* (Public Library of Science, "biblioteca pública de ciências"), os professores Julianne Holt-Lunstad e Timothy Smith estudaram a influência e o poder dos relacionamentos na vida das pessoas, e os resultados são surpreendentes. A pesquisa deles mostrou que relacionamentos saudáveis melhoram as chances de sobrevivência em 50%. Por sete anos e meio, esses pesquisadores mediram a frequência da interação humana, acompanharam os resultados de saúde e analisaram dados de 148 estudos longitudinais publicados anteriormente. Eles descobriram que não ter conexões vibrantes produz aproximadamente o mesmo impacto na longevidade que fumar quinze cigarros por dia, é equivalente a ser alcoólatra, sendo mais prejudicial do que não se exercitar e duas vezes mais prejudicial do que a obesidade.

"E esse efeito não é um caso isolado dos adultos mais velhos", disse Smith. "Os relacionamentos fornecem um nível de proteção em todas as idades. Como seres humanos, nós tomamos os relacionamentos como algo certo. [...] A interação constante não é apenas benéfica psicologicamente, mas afeta de maneira direta nossa saúde física."[33]

Friedman resumiu suas descobertas da seguinte maneira:

"Os entrevistados do estudo que se saíram melhor na loteria da longevidade tendiam a ter:

- Um nível bastante elevado de atividade física.

- O hábito de retribuir à comunidade.

- Uma carreira próspera e de longa duração.

- Um casamento e uma vida familiar saudáveis.

Estando envolvidas, trabalhando duro, sendo bem-sucedidas e responsáveis — não importa em que área estivessem —, as pessoas tinham maior probabilidade de viver mais.

Quem viveu mais:

- Permaneceu ativo e produtivo em todas as idades e etapas da vida e à medida que envelhecia.

- Encontrou maneiras de permanecer socialmente conectado e envolvido em um trabalho significativo.[34]

Em outras palavras, essas pessoas longevas aumentaram muito seu Círculo de Influência para não apenas incluir os outros, mas também se afetar de maneira positiva. Mais provas podem ser encontradas no estudo "Work in retirement: myths and motivations" ("Trabalho na aposentadoria: mitos e motivações"), realizado pela Merrill Lynch e pela empresa de pesquisa Age Wave, que examinou como os estadunidenses mais velhos estão mudando a demografia da força de trabalho. "Aposentadoria" costumava significar o fim do trabalho, mas esse estudo conclui que a maioria das pessoas continuará trabalhando depois de se aposentar — muitas vezes de maneiras novas e diferentes.

Quase metade (47%) dos aposentados de hoje dizem que trabalham ou planejam trabalhar durante a aposentadoria. Mas um percentual ainda maior (72%) de pré-aposentados com mais de cinquenta anos diz que quer continuar trabalhando depois de se aposentar. O departamento de estatísticas de trabalho dos Estados Unidos informou que 32,7 milhões de pessoas com mais de 55 anos estavam empregadas em setembro de 2014, e isso é superior aos 21,7 milhões que trabalhavam na mesma idade há apenas dez anos.

As razões para essa mudança são variadas. A percepção de idade avançada mudou, resultando no que o estudo chama de "revisão da vida avançada". O aumento da expectativa de vida, com uma melhor saúde geral durante esses últimos anos, também tornou o trabalho após a aposentadoria uma opção viável. Esse estudo de referência — baseado em uma pesquisa com 1.856 aposentados que trabalham e cerca de 5 mil pré-aposentados e aposentados que não trabalham — dissipa quatro importantes conceitos equivocados sobre aposentadoria.

Mito 1: *A aposentadoria significa o fim do trabalho.*

Realidade: Mais de sete em cada dez pré-aposentados dizem que querem trabalhar na aposentadoria. Se eu pudesse escolher, no futuro seria mais incomum que os idosos não trabalhassem.

Mito 2: *A aposentadoria é um momento de declínio.*

Realidade: Uma nova geração de aposentados que trabalham é pioneira em uma aposentadoria mais engajada e ativa — o novo ambiente de trabalho de aposentadoria — composta por quatro fases diferentes: (1) pré-aposentadoria, (2) intervalo de carreira, (3) reengajamento e (4) lazer.

Mito 3: *As pessoas trabalham na aposentadoria principalmente porque precisam do dinheiro.*

Realidade: O estudo encontrou quatro tipos de aposentados que trabalham: realizadores motivados, colaboradores preocupados, equilibristas de vida e ganhadores diligentes. Enquanto alguns trabalham principalmente por dinheiro, muitos outros são motivados a trabalhar por importantes razões não financeiras:

- 65% para permanecer mentalmente ativos.

- 46% para se manter fisicamente ativos.

- 42% para ter conexões sociais.

- 36% para ter um senso de identidade/valor próprio.

- 31% para encarar novos desafios.

- 31% pelo dinheiro.

Mito 4: *Novas ambições de carreira são para os jovens.*

Realidade: Quase três em cada cinco aposentados iniciam uma nova linha de trabalho, e os aposentados que trabalham são três vezes mais propensos a ser empreendedores que os pré-aposentados. Muitos descobriram que a experiência acumulada em seus anos profissionais era valiosa demais para ser colocada na prateleira e deixar de ser usada apenas porque haviam completado 65 anos.[35]

A oportunidade de trabalhar além da idade normal de aposentadoria existe, mas é importante planejar-se para isso. Aqueles que são saudáveis o suficiente e têm o desejo de trabalhar até os setenta, oitenta e, inclusive, noventa anos têm muitas vantagens e muito a oferecer com a experiência e o conhecimento adquiridos ao longo da vida — algo que *O Projeto Longevidade* documenta e o estudo Merrill Lynch/Age Wave sustenta.

Sem aposentadoria da contribuição

Mesmo quando se aposentar de um emprego ou carreira, você nunca deve se aposentar da contribuição. Você nunca deve se aposentar de prestar serviços na família, na vizinhança e na comunidade, de servir em sua igreja, na escola local, em uma instituição de caridade digna ou de apoiar alguma grande causa que precise de voluntários. Nunca deve deixar de responder perceptivamente às muitas necessidades daqueles que vê em seu Círculo de Influência. Não pense que precisa viajar para algum lugar longe para fazer isso. Simplificando: olhe ao redor, identifique as necessidades e responda!

Aos 77 anos, Hesther Rippy mudou-se do Texas para Lehi, Utah, com o objetivo de mimar seus netos, que moravam nas proximidades. Ela fez isso, mas também encontrou em seu novo bairro uma grande causa em que podia ajudar: melhorar a alfabetização da comunidade. Em vez de se sentir sobrecarregada com a tarefa e de se perguntar o que alguém de sua idade poderia realmente realizar, ela se concentrou no que poderia fazer para ajudar as crianças a alcançar seu potencial.

Hesther ficou chocada ao descobrir que a qualidade da leitura de quase 30% dos alunos do Ensino Fundamental em sua comunidade estava abaixo do nível do ano que cursavam. Convenceu o prefeito a lhe dar uma cadeira, uma mesa e um computador em uma sala de bom tamanho no centro de artes da cidade. Organizou uma campanha de arrecadação de fundos para comprar livros, recrutou voluntários e começou a ensinar crianças (e adultos) a ler, de graça. Com sua persistência, Hesther logo conseguiu ônibus escolares para levar as crianças ao centro e usou alunos do Ensino Médio e outros voluntários para dar aulas.

Hesther trabalhou duro e foi extremamente persistente na tentativa de conseguir o que imaginava para o programa de alfabetização, a ponto de os vereadores brincarem que se esconderiam dela quando fosse às reuniões. "Ela nunca aceita um não como resposta", reclamavam com bom humor.

Anos depois, por meio de seus esforços e com o apoio da comunidade, Hesther recebeu a ala oeste da biblioteca da cidade, onde foi oficialmente estabelecido o Centro de Alfabetização Hesther Rippy. De 1997 a 2014, Hesther trabalhou para organizar um centro para ajudar gratuitamente crianças e adultos a aperfeiçoarem suas habilidades em leitura, matemática, informática e idiomas. Apaixonada por alfabetização, Hesther apresentou a ideia inspiradora de que "leitores fazem líderes" e disse aos seus voluntários que, quanto mais ajudamos crianças a aprender, mais queremos ajudar.[36]

Entre outros prêmios de serviço, Hesther Rippy ganhou o Prêmio Presidencial de Serviço Voluntário, por mais de 4 mil horas de serviço, e o prêmio Mulheres de Valor da L'Oréal Paris. Em 2003, foi homenageada pelo presidente George W. Bush como um "Ponto de Luz". Seu centro de alfabetização tem sido um modelo para outras cidades e escolas primárias em estados como o Alabama, onde a comunidade local tentou replicar o que Hesther fez em Utah.[37]

Em 2015, o Centro de Alfabetização Hesther Rippy havia organizado 180 tutores voluntários (com idades entre oito e oitenta anos) para orientar quinhentas crianças que frequentavam o local duas vezes por semana. O centro recebe mais de setecentos alunos no programa de tutoria de verão todos os anos, tudo sem qualquer custo para os estudantes. Também patrocina um programa de intervenção precoce de leitura, ensinando crianças em idade pré-escolar a ler, para estarem mais preparadas quando entrarem na escola.

Após a morte de Hesther, aos 87 anos, o centro continuou honrando seu legado, atendendo aproximadamente quatrocentos alunos e com uma rede de 75 a cem tutores voluntários durante todo o ano. Até o momento da redação deste texto, o centro de alfabetização havia ajudado mais de 300 mil pessoas a aprenderem a ler.[38] Que belo exemplo de engajamento ativo em um trabalho significativo, fazendo a transição por meio da contribuição!

Hesther sempre afirmou que sua recompensa real era quando uma luz iluminava seus alunos ao entenderem o que era ler. Essa paixão se traduziu em ajudar dezenas de milhares de pessoas a quebrar o ciclo de analfabetismo geracional e alcançar seus potenciais acadêmicos. Seu importante trabalho continua, mesmo depois de ela não estar mais por perto para fazê-lo — uma prova de seu legado.

O que está por vir é melhor do que o que se foi.
PROVÉRBIO ÁRABE

É claro que não há nada errado em aproveitar um tempo de inatividade muito esperado, em particular quando não se está mais trabalhando em tempo integral. Essa etapa da vida é o momento perfeito para fazer tudo aquilo que você sempre quis fazer, mas nunca teve tempo. Como eu disse, sempre acreditei muito em "afiar a serra" — reservar um tempo para renovar o corpo e a mente por meio de atividades relaxantes. É vital não apenas trabalhar muito, mas divertir-se muito. Nossa família adora ir todos os anos a uma cabana onde podemos relaxar e aproveitar juntos um belo cenário, sem as pressões do trabalho e uma agenda exigente. Essa tradição enriquece nossas relações familiares e nos regenera.

No entanto, você pode arranjar tempo para coisas para as quais não teve tempo *e* ainda encontrar tempo para projetos significativos que contribuam com os outros e lhe tragam alegria. Obter esse equilíbrio definitivamente é algo que dá trabalho. No entanto, há uma diferença significativa entre uma pessoa cujo foco na vida é contribuir e alguém que deseja se aposentar apenas para levar uma vida de lazer. Compare as histórias que leu e perceba as diferenças entre as pessoas que têm a mentalidade da contribuição (crescendo) e as que têm a mentalidade da aposentadoria. A mensagem aos idosos promovida pela indústria do turismo e de muitas das normas em nossa sociedade parece ser de passividade, sem pedir ou esperar muito dos adultos mais velhos. Os resorts orgulhosamente anunciam: "Aposentadoria! Você trabalhou para isso. Você merece. Finalmente você pode relaxar... e não fazer nada!".

Todos já ouvimos a expressão "Já conheço os passos dessa estrada". Você pode, de fato, conhecer os passos da estrada, por conta da sua carreira, mas não há algo significativo e importante para fazer agora? Obviamente, ninguém vai criticar você por deixar o trabalho em tempo integral para aproveitar viagens, atividades relaxantes e mais tempo com a família e os amigos, sem interrupções. Mas, se esse novo estilo de vida se tornar sua principal prioridade, não se surpreenda se sentir que não tem um propósito. Não há nada errado com o golfe — mas há muito mais a fazer! Em especial quando se tem mais tempo, experiência, habilidades e sabedoria para oferecer do que nunca. Então, vá em frente e jogue golfe... mas envolva-se também com algo significativo.

Em contraste com a mentalidade típica de aposentadoria, a Mentalidade Crescendo exige uma "mudança de paradigma" na sua maneira de pensar. Essa mentalidade precisa ser cultivada no início de sua carreira. Qualquer que seja a etapa da vida em que esteja agora, se puder visualizar sua vida depois dos 65 com esse novo paradigma, poderá se preparar e antecipar um período ativo de contribuição e realização significativas, e não apenas um período autocentrado de descanso. Lembre-se de que estará modelando o comportamento para seus filhos e netos seguirem.

Para começar: adote a Mentalidade Crescendo usando os seguintes critérios para ter ideias:

1. *Necessidade/consciência:* Identifique uma necessidade ao seu redor, como fez Hesther Rippy. Pergunte a si: em que posso fazer a diferença? O que a vida está me pedindo? Então, ouça profundamente sua consciência, e será inspirado a escolher determinado projeto ou causa e ajudar certas pessoas que só *você* pode alcançar. Há muitas necessidades e problemas em comunidades de toda parte, e você pode ajudar de uma maneira importante se optar por se envolver. Olhe ao redor, avalie onde você é necessário e responda a esse chamado — pode ser lendo em uma escola primária sucateada, coletando alimentos ou roupas para uma comunidade, trabalhando como voluntário durante uma eleição, ajudando a embelezar um bairro negligenciado ou ajudando a orientar uma família de refugiados para que tenham sucesso em sua comunidade. Ou que tal dar apoio prático à sua filha que está passando por um divórcio difícil? Esteja presente para os seus netos. Você encontrará muitas necessidades e oportunidades ao seu redor à medida que se tornar mais sensível e consciente. Talvez você já sinta ou saiba com o que deveria se

envolver. Pode ser útil desenvolver uma declaração de missão pessoal que guiará este período da sua vida.

2. *Visão/paixão:* Sua visão e sua paixão são muito necessárias, porque suas experiências de vida são únicas. O que aprendeu criando uma família, administrando um negócio ou trabalhando em uma profissão específica? Lidar com todos os tipos de pessoas e problemas, encontrar soluções e gerenciar relacionamentos ao longo da sua jornada foram atitudes que lhe deram visão e percepção. Você se mostrará necessário ao compartilhar essas habilidades com pessoas que não tenham confiança ou direção, ou que precisem de um mentor ou de um bom exemplo na vida. Descubra em que sua paixão realmente está — com o que se importa profundamente — e aplique-a onde ela pode fazer a diferença. Compartilhar o que você sabe e sente fortemente pode fazer muito bem.

3. *Recursos/talentos:* Use os valiosos recursos à sua disposição — tempo, talentos, oportunidades, habilidades, experiência, sabedoria, informação, dinheiro, desejo — para fazer a diferença. Que ótima oportunidade para fazer algo com que você realmente se importa e que dê sentido à sua vida! Por que não aproveitar a oportunidade de servir sem recompensa a si mesmo além da alegria de testemunhar resultados positivos em outra pessoa? Quanto isso poderia ser gratificante? Depois de uma vida inteira de trabalho e aprendizado, você tem mais a compartilhar do que imagina se simplesmente oferecer de modo voluntário os seus recursos, tempo e habilidades únicas. Quanta diferença pode fazer para aqueles que precisam de você!

4. *Criatividade/iniciativa:* Sua criatividade e sua iniciativa poderão ir longe com você servindo nesta etapa da vida e sendo inteligente e consciente, agindo. Comece a se envolver fazendo perguntas, sondando necessidades e, em seguida, tornando-se um recurso para trabalhar por soluções inteligentes que envolvam não apenas você, mas as pessoas ao seu redor. Pense com criatividade e encontrará infinitas oportunidades para servir. Você pode levar uma refeição para um recluso, doar livros para

203

uma escola, fazer uma colcha para um hospital infantil, doar dinheiro anonimamente a alguém necessitado, fazer jardinagem no quintal de uma pessoa mais velha, visitar um amigo solitário, oferecer serviços profissionais em um evento de apoio aos sem-teto, escrever uma carta de incentivo para um membro da família que luta contra vícios, visitar alguém que esteja passando por uma crise de saúde, receber e orientar uma nova família em sua vizinhança... As possibilidades de abençoar e servir são infinitas e empolgantes! Basta trabalhar e fazer acontecer! Você ficará surpreso com o que pode desenvolver com um pouco de "C e I".

> *Use-me, Deus! Mostre-me como saber quem eu sou, quem eu quero ser e o que posso fazer e usar isso para um propósito maior do que eu mesma.*
> OPRAH WINFREY

Viver em crescendo, mudando o foco de seguir uma carreira para contribuir, é uma mentalidade capaz de mudar a vida; que pode ser adotada em qualquer etapa da existência — dos trinta aos sessenta anos — para que você esteja preparado para vivê-la dos sessenta aos noventa anos e além. A satisfação e a felicidade que sentirá ao fazer contribuições positivas para a vida de outras pessoas abençoarão grandemente a segunda metade da sua vida.

> *Não é sempre que o homem pode criar oportunidades para si mesmo. Mas ele pode se posicionar de tal forma que, quando ou se a oportunidade chegar, esteja pronto para ela.*
> THEODORE ROOSEVELT

A infância pobre de Pamela Atkinson na Inglaterra a ajudou a desenvolver empatia especial pelos menos afortunados. Seu pai apostava em corridas de cachorros e acabou abandonando a família depois de perder todo o dinheiro que tinham, deixando a mãe de Pamela sozinha para criar cinco filhos em uma casa horrível, infestada de ratos e sem encanamento. A mãe não tinha muita educação formal e precisava trabalhar longas e duras horas em um emprego de baixa remuneração para sustentar a família. Pamela lembra de precisar cortar quadrados de jornal para usar como papel higiênico e colocar papelão nos sapatos para tapar os buracos.

Quando tinha por volta de catorze anos, Pamela percebeu que a escola era a porta para escapar da pobreza e determinou-se a obter uma boa educação, a fim de ter um emprego com melhor remuneração e mais opções do que sua mãe. Não foi fácil, mas se esforçou muito e obteve um diploma de enfermagem na Inglaterra. De imediato colocou suas novas habilidades em prática na Austrália, trabalhando com aborígenes por dois anos. Pamela então foi para os Estados Unidos e obteve um diploma de graduação em enfermagem na Universidade da Califórnia e um mestrado em educação e negócios na Universidade de Washington.

Acabou se dedicando a trabalhar com administração hospitalar e, depois, como vice-presidente de serviços missionários na Intermountain Healthcare, organização especializada em assistir pessoas de baixa renda e sem plano de saúde. Foi ali que Pamela encontrou sua missão de ajudar os pobres.

Depois que se aposentou da Intermountain Healthcare, Pamela se ofereceu para trabalhar como voluntária defendendo os sem-teto. Ela os serviu incansavelmente por mais de 25 anos. Ainda hoje, anda com o carro cheio de sacos de dormir, kits de higiene, agasalhos e comida para quem ela encontra precisando de algo. Pamela atuou em dezenove conselhos comunitários e, durante a maioria das sessões legislativas, nós a encontramos na capital do estado conversando com legisladores sobre maneiras de ajudar pessoas carentes, tornando-se uma conselheira valiosa de três governadores. O dinheiro que recebe por seu trabalho nos conselhos é seu fundo "Deus quer que eu ajude os outros", com o qual compra remédios, passagens de ônibus, roupas de inverno, meias, roupas íntimas e paga contas de serviços públicos... o que for necessário.[39]

Pamela sabe que atos de serviço, mesmo pequenos, ajudam a mudar vidas. Um homem passou um ano acampando com vários outros sem-teto. Pamela o visitou toda semana durante meses, mas acabou perdendo contato com ele quando o acampamento se desfez. Um ano depois, um homem bem-vestido com uma jaqueta esportiva abordou-a em um centro residencial de tratamento de alcoolismo. Ele havia reconstruído a vida e estava trabalhando lá, ajudando outras pessoas a superar o vício.

"Você se lembra daquele dia frio de inverno quando nenhum de nós tinha luvas", o homem perguntou a ela, "e você foi a uma loja e comprou seis pares de luvas para nós?". Ele disse que sua autoestima estava muito baixa na época, mas, no fundo da mente, pensou: "Você deve valer alguma coisa. Alguém comprou um novo par de luvas para você!". Esse único ato de bondade o motivou a mudar de vida, e o homem guardou as luvas como um lembrete de que as pessoas se importam de verdade. "Nunca sabemos qual ação da nossa parte pode afetar a vida de alguém", diz Pamela. "Nunca devemos subestimar o poder de um pequeno gesto de carinho."[40]

Ao longo dos anos, ela aprendeu muito sobre como proteger as pessoas que às vezes são invisíveis ao público. Hoje, na casa dos setenta anos, durante os chamados "anos de aposentadoria", Pamela não mostra sinais de desaceleração. Em um artigo de Devin Thorpe na *Forbes*, ela compartilha algumas das coisas mais importantes que aprendeu e que nós também poderíamos usar em nosso próprio Círculo de Influência:

1. *Pequenas coisas fazem a diferença.* Ao longo dos anos de trabalho com os necessitados, Pamela aprendeu que o serviço nem sempre precisa ser enorme para fazer a diferença. Certa vez, visitou uma família de baixa renda e descobriu que estavam desanimados porque a água estava desligada e não tinham sabonete, xampu ou produtos de higiene pessoal. Ela tinha um kit de higiene no carro, doado por pessoas de sua igreja, e pagou a conta para que o gás fosse ligado novamente e a família tivesse água quente para tomar banho. A gratidão deles mostrou a Pamela que as pequenas coisas muitas vezes são as grandes coisas.

2. *Há poder em um toque e um sorriso.* Anos atrás, quando Pamela estava servindo o jantar no Exército da Salvação, o prefeito lhe disse para cumprimentar as pessoas com um "sorriso caloroso e um aperto de mão sincero". Ele explicou que alguns sem-teto provavelmente não tinham sido tocados por outra pessoa naquela semana inteira. Ela nunca esqueceu a lição, e sempre faz questão de dar uma saudação amigável, um sorriso genuíno e um toque apropriado. "Nunca devemos subestimar o poder do cuidado", disse Pamela. "Eu vi como uma pequena coisa, como um abraço ou um sorriso, pode mudar a vida de alguém."

3. *Voluntários fazem a diferença.* Na primeira vez que Pamela se ofereceu para servir o jantar aos sem-teto no dia de Natal em Seattle, ficou surpresa ao reparar em como as pessoas se sentiam gratas. Aprendeu como os voluntários são fundamentais para executar tantos programas, e suas habilidades e o desejo de ajudar são exatamente o que é necessário para exercer a voluntariedade. A influência de Pamela é inspiradora; sua visão de voluntariado, contagiante. Em uma arrecadação de fundos para o Boys and Girls Club, ela disse: "Todos temos dentro de nós o poder para fazer a diferença na vida de outras pessoas".

4. *Use sua fé como uma influência positiva e um recurso.* Pamela muitas vezes se sente guiada e dirigida por uma mão divina e acredita que sua fé é uma grande influência e força em seu trabalho. "O Senhor tinha um plano para mim", confidencia ela. "Tenho uma forte convicção de fazer algo para fazer a diferença; era isso que eu estava destinada a fazer."

5. *Colaboração é a chave.* Pamela cita três "Cs" importantes para o serviço: coordenar, cooperar e colaborar. Aproveitando a primeira experiência que deu início ao seu voluntariado, anos atrás, Pamela ainda organiza um jantar completo para os sem-teto no dia de Natal, servindo até mil pessoas. Certo ano, quando servia como anciã na Primeira Igreja Presbiteriana, o jantar foi realizado no Centro São Vicente de Paulo (serviços comunitários católicos), e a Igreja de Jesus Cristo dos Santos dos Últimos Dias doou oitocentos bifes e duzentos cachorros-quentes para a ocasião. Uma verdadeira colaboração!

6. *Todos podem fazer alguma coisa.* Um dia, Pamela discursou para um grupo, prometendo que eles poderiam fazer uma diferença real na vida de outras pessoas se fizessem o que pudessem. Uma mulher mais velha lhe disse que ela estava errada, argumentando: "Tenho oitenta anos, raramente saio de casa e tenho uma renda limitada. Como posso fazer alguma diferença?". Pamela perguntou se ela poderia contribuir com apenas uma lata de sopa por semana para o banco de alimentos. Disse à mulher para fechar os olhos e imaginar uma mãe solo na pobreza, alimentando seus filhos com a sopa que ela havia doado, e imaginar também as crianças indo para a cama sem passar fome. Perguntou se a mulher achava que essa contribuição faria alguma diferença na vida delas. Aquela senhora idosa começou a doar uma lata de sopa toda semana e, depois de vários anos, acabou fornecendo centenas de refeições para pessoas que teriam passado fome se ela não tivesse ajudado.[41]

Quando jovem, deitada em uma cama estreita na Inglaterra com as duas irmãs, Pamela se lembra de prometer a si mesma que se casaria com um homem rico e nunca mais teria nada a ver com pessoas pobres. Ela se tornou uma verdadeira figura de transição, encerrando o ciclo de pobreza em sua família, em vez de passá-lo para a próxima geração. No entanto, agora, décadas depois, é seu amor pelos pobres e sem-teto que torna a vida de Pamela Atkinson "rica". Ela deu a volta por cima.

Estamos todos conectados nesta vida e devemos procurar oportunidades para fazer a diferença na vida de outras pessoas — o que, por sua vez, faz a diferença na nossa.
PAMELA ATKINSON

Grandeza primária

No meu livro *O 8º hábito: da eficácia à grandeza*, explico uma característica que chamo de Grandeza Primária. Em contraste com a Grandeza Secundária, que significa popularidade, título, cargo, fama e honrarias, a Grandeza Primária é quem você é de verdade — seu caráter, sua integridade, seus motivos e desejos mais profundos. E embora a Grandeza Primária possa muitas vezes escapar das manchetes, tem tudo a ver com o caráter e as contribuições de Pamela Atkinson no mundo.

A Grandeza Primária é um modo de vida, não um evento único. Diz mais sobre quem uma pessoa é do que sobre o que ela tem. É algo revelado mais pela bondade que irradia de um rosto do que pelo título em um cartão de visita. Fala mais sobre os motivos das pessoas do que sobre seus talentos, mais sobre pequenas e simples ações do que sobre realizações grandiosas.

Você não precisa ser o próximo Gandhi, Abraham Lincoln ou a próxima Madre Teresa para exibir a Grandeza Primária. Theodore Roosevelt expôs isso da maneira mais sucinta que já vi:

Faça o que puder, com o que tiver, onde estiver.
THEODORE ROOSEVELT

Adoro a simplicidade dessa ideia. Em outras palavras, o que você tem agora para oferecer às pessoas ao seu redor é exatamente o que é necessário. Apenas faça o que puder. É o suficiente. Você já tem as ferramentas se olhar ao redor, vir uma necessidade e responder a ela.

Aqui estão alguns exemplos cotidianos de pessoas simples e comuns que aplicaram a Mentalidade Crescendo nessa etapa da vida, usando habilidades e talentos que naturalmente tinham, e que receberam tanta alegria quanto aqueles a quem serviram. Espero que isso estimule ideias criativas do que você pode fazer dentro do seu próprio Círculo de Influência.

Chinelos para órfãos: Mimi nunca foi de ficar sentada sem fazer alguma coisa. Mesmo aos 85 anos, ela constantemente tricotava chinelos e os dava para a família e os amigos. Quando sua sobrinha-neta Shannon se ofereceu para trabalhar em um orfanato na Romênia durante o verão, Mimi se pôs a trabalhar e fez mais de cem chinelos e algumas tapeçarias coloridas para serem levados. Quando chegou ao local, Shannon encontrou o orfanato triste e malcuidado, então as tapeçarias coloridas instantaneamente iluminaram os ambientes e deram às crianças algo interessante para olhar além das paredes duras e vazias. Shannon se divertiu dando os chinelos para os órfãos, que tinham muito pouco para chamar de "seu". Ao dar um par para uma garotinha de dez anos, os olhos da menina se iluminaram diante dos chinelos, e ela disse: "Acabei de fazer aniversário e não ganhei nada; este pode ser o meu presente!".[42]

O homem da bicicleta: Quando os membros da família chegaram ao velório de Reed Palmer, ficaram surpresos ao ver tantas bicicletas de crianças alinhadas na lateral da igreja. As próprias bicicletas falavam muito daquele homem carinhoso a quem toda a comunidade foi homenagear. Para as crianças da vizinhança, Reed Palmer era simplesmente "o homem da bicicleta". Reed acreditava que toda criança deveria ter uma bicicleta própria, então costumava consertar bicicletas mais velhas ou usava os próprios recursos para comprar uma nova para quem precisasse. Reed servia a uma criança com uma bicicleta de cada vez, e gostava disso tanto quanto elas. "E se a verdade fosse conhecida", disse seu amigo e vizinho Earl Miller, "haveria milhares de bicicletas alinhadas lá".[43]

Nenhum ato de bondade, por menor que seja, é desperdiçado.
ESOPO

A sala salvadora: Há vários anos, um grupo formado principalmente por mulheres com idades entre 75 e noventa anos no Centro de Repouso Seville trabalha todas as manhãs, e muitas vezes à tarde, enriquecendo a vida de milhares de crianças em todo o mundo. O lema delas, "Não tenho mãos além das suas" (da Madre Teresa), está pendurado no quadro de avisos ao lado dos itens que foram feitos naquele mês. Norma Wilcox, de 87 anos, que esbanja personalidade e iniciativa, é a fundadora desse grupo de benfeitoras que começou em 2006. Elas trabalham todos os dias, exceto aos domingos, costurando colchas para bebês (em média, 35 colchas por mês), cobertores, bichos de pelúcia, bonecas, vestidos, calças, chinelos e bolas de brinquedo. Também montam kits para recém-nascidos e assumem qualquer tarefa que o centro humanitário local lhes dê. Em apenas um ano, o grupo conseguiu fazer 7.812 itens que foram enviados para lugares ao redor do globo, de Cuba à Armênia, passando por África do Sul, Mongólia e Zimbábue. Tudo para crianças que elas jamais conhecerão.

"Fico brava quando alguém diz que estamos velhas demais para ajudar a fazer qualquer coisa!", explicou Norma. "Só queremos servir até morrer, e não sei dizer quantas morreram no meio de um projeto... e isso não me agrada nem um pouco! Enquanto isso, queremos nos divertir o máximo que pudermos."

Diversão, para esse grupo, significa costurar furiosamente e conversar com as amigas na sala de atividades do centro que elas transformaram em uma linha de produção de caridade. No início, usaram o próprio dinheiro para o material, mas logo se espalhou a notícia de seus projetos e as pessoas começaram a doar tecidos. De alguma forma, elas nunca ficam sem matéria-prima. Quando o estoque diminui, alguém sempre aparece com mais material. Norma é uma recrutadora obstinada que segue qualquer pessoa no Seville simplesmente perguntando: "Você não quer se voluntariar?". Ella McBride, 86 anos, embora deficiente visual, foi recrutada para encher bolas de brinquedo que serão enviadas para crianças na África, em uma região onde elas não têm com o que brincar.

Norma estima que mais de cem pessoas, a maioria mulheres (mas alguns homens), ajudaram em seus projetos grandiosos ao longo dos anos. "Norma é o gênio por trás disso e envolve até pessoas que não podem costurar por causa da artrite, colocando-as para cortar os fios. E quem não pode cortar, enche bolas de brinquedo", conta a amiga Dora Fitch, que trabalha ao lado dela há dez anos. "A alegria está em pensar para quem estamos trabalhando e o que um novo brinquedo, cobertor ou vestido significa para uma criança."

Fiel ao seu lema, há um forte sentimento entre elas de que suas mãos são as mãos de Deus para crianças carentes. "Quando faço esses kits para recém-nascidos", diz uma mulher de quase oitenta anos, "peço a Deus que diminua minha dor, e Ele sempre me ajuda a terminar meu trabalho". Os integrantes do grupo mudam de uma semana para outra, quando alguém faz uma cirurgia ou fica muito debilitado, mas sempre há alguém novo que pode preencher a vaga.[44]

Linda Nelson é a diretora de atividades do grupo e se espanta com o que ele é capaz de realizar. "Nunca trabalhei com idosas tão ativas. Aqueles que não se envolvem nesses projetos não são tão receptivos; apenas existem. Mas, neste grupo, elas vivem todos os dias com um propósito. As mulheres poderiam ficar em seus quartos e apenas sentir a própria dor e idade, mas, como ainda se sentem bem, querem contribuir. Eu chamo a sala de atividades delas de 'sala salvadora'. Está tudo na atitude. Elas querem tornar a vida melhor para os outros, e me sinto como-vida só de ver o que conseguem fazer."

Viver a vida em crescendo em um lar de idosos? Para essas senhoras, é tudo menos repouso — elas sabem que têm um trabalho importante a ser realizado, e isso lhes dá alegria e propósito. "Quero trabalhar até cair", diz Norma com um sorriso. "E o que pode ser melhor do que estar ocupada? Este é o programa de Deus; ele vai fazer funcionar."[45]

As pesquisas mais recentes agora sugerem que idosos que realizam trabalho voluntário têm melhor saúde física e mental e menor risco de mortalidade. Stephanie Brown, psicóloga da Universidade de Michigan, relatou que o risco de morte prematura entre os participantes "doadores" do estudo durante um período de cinco anos diminuiu mais da metade em comparação com os "não doadores". Os "doadores" do estudo eram pessoas com 65 anos ou mais que se ofereciam com regularidade para ajudar outras pessoas em várias tarefas. Os cientistas sugerem fortemente que o próprio ato de dar e servir a outra pessoa libera endorfinas, criando um "barato" por ajudar. Outros benefícios positivos são sentimentos de satisfação, prazer e orgulho, que neutralizam o estresse e a depressão sentidos por muitos à medida que envelhecem.[46]

Então, se você está se "aposentando" — na casa dos setenta, oitenta ou até noventa anos —, agora é um ótimo momento para continuar contribuindo. Como acontece com muitas dessas pessoas inspiradoras na segunda metade da existência, parece que a vida começa na aposentadoria. Lembre-se de que a Grandeza Primária é alcançada por aqueles que têm uma missão, um propósito que é maior do que eles mesmos, uma contribuição duradoura a fazer.

Faça serviços anonimamente

É incrível o que podemos realizar se não nos importamos com quem recebe o crédito.
HARRY TRUMAN

Um dos filmes favoritos do meu pai era um antigo clássico inspirador chamado *Sublime obsessão*. Rock Hudson interpreta Bob Merrick, um playboy rico que está sempre ultrapassando os limites da lei e depois comprando a solução para fora dos problemas. Um dia ele sofre um acidente com sua lancha, e o único aparelho reanimador disponível é emprestado do médico local, dr. Phillips, para reviver Bob com sucesso. Mas o dr. Phillips morre de um ataque cardíaco sem o reanimador, e a viúva dele, Helen (interpretada por Jane Wyman), amargamente culpa Bob pela morte do marido.

Quando Bob tenta se desculpar, Helen foge dele e é vítima de um atropelamento, que a torna uma deficiente visual. Bob, que se transformou sinceramente pela morte do dr. Phillips, sente-se ainda pior após o acidente.

À procura de um sentido para sua vida, ele busca o conselho de um amigo de confiança do dr. Phillips, que conta a Bob sobre a vida secreta que o médico tinha prestando serviços anonimamente para outras pessoas. Depois da morte do dr. Phillips, muitas pessoas revelaram como ele as ajudara quando mais precisavam, embora sempre impusesse duas condições à sua doação:

- Elas não podiam contar a ninguém.

- Elas nunca poderiam pagá-lo de volta.

O homem ainda alertou Bob sobre esse tipo de serviço: "Depois que encontrar esse caminho, você estará preso. Ficará obcecado! Mas, acredite em mim, será uma obsessão sublime!".

Bob procura Helen, e os dois se apaixonam, embora, por causa da cegueira, ela não perceba quem ele é. Em tempo recorde (já que se trata de um filme de menos de duas horas), Bob se torna um médico habilidoso e inicia a "sublime obsessão" do serviço anônimo, ajudando os outros sem qualquer reconhecimento ou retorno. Ele também pesquisa uma cura para restaurar a visão de Helen.

Helen viaja para a Europa em busca de cuidados médicos, mas fica terrivelmente desapontada quando eles lhe dizem que sua ausência de visão é permanente. Bob aparece de forma inesperada para consolá-la e revela quem realmente é (embora ela já saiba disso e o perdoe), pedindo-a em casamento. Embora Helen também o ame, não quer ser alvo de pena, tampouco um fardo e, sem aviso, desaparece, deixando Bob com o coração partido.

Bob a procura de maneira desesperada, mas acaba por retornar à carreira médica e segue com a nova obsessão pelo serviço anônimo. Depois de anos, ele enfim encontra Helen, e consegue restaurar com sucesso sua visão. Bob é o primeiro rosto que ela vê quando acorda.[47]

Embora o enredo seja bastante dramático, a mensagem do filme é inspiradora e foi motivada por uma passagem da Bíblia: "Guardai-vos de fazer a vossa esmola diante dos homens, para serdes vistos por eles".[48] Meu pai explicava o poder do serviço anônimo da seguinte forma:

Servir sem levar em conta os elogios é de fato abençoar os outros. Com serviço anônimo, ninguém sabe e ninguém necessariamente saberá. A influência, não o reconhecimento, torna-se então o motivo. Sempre que fazemos o bem de modo anônimo, sem esperança de recompensa ou reconhecimento, nosso senso de valor intrínseco e respeito próprio aumentam. Um subproduto maravilhoso desse tipo de serviço é que retribui de forma que apenas o doador pode ver e sentir. E você descobrirá que essas recompensas costumam vir no "passo além" do nosso serviço — depois de termos feito mais que o esperado.
CYNTHIA COVEY HALLER

CAPÍTULO 9

Crie memórias significativas

Envelheça comigo! O melhor ainda está por vir.
ROBERT BROWNING

Quando meus pais se casaram, em 1956, decidiram fazer da fé e da família suas principais prioridades. Essa decisão governou como investiram o tempo, a que destinaram os recursos e quais prioridades nós valorizamos como família. Acreditavam, como muitos, que, quando olhamos para trás, os relacionamentos mais significativos estão dentro de própria família, imediata e intergeracional.

Em seus muitos anos como consultor de negócios/liderança, meu pai viajou ao redor do mundo e interagiu com vários líderes mundiais, CEOs e executivos de negócios, e muitas vezes com algumas de suas famílias. Ele observou que a maior e mais duradoura alegria dessas pessoas poderosas — mais do que tudo o que elas haviam conquistado profissionalmente — vinha do relacionamento com a família. Por outro lado, a falta de relacionamentos familiares próximos era o que mais lhes causava dor e arrependimento, apesar do "sucesso" que pareciam ostentar. No final, a maioria das pessoas geralmente é igual no mundo todo: fama, carreira, riqueza e sucesso, em última análise, empalidecem em comparação com amor, aceitação e associação com aqueles a quem mais amamos.

Alguém me disse uma vez que "as memórias são mais preciosas que a riqueza". Claro que o dinheiro é absolutamente necessário e essencial para as exigências básicas da vida, mas, além de sustentar a vida, o dinheiro deve estar presente para enriquecer vivências e criar experiências e memórias que acabarão integrando quem somos.

Quando você pensa em sua própria família, na sua infância ou na infância que criou para seus filhos, o que se destaca? Do que se lembra? Para mim, são os anos de tradições familiares que começaram na cabana de meus bisavós e continuaram através de meus avós, pais e agora com a minha geração, nossos filhos e netos. Nossa visão tem sido aproveitar o tempo em família juntos, aprofundar relacionamentos, apreciar a natureza, construir fé e caráter, renovar e criar memórias maravilhosas juntos ao longo dos anos.

Entendo que nem toda família tem a oportunidade de ter uma cabana ou um lugar especial, e alguns podem não ter tido uma infância com boas lembranças ou uma cultura familiar saudável. No entanto, a Mentalidade Crescendo ensina que você não é uma vítima do seu passado, e pode recomeçar criando sua própria e bela cultura familiar. Realmente não importa o que vocês façam ou aonde vocês vão, contanto que o façam juntos e criem as próprias tradições familiares com aqueles que amam. Acampar, fazer caminhadas, trabalhar em um projeto ou hobby, viajar, servir aos outros, apreciar a natureza, praticar esportes — qualquer atividade desfrutada em família pode ser uma renovação, uma maneira de fortalecer vínculos e criar memórias maravilhosas e alegres.

Essas tradições familiares podem construir estabilidade, confiança, autoestima, gratidão, lealdade, amor, caráter e uma cultura familiar que pode ajudá-los a enfrentar desafios juntos. Criar memórias significativas para aqueles que você ama vai ligá-lo a eles, fortalecer seus relacionamentos e servir como base em suas vidas — além de permitir que desfrutem de momentos divertidos e inesquecíveis juntos, que vocês sempre valorizarão.

Deus nos deu a memória para que pudéssemos ter rosas no inverno.
J. M. BARRIE

Como meus pais já faleceram, as lembranças deles juntos trazem enorme alegria à nossa família e servem como exemplo inspirador. Não estou afirmando que tiveram um casamento perfeito, mas sabíamos que o relacionamento deles era uma prioridade, e investiram tempo, esforço e amor nisso. E, à medida que envelheciam, o amor deles aumentava em crescendo.

Realmente se amavam, apoiavam um ao outro e apreciavam a personalidade única de cada um.

Anos atrás, papai descobriu um dos belos sonetos de Shakespeare que melhor descrevia o valor que ele dava ao relacionamento com minha mãe e o impacto dela em sua vida. Ele o memorizou e o recitava com frequência, mesmo em suas apresentações de negócios. Nossa família nunca se cansou de ouvi-lo, pois nos inspirava a buscar o mesmo em nossos relacionamentos mais importantes.

Quando, excluído da fortuna e dos meus pares,
Lastimo solitário a minha condição,
E lanço preces ao desprezo dos altares,
E olhando para mim maldigo o meu quinhão,
Querendo ser alguém mais rico de esperança,
Querido como aquele, àquele assemelhado,
Dotado de arte alheia e alheia temperança,
Com tudo que mais gosto mais decepcionado;
Porém, por esse modo quase me odiando,
Feliz eu penso em ti, e logo o meu juízo,
Como uma ave matutina se elevando
Do pó, entoa hinos junto ao paraíso:
Teu doce amor lembrado instaura tal riqueza
Que eu repudio a sorte até da realeza.[49]
CYNTHIA COVEY HALLER

Outono — a estação mais rica de todas

O apogeu da vida mudou. [...] Devemos nos deleitar com esta etapa da vida e não nos ressentirmos. [...] O apogeu da vida deve ser definido como o momento em que temos mais liberdade, mais opções, quando sabemos mais e podemos fazer mais — e esse apogeu é agora! Os 65 são os novos 45!
LINDA E RICHARD EYRE[50]

Linda e Richard Eyre, meus bons amigos e autores de livros que figuraram na lista de mais vendidos do *New York Times*, escreveram extensivamente sobre equilibrar o que é importante de verdade na vida. Dão conselhos sábios sobre ignorar velhos clichês, envelhecer e aproveitar a jornada, até mesmo apreciando as vantagens de envelhecer. A atitude otimista e positiva e a maneira de encarar o envelhecimento dos dois é revigorante! Aqui está parte de um artigo dos Eyre intitulado "Ignore os velhos clichês sobre o envelhecimento", falando sobre aproveitar a segunda metade da vida.

Existem muitos clichês e metáforas ruins neste mundo, mas uma das piores de todas é a frase "do outro lado da colina", usada com conotação negativa para as pessoas no outono de sua existência. O fato é que o outono é a melhor estação, e o outro lado da colina é o melhor lugar para estar.

Qualquer um que caminhe, ande de bicicleta ou corra sabe que costear a crista da colina e começar a descê-la é o objetivo pelo qual trabalhamos e que amamos. É emocionante, é rápido e é lindo. E é mais fácil. Costear um pouco é fantástico! Permite que prestemos mais atenção, fiquemos mais conscientes, vejamos onde estamos. Depois que chegamos ao topo da colina, a vida se torna mais estética, mais presente, mais em perspectiva. A crista, logo depois do cume, é o melhor lugar para se estar.

Descobrimos que quase todas as metáforas comuns sobre essa fase da vida são negativas — e erradas. Alguns exemplos são:

Ninho vazio: Um ninho vazio é sujo; ele fede. Mas nosso ninho vazio tinha o melhor cheiro do mundo. Sem filhos por perto para bagunçá-lo! Sentimos falta deles, é claro, mas podemos vê-los ou pedir que venham nos ver, e podemos pedir que vão para casa!

Desacelerando: Nem pensar! É do outro lado da colina que ganhamos velocidade e eficiência. As coisas são mais fáceis porque você sabe como fazer e sabe o que importa.

Deixar no pasto: Se você fez a maior parte do trabalho e pagou suas dívidas em vida, o que pode ser melhor que um pasto?

Desaparecendo rápido: A maioria de nós desaparece um pouco à medida que envelhece — fisicamente, pelo menos —, mas em geral é tudo, menos rápido. A maioria de nós, na realidade, muda menos entre os sessenta e os oitenta anos do que durante qualquer outro período de vinte anos da nossa vida. O outono pode ser um planalto grande e bastante plano onde, se nos cuidarmos, a mudança acontece muito lentamente.

De coração jovem: Expressão normalmente condescendente usada por pessoas mais jovens para sugerir que os idosos são irrelevantes e tentam imaginar que são mais jovens. O fato é que, como disse Jonathan Swift, "Nenhum homem [verdadeiramente] sábio jamais desejou ser mais jovem".

Então, se estiver no outono — ou no verão indiano — como nós, não dê ouvidos aos clichês. Ou, se os ouvir, redefina-os. Porque esta é a melhor parte da vida! E nós nem mencionamos o melhor de tudo: os netos![51]

Os Eyre escreveram um livro sobre esse assunto intitulado *Life in full: maximizing your longevity and your legacy* [*Vida plena: maximizando sua longevidade e seu legado*]. Agora na casa dos setenta anos, estão mais ocupados do que nunca, com mais de 25 títulos publicados, muitos escritos depois de terem criado uma família grande e bem-sucedida. As vendas estão na casa dos milhões de exemplares. Têm sido convidados populares em programas como *Oprah, Today, The Early Show, 60 Minutes, Good Morning America* e muitos outros para falar sobre família, equilíbrio de vida, valores, criação de filhos e envelhecimento.[52]

Em uma viagem em família, depois que todos os nossos filhos estavam criados, meu filho David descreveu Sandra e eu durante essa fase da vida de um jeito que achei bastante precisa, além de divertida:

Depois que todos os irmãos da nossa família nos casamos e tivemos nossos próprios filhos, percebi que minha mãe e meu pai tinham uma nova maneira de aproveitar as férias em família no lago. Eu os chamava de "pássaros mergulhadores", o que se encaixa perfeitamente na etapa de vida dos dois. Observei como entravam e saíam de cena sempre que queriam, sem qualquer sentimento de responsabilidade. [...] Percebi que gostaram muito de criar seus nove filhos e de toda a função em torno disso, mas agora estavam livres para escolher de quais atividades desejavam participar. Meus pais costumavam levar os netos para passear de barco por algumas horas, fazer um passeio de carro para "conversar", chegar e jantar uma comida que não haviam ajudado a preparar, ficar com a família, depois sair sem lavar a louça e ir à cidade ver um filme! Preciso admitir que eles conquistaram esse tempo de vida depois de anos sendo pais responsáveis. E essa nova etapa certamente me parece divertida.

A idade é uma questão de importância. Se você não faz questão, ela não importa!
MARK TWAIN

Ao longo dos anos, Sandra e eu sempre sentimos uma forte ligação com nossos muitos netos e bisnetos. Tentamos participar do maior número possível de atividades, celebrações e ocasiões especiais para apoiar a nova geração. Também queríamos ser um exemplo para nossa posteridade por meio do serviço à comunidade, da caridade e das atividades da igreja. Sentimos uma forte necessidade de ser modelos e mentores, mostrando interesse e passando tempo de qualidade com filhos e netos, dando-lhes apoio e incentivo, e tentando de maneira contínua modelar bons valores e caráter. Isso foi importante para nós, porque sermos pais e mães é um dos únicos papéis dos quais nunca seremos liberados, não importa a nossa idade.

Maximize seus anos de outono — concentre-se nas vantagens de envelhecer, e não nas desvantagens. Como aconselham os Eyre, não acredite nos clichês da velhice, não se rotule ou se limite. Pense no que pode fazer em vez de naquilo que não pode. Quando nos tornamos avós, muitos tendem a se afastar, não sentindo que podem ou devem se envolver ou até mesmo aconselhar. Mas agora é o momento em que você pode desfrutar de sua família intergeracional sem todas as responsabilidades do dia a dia e fazer uma diferença positiva na vida de todos. Mantenha seu coração aberto e passe tempo com eles. Isso cria oportunidades naturais de conexão. Na segunda metade da vida, você tem mais sabedoria e experiência a oferecer do que jamais teve. Procure oportunidades apropriadas para ser um recurso e ajudar aqueles que mais importam em sua própria jornada pela vida.

> *As crianças precisam do incentivo e da sabedoria dos avós. Os pais precisam da ajuda e do apoio que os avós podem dar na criação dos filhos. E os avós precisam da energia e do entusiasmo resultante de passar mais tempo com crianças pequenas. [...] Talvez não estejamos sendo proativos o bastante como avós. Talvez não estejamos tomando iniciativa suficiente. [...] Precisamos lembrar que a influência mais profunda sobre os netos não ocorre tanto quando nos reunimos em grupos, mas quando nos comunicamos individualmente com eles, fazendo coisas só entre os dois.*
> LINDA E RICHARD EYRE[53]

Conheço um casal excepcional que fez exatamente isso e, graças a seus esforços, salvou a vida do neto. Quando a filha de Joanne e Ron, Laurie, se envolveu com drogas, eles tentaram fazer o possível para ajudá-la a se livrar do vício. O vício de Laurie consumia tudo, e ficou evidente que ela não conseguia cuidar de si mesma, muito menos do filho de dois anos, James. Joanne e Ron temiam pelo que aconteceria com esse garotinho com uma mãe instável e um pai que estava sempre entrando e saindo da prisão.

Joanne gostou muito de ser mãe em tempo integral, tendo criado quatro filhos com Ron. Mas também havia esperado o momento em que finalmente teria a liberdade de fazer coisas que havia deixado de lado, como jogar tênis no clube com as amigas. No entanto, depois de considerar a instabilidade de Laurie, Joanne e Ron tomaram a decisão de reajustar drasticamente suas vidas e criar o neto, estando na casa dos cinquenta anos.

Que mudança de paradigma esses avós precisaram enfrentar! De forma altruísta, Joanne e Ron fizeram sacrifícios pessoais e, embora tenha sido muito difícil começar tudo de novo, sabiam que o neto valia a pena e sentiam que estavam fazendo a coisa certa. James prosperou sob seu amor e cuidado. Enquanto as amigas de Joanne jogavam tênis no clube e desfrutavam de um almoço descontraído depois, Joanne, aos 54 anos, ajudava na pré-escola cooperativa de James. Nos anos seguintes, esses avós carinhosos inscreveram James em escolinhas de beisebol, futebol e futebol americano, organizaram grupos de recreação, ajudaram-no a praticar piano, levaram-no à igreja, ensinaram-lhe bons valores e fizeram, como avós, todas as coisas que os pais costumam fazer. Ao mesmo tempo, preocupavam-se com a segurança de Laurie, às vezes ficando sem notícias dela por um ano, sem saber se estava viva ou morta.

Depois de vários anos, Laurie enfim chegou ao fundo do poço e voltou para casa, pronta para mudar de vida para sempre. Com a ajuda dos pais amorosos e depois de muito esforço, conseguiu superar seu problema com as drogas. Ela descobriu que, durante suas longas ausências, James havia florescido sob os cuidados dos avós e se tornado uma criança feliz e bem ajustada. Que sorte teve Laurie por contar com pais tão altruístas que se mostraram dispostos a deixar sua vida pessoal de lado por vários anos a fim de criar o neto. Quando ela desapareceu, Joanne e Ron se tornaram a influência estável durante os anos formativos de James. Graças à decisão dos dois, Joanne e Ron literalmente salvaram a vida de James, dando à filha uma segunda chance como mãe.

Desde então, o menino se formou no Ensino Médio e se tornou um bom rapaz. Ele é talentoso em diversos esportes e toca piano muito bem; teve sucesso na escola e sua vida será uma homenagem aos esforços dos avós dedicados. No longo prazo, criar James provou ser muito mais gratificante do que ser uma frequentadora regular do clube de tênis.[54]

A situação poderia ter sido muito diferente se Joanne e Ron não tivessem respondido como responderam e decidido, durante a segunda metade da vida, criar um neto. Embora não soubessem disso na época, depois de terem criado os filhos, como prega a Mentalidade Crescendo, ainda tinham uma enorme contribuição a dar à família. Olhando para trás, embora nem sempre tenham sido anos fáceis criando um neto quando já estavam mais velhos, eles sabem que era para ser exatamente assim.

A satisfação dos avós ao ver os frutos de seu trabalho ficava evidente para qualquer um que observasse James acompanhando o coral dos amigos ao piano. Que bênção terem se disposto a cuidar do neto quando o menino era uma criança em risco. Agora cabe a James criar um futuro brilhante para si mesmo com a segunda chance que lhe foi dada na vida.

Daqui a cem anos [...] não importará qual era minha conta bancária, o tipo de casa em que eu morava ou o tipo de carro que dirigia. Mas [...] o mundo pode ser diferente porque fui importante na vida de uma criança.
FOREST WITCRAFT[55]

Sei que há muitos avós conscienciosos que precisaram assumir o papel de pais porque seus filhos eram incapazes de cuidar da sua prole. Em alguns casos, em virtude de problemas financeiros, as famílias vivem em um lar intergeracional com os avós atuando como pais, porque ambos os pais trabalham em tempo integral. Saúdo aqueles que se dispuseram e conseguiram ser pais na velhice, especialmente quando não foi fácil ou conveniente.

As oportunidades de cuidar de crianças aparecem de maneiras diferentes para avós conscienciosos que vão além. Por exemplo, alguns avós buscam seus netos na escola (livrando-os de serem crianças "sem supervisão"), levam-nos para aulas ou atividades, oferecem lanche da tarde, ajudam com o dever de casa ou fornecem um lugar seguro e amoroso para que permaneçam quando os pais saem para trabalhar. Outros avós carinhosos dão uma folga para os filhos, fazendo uma "noite dos avós" em sua casa, brincando ou simplesmente ficando com as crianças, beneficiando tanto os pais quanto os netos. Determinados avós ajudam com as contas quando não há dinheiro suficiente para criar uma família. Outros podem ajudar com a faculdade ou financiar uma oportunidade especial, como um intercâmbio ou um estágio, que pode ser uma experiência revolucionária na vida de um neto.

Se estiver envolvido de alguma forma em ajudar seus filhos para que criem os próprios filhos, perceba que esses esforços são inestimáveis e abençoarão a vida deles mais do que você imagina. Lembre-se de que tudo o que você dá, seja solicitado ou voluntário, volta para abençoar sua própria vida. Você nunca vai se arrepender do tempo ou do esforço dedicados a eles. Pode não perceber agora, mas está afetando as próximas gerações com seu envolvimento, e sua influência para o bem será sentida em diferentes etapas da vida deles. Intensificar e oferecer orientação pode permitir que sua própria posteridade tenha estabilidade, amor e direção em suas vidas e, em última instância, um futuro brilhante.

No final da vida, não consigo imaginar ninguém em seus chamados "anos dourados" desejando ter passado mais tempo livre dormindo, jogando golfe, jogando cartas, tênis ou mesmo percorrendo o mundo em vez de fazer a diferença na vida de seus filhos e netos. Abençoar a própria família por meio desse tipo de serviço altruísta é a síntese de conduzir a vida em crescendo.

Talvez o maior serviço social que pode ser prestado por qualquer pessoa ao país e à humanidade seja criar uma família.
GEORGE BERNARD SHAW[56]

Quando se trata de desenvolver caráter, força, segurança interior, bem como talentos e habilidades pessoais e interpessoais únicos em uma criança, nenhuma instituição pode ou jamais poderá se comparar ou substituir efetivamente a influência positiva do lar e da família. Mais uma vez, afirmo que algumas das experiências mais significativas da vida serão com sua própria família. Cada lar é diferente, e o seu pode não ser tradicional ou se parecer com os outros, mas família é família e, normalmente, seus próprios entes queridos podem lhe proporcionar sua maior alegria.

Meu irmão John e a família dele desenvolveram juntos uma declaração de missão familiar que comunica o que eles valorizam. Ela diz simplesmente: "Sem cadeiras vazias". Essa frase significa, em essência, que há um lugar para todos em sua família, e cada um é precioso e importante. É uma bela declaração e resume o valor de um avô, tia, tio, irmão ou irmã vigilante, atencioso e consciencioso que vê uma necessidade na família e ajuda como pode, de maneira desinteressada. Recomendo a você a ideia de desenvolver sua própria declaração de missão pessoal ou familiar. Em seguida, forme uma unidade em torno dela e trabalhe para alcançá-la. Você não encontrará alegria maior.

CAPÍTULO 10

Identifique seu propósito

*Nossas almas não estão famintas por fama,
conforto, riqueza ou poder. Nossas almas estão
famintas por significado, pela sensação de que
descobrimos como viver para que nossa existência
seja importante, para que o mundo seja pelo menos
um pouco diferente por termos passado por ele.*
RABINO HAROLD KUSHNER[57]

Na casa de Charlie e Dorothy Hale em Rochester, Nova York, todo
dia pode parecer Natal — com tantos pacotes sendo entregues.
Mas esses pacotes, na verdade, contêm uma variedade de instrumentos musicais com algum tipo de defeito. Há anos, Dorothy
fez um curso de conserto de instrumentos e, desde então, o casal
ficou viciado em comprar e consertar instrumentos quebrados.
Ambos na faixa dos oitenta anos, Dorothy, uma química aposentada, e Charlie, um médico aposentado, são apaixonados por dar
nova vida aos instrumentos musicais para entregá-los de graça a
alguém que fará música com eles. E o casal não conserta apenas
alguns instrumentos. Até dezembro de 2019, haviam doado quase
mil instrumentos musicais funcionais para o distrito escolar de
Rochester por meio da Rochester Education Foundation.

"É inacreditável que dois seres humanos se importem tanto
com os filhos de outras pessoas", disse Alison Schmitt, professora do departamento de artes de Rochester. Ela acredita que
o impacto de os Hale fornecerem os instrumentos musicais re-
parados à comunidade foi enorme, pois estudos mostram que
a educação musical tem impacto duradouro ao ajudar os alunos a se saírem melhor na escola.[58] Para esse casal excepcional
que trabalha duro para beneficiar alunos que sequer conhecem,

225

suas ações ajudam bastante a mostrar que existem pessoas que de fato se importam. Ao restaurar cada instrumento, os Hale encontraram um propósito que não apenas traz alegria aos outros, mas também enriquece sua própria vida.

Richard Leider, coach de vida e autor de *O poder do propósito*, explica a importância vital do propósito: "O propósito é fundamental. Não é um luxo. Ele é essencial para nossa saúde, nossa felicidade, nossa cura e nossa longevidade. Todo ser humano quer deixar uma marca de uma forma ou de outra. Nossa geração está vivendo mais do que qualquer geração anterior. Estamos nos aposentando de maneira diferente de nossos pais. [...] Cada dia que acordamos é uma nova oportunidade de criar uma boa vida".[59]

O princípio perspicaz atribuído a Pablo Picasso no início deste livro se estende, como vimos, pelos quatro períodos cruciais de experimentar a vida em crescendo: "O sentido da vida é encontrar o seu dom. O propósito da vida é doá-lo". Olhando através desse paradigma único, é essencial descobrir nossos dons e talentos, desenvolvê-los e expandi-los, e, depois, aplicá-los para que beneficiem os outros.

Cada um de nós tem uma missão única que é necessária neste mundo; envolver-se com outras pessoas e servi-las é a mais significativa delas. Sempre acreditei que não inventamos nossas missões, nós as identificamos. Assim como podemos ouvir a consciência para saber o que fazer e a quem ajudar, também podemos identificar ou descobrir qual deve ser nossa missão exclusiva na vida. Este é, em última análise, o propósito deste livro: inspirar e incentivar você a buscar de modo ativo seu propósito e sua missão pessoal — em qualquer fase da vida em que esteja. Concordo com Oprah: o maior presente que você pode dar é honrar seu próprio chamado pessoal.

Se tivermos autoconhecimento, somos capazes de descobrir nossa missão, mesmo que seja preciso nos refazer no processo. Viktor Frankl, que sofreu nos campos de extermínio nazistas, ensinou que, em vez de nos perguntarmos "o que eu quero da vida?", devemos nos perguntar "o que a vida quer de mim?". É uma pergunta muito diferente. Depois que refletimos a respeito disso, podemos fazer metas e planos de acordo.

Cada um tem a sua vocação ou missão específica na vida para executar uma tarefa concreta que exige realização. Portanto, ninguém pode ser substituído nem ter a vida repetida. Assim, a tarefa de cada um é tão única quanto sua oportunidade específica de implementá-la. [...] Em última análise, o homem não deve perguntar qual é o sentido de sua vida, mas reconhecer que é ele quem é solicitado. [...] À vida ele só pode responder sendo responsável.
VIKTOR FRANKL[60]

Ryland Robert Thompson, que estudou o dr. Frankl, concluiu que ele ensinou que descobrimos nosso propósito ao:

1. Criar uma obra ou executar uma ação.

2. Experimentar algo ou encontrar alguém.

3. Assumir uma atitude positiva em relação ao sofrimento inevitável.

Somente quando descobrirmos nossa missão na vida experimentamos a paz que vem de cumprir o propósito — os frutos da verdadeira felicidade.[61]

Uma das coisas mais importantes que podemos fazer é trazer a missão à tona e realizá-la. Oliver Wendell Holmes disse: "Todo chamado é grande quando muito perseguido". Cabe a você tomar a iniciativa de buscar de modo ativo sua missão exclusiva para que ela possa abençoar e beneficiar outras pessoas.

Faça o que puder para mostrar que se importa com outras pessoas e fará do nosso mundo um lugar melhor.
ROSALYNN CARTER

Quando o presidente Jimmy Carter e a primeira-dama Rosalynn Carter deixaram a Casa Branca, em 1980, não viram isso como o fim de suas contribuições ou mesmo de seu trabalho mais importante. Depois de servir como presidente dos Estados Unidos e alcançar o que alguns certamente chamariam de Auge do Sucesso, a maioria iria em busca de uma rede, um bom livro...

e pronto. A maioria dos ex-presidentes entra no circuito de palestras e constrói uma biblioteca em seu nome.

Mas os Carter sempre estiveram envolvidos em ajudar causas humanitárias. Ainda queriam contribuir e usar o status e a influência que haviam adquirido para atender às necessidades urgentes que viam ao redor. Apenas um ano depois de deixarem a Casa Branca, estabeleceram o Carter Center, com o objetivo de promover os direitos humanos e a paz e aliviar o sofrimento ao redor do mundo.

O Carter Center atualmente ajuda pessoas resolvendo conflitos em mais de setenta países. Também trabalha na promoção da democracia, dos direitos humanos e de oportunidades econômicas, na prevenção de doenças, na melhoria dos cuidados de saúde mental e ensinando os agricultores a aumentar a produção agrícola. Além disso, os Carter são voluntários da Habitat for Humanity, uma organização sem fins lucrativos que ajuda pessoas carentes nos Estados Unidos e em outros países a reformar e construir casas. Em 2002, Jimmy Carter foi agraciado com o Prêmio Nobel da Paz em Oslo pelo Comitê Nobel norueguês "por suas décadas de esforço incansável para encontrar soluções pacíficas para conflitos internacionais, promover a democracia e os direitos humanos e promover o desenvolvimento econômico e social".

Ao aceitar o prêmio, as palavras de Carter espelharam sua missão de vida e funcionaram como um chamado à ação para as gerações futuras:

> O vínculo de nossa humanidade comum é mais forte do que a divisão de nossos medos e preconceitos. [...] Deus nos dá a capacidade de escolha. Podemos escolher aliviar o sofrimento. Podemos escolher trabalhar juntos pela paz. Podemos fazer essas mudanças — e devemos.[62]

Sempre "defensora dos negligenciados", Rosalynn Carter continuou a trabalhar em torno dos problemas de saúde mental negligenciados, assim como fez quando foi a primeira-dama no estado da Georgia, onde trabalhou para reformar o sistema de saúde mental. Além de atuar ao lado do ex-presidente na defesa dos direitos humanos e na resolução de conflitos, Rosalynn trabalhou pela imunização na primeira infância, abordou as necessidades de soldados estadunidenses que retornavam de conflitos e escreveu vários livros sobre saúde mental e cuidados, além de uma autobiografia. Rosalynn teve a rara honra de ser incluída no National Women's Hall of Fame e também recebeu, com o marido, a medalha presidencial da liberdade, por seu incansável trabalho humanitário, incluindo décadas de dedicação contínua à organização Habitat for Humanity.[63]

Rosalynn e Jimmy Carter doaram tempo e capacidade de liderança à Habitat for Humanity por 35 anos e se tornaram o rosto da entidade. Com mais de 100 mil outros voluntários, ajudaram pessoalmente a construir, reformar e consertar 4.390 casas em catorze países diferentes ao redor do mundo, trabalhando mesmo depois que o presidente Carter precisou ser tratado de uma forma rara de câncer. Ainda ativos na casa dos noventa anos, em outubro de 2019 os Carter anunciaram que a Habitat for Humanity estava entrando na República Dominicana, o 15º país em que ajudariam a construir e consertar casas durante o ano de 2020.[64]

Em um livro inspirador que expressa a Mentalidade Crescendo dos dois, intitulado *Everything to gain: making the most of the rest of your life* [*Tudo a ganhar: aproveitando ao máximo o restante de sua vida*], os Carter falam sobre o valor de identificar as necessidades ao seu redor, envolver-se em projetos significativos e encontrar alegria no valor do serviço. O ex-presidente Carter escreveu um número surpreendente de livros (mais de quarenta) — todos, exceto um, após seu período na presidência. Em 1998, escreveu *As virtudes de envelhecer*. Quando alguém lhe perguntava levianamente "O que há de bom em envelhecer?", ele respondia com humor: "Bem, é melhor do que a alternativa!".

Embora tenha sido eleito presidente dos Estados Unidos, muitos acreditam que o maior legado do presidente Jimmy Carter será seu importante trabalho humanitário e seu ativismo social *depois* de deixar a Casa Branca como o ex-presidente mais produtivo da história estadunidense.

O presidente Carter escreve sobre essa oportunidade única de se aposentar de uma profissão, mas claramente não se aposentar da vida:

Há uma grande satisfação em poder "fazer a diferença" para alguém que precisa de ajuda. Há algo que todos podemos fazer, mesmo os mais jovens, mas nós, na "segunda metade" da vida, muitas vezes temos mais tempo para nos envolver. E especialmente com o prolongamento da longevidade e as chances de uma boa saúde tão grandes, há uma etapa de vida adicional após o trabalho em que podemos dedicar mais tempo ao serviço voluntário. Os talentos, a sabedoria e a energia de nossos aposentados são extremamente necessários para nossas comunidades. [...] E os aposentados ativos e envolvidos têm um novo senso de valor próprio, uma fonte de enriquecimento diário [...] e há uma desaceleração do processo de envelhecimento.

Ajudar os outros pode ser surpreendentemente fácil, pois há muito a ser feito. A parte difícil está em escolher o que fazer e começar, realizando o primeiro esforço em algo diferente. Depois que tomamos a iniciativa, muitas vezes descobrimos que podemos fazer coisas que nunca pensamos ser capazes de fazer. [...] O envolvimento na promoção do bem para os outros operou diferença tremenda em nossa vida nos últimos anos. Há sérias necessidades, em toda parte, de voluntários que queiram ajudar aqueles com fome, sem-teto, deficientes visuais, portadores de necessidades especiais, viciados em drogas ou álcool, analfabetos, pessoas com distúrbios mentais, idosos, presos ou apenas sem amigos e solitários. Há claramente muito a ser feito, e o que quer que façamos, é melhor começarmos logo.[65]

Mesmo que já tenha experimentado o Auge do Sucesso em algum aspecto e esteja agora na empolgante segunda metade da vida, esta é sua chance de recomeçar e criar algo diferente do que fez antes. Mesmo que não seja um ex-presidente ou uma ex-primeira-dama, há muito a oferecer e contribuir se simplesmente "começar logo", como desafiou o presidente Carter.

O cansaço proveniente de qualquer atividade física que valha a pena eleva o espírito. Trabalhar com a Habitat for Humanity tem sido esse tipo de experiência para nós. De todas as atividades que realizamos desde que deixamos a Casa Branca, certamente é uma das mais inspiradoras. Ajudar a construir uma casa para pessoas que nunca viveram em um lugar decente e nunca sonharam em ter uma casa própria pode trazer muita alegria e uma resposta emocionante.[66]

Nessa fase da vida, você realmente tem a oportunidade de fazer a diferença à sua maneira, talvez mais do que em qualquer outro momento. Mas e se não estiver nessa idade e nessa etapa agora? Em vez de esperar até chegar lá para decidir, é crucial que antecipe esse momento enquanto é mais jovem. Você poderá ser muito mais eficaz na segunda metade da vida se planejar com antecedência e começar a viver em crescendo durante a primeira metade.

A preparação para a velhice deve começar o mais tardar na adolescência. Uma vida vazia de propósito até os 65 anos não se tornará repentinamente preenchida na aposentadoria.
DWIGHT L. MOODY[67]

Onde quer que esteja agora, prepare-se e planeje a segunda metade da vida, pois assim você será mais produtivo, e a transição, mais fácil e natural. Uma pesquisa mostrou que dois terços dos *baby boomers* aposentados relatam ter desafios para se adaptar aos últimos anos. Entre outros ajustes, estão em busca de formas de dar sentido e propósito aos seus dias. Com isso em mente, o que fazer se um propósito, uma missão e um significado não estiverem imediatamente aparentes? Como encontrar seu propósito?

Em *Shifting gears to your life and work after retirement* [*Mudando a marcha de sua vida e seu trabalho após a aposentadoria*], a coautora Marie Langworthy recomenda perguntar-se:

- Qual é o meu temperamento?

- Quais são as minhas habilidades?

- Quais são os meus valores?

- Quais são os meus interesses?

- Se eu pudesse fazer qualquer coisa no mundo, o que seria?[68]

Para ajudar você a se concentrar em sua missão e seu propósito, vamos dar uma olhada em alguns mitos, verdades e desculpas comuns no que se refere a viver a vida em crescendo.

Desculpas e mitos sobre viver a Mentalidade Crescendo na segunda metade da vida

- Estou velho, cansado, esgotado e desatualizado demais para fazer a diferença.

- Não tenho habilidades ou talentos especiais para oferecer.

- Já realizei muita coisa na vida — "já conheço os passos dessa estrada!".

- Preocupam-me o tempo e o esforço que isso exigirá, e não quero ficar preso.

- Não acredito de verdade que meu trabalho representará diferença significativa para os outros porque não sou particularmente habilidoso, talentoso ou único.

- Eu me pergunto por que deveria me importar ou ser voluntário se isso não afeta a mim nem à minha família.

- Não sei o que fazer, como ajudar ou como começar — parece fora da minha zona de conforto.

- Envolver-se na comunidade parece muito pesado, porque há muitas necessidades.

- Sinto-me muito hesitante ou tenho medo de tentar algo novo sobre o que não sei nada.

- Não é meu problema ou responsabilidade.

- Quero descansar, relaxar e passar meus dias sem fazer nada. Não quero adicionar mais estresse à minha vida.

- Trabalhei duro minha vida inteira — não quero fazer nada além de aproveitar a aposentadoria com lazer.

A verdade sobre viver a Mentalidade Crescendo na segunda metade da vida

- Grandes aventuras e oportunidades emocionantes esperam por você!

- Não são necessários conhecimentos ou habilidades incomuns ou especiais — o que você tem é suficiente.

- Seu envolvimento servindo aos outros manterá você mais jovem, mais cheio de energia e vivo por mais tempo.

- Sua habilidade e sua capacidade aumentarão ao se envolver em projetos significativos.

- Você poderá encontrar mais significado e propósito, o que trará felicidade e realização à sua vida.

- Sentirá mais gratidão por suas bênçãos ao olhar para fora e servir aos outros.

- Você tem mais tempo disponível do que nunca.

- Você tem uma vida inteira de habilidades, competências, talentos e conhecimentos valiosos para oferecer, muito mais do que pode imaginar.

- Você tem uma vida inteira de experiência adquirida com pessoas, profissões e sistemas.

- Você tem uma vida inteira de amigos, colegas e recursos com quem interagir e a quem alistar.

- Você tem uma existência inteira de sabedoria adquirida ao longo dos anos em muitas áreas da vida.

- Pode ser um mentor valioso para alguém que precisa de um modelo a seguir.

- Você tem uma oportunidade de ouro para servir e abençoar os outros — a escolha de impactar família, amigos, vizinhança, comunidade e até mesmo o mundo sob um aspecto positivo.

- Pode fazer uma diferença incrível na vida de muitas pessoas, incluindo entes queridos, se aceitar o desafio de viver a vida em crescendo.

- Seu trabalho e suas contribuições mais importantes ainda estão à sua frente — apesar do que aconteceu no passado — se você os desejar e buscar.

Não espere. O tempo passará de qualquer maneira, então por que não o dedicar a atividades dignas e usá-lo para causas importantes que lhe despertem paixão ou pelas quais possa se apaixonar? Demonstramos, pela variedade de exemplos, que você já tem o que é preciso para fazer algo bom com toda a sua experiência e o seu aprendizado. Como descobriu a dra. Salerno, não é preciso ser extraordinário para realizar coisas extraordinárias.

Embora aposentada da prática clínica, a dra. Judith Salerno é a presidente da Academia de Medicina de Nova York. Quando começou a pandemia da Covid-19, o então governador de Nova York, Andrew Cuomo, fez um apelo para que enfermeiros e médicos aposentados ajudassem no trabalho de plantão. Sem hesitar, em vez de se isolar pela idade, a dra. Salerno voltou ao trabalho. "Quando foi feito o chamado, eu me inscrevi imediatamente", contou ela.[69]

"Estou no grupo demográfico errado, na casa dos sessenta anos", explicou ela, "mas tenho um conjunto de habilidades necessárias, importantes e que serão muito escassas em um intervalo de tempo muito curto.[70] [...] Ao olhar para o que está por vir para a cidade de Nova York, onde moro, acredito que, se eu puder usar minhas habilidades de alguma forma que seja útil, farei isso."[71]

Como médica executiva, a dra. Salerno é uma das mais proeminentes lideranças em saúde nos Estados Unidos e agora está entre os 80 mil profissionais de saúde que ofereceram voluntariamente seus serviços durante a pandemia. "Tenho o que eu poderia considerar habilidades clínicas 'enferrujadas', mas um julgamento clínico muito bom", disse a dra. Salerno. "Achei que nessa situação eu poderia reanimar e aprimorar essas habilidades, mesmo que apenas para cuidar de pacientes de rotina e trabalhar em equipe. Havia muitas coisas boas que eu poderia fazer."[72]

Então, o que você vai escolher: se aposentar ou se renovar? Viver em crescendo ou em diminuendo? Caso se renove, poderá negar velhos estereótipos e capitalizar benefícios e vantagens neste grande momento de oportunidade em sua vida, quando tem tantas outras opções. Planeje com antecedência para tornar essa etapa produtiva, um momento de contribuição, entusiasmo, mudança e transição, bem como um momento de prazer. Você já experimentou muito da vida, mas agora continue sendo curioso e veja o que pode realizar.

Sempre senti uma necessidade sagrada de contribuir, e não apenas de me aposentar para o lazer. Acredito que o legado mais importante que posso deixar é ser um exemplo de alguém que está constantemente fazendo a diferença no mundo.

Acredite que pode fazer a diferença e atreva-se a agir em relação a isso. Está em suas mãos. Cabe a você fazer acontecer! Pelo que você será lembrado? Que legado deixará? Comece agora a adotar a Mentalidade Crescendo. Trabalhe de modo consciente para tornar esse período de sua vida um momento de contribuição e passe do sucesso ao significado. Faça isso, e essa etapa se mostrará doce e gratificante.

PARTE 5

CONCLUSÃO

A jornada de nossa família vivendo em crescendo

Cynthia Covey Haller

Quanto mais me aproximo do fim, mais claras ouço ao meu redor as sinfonias imortais do mundo que me convida. É maravilhoso, mas simples. Há meio século, venho escrevendo meus pensamentos em prosa e verso, história, filosofia, drama, romance, tradição, sátira, ode e canção; experimentei tudo. Mas sinto que não disse a milésima parte do que há em mim. Quando descer ao túmulo, poderei dizer como muitos outros: "Terminei meu dia de trabalho". Mas não poderei dizer: "Terminei o trabalho da minha vida". Meu dia de trabalho recomeçará na manhã seguinte.
VICTOR HUGO[1]

Uma homenagem final aos meus pais

A Mentalidade Crescendo foi realmente a última grande ideia de papai — sua "última palestra", por assim dizer, que tanto o empolgava. Como a mais velha dos nove filhos de Stephen e Sandra Covey, tive o privilégio de finalizar este livro — um livro que meu pai e eu começamos há muitos anos. Ele acreditava que conduzir a vida em crescendo era uma ideia poderosa que poderia mudar e enriquecer a vida daqueles que a adotassem. Acreditava profundamente que *seu maior êxito está um passo adiante,* em qualquer etapa da jornada em que se esteja, e ele mesmo tentou viver essa mentalidade.

Como família, decidimos compartilhar algumas coisas sobre nosso pai que não são do conhecimento geral, com o objetivo de dar esperança e encorajamento a quem também esteja enfrentando desafios difíceis. Embora seja pessoal para nós, sabemos que muitos têm provações semelhantes e ainda maiores, por isso compartilhamos a história de nossa família com espírito de amor e empatia.

Em 2007, minha mãe fez uma cirurgia na coluna, e hastes de titânio foram colocadas em suas costas inteiras. As hastes se mostraram eficazes em estabilizar suas costas, mas ela desenvolveu uma infecção grave, causando danos nos nervos de suas pernas e pés. Ficou hospitalizada por quatro meses e precisou passar por muitas cirurgias, tendo a vida ameaçada inúmeras vezes. Durante esse período, não sabíamos se ela ficaria bem o suficiente para sair do hospital e levar uma vida normal novamente, ou se ela ao menos se recuperaria.

Para a grande decepção de nossa família, o dano no nervo de sua medula espinhal a deixou confinada quase o tempo inteiro a uma cadeira de rodas. Para nossa mãe, que nunca teve problemas nas costas e "nunca esteve doente um dia na vida" (como costumava nos lembrar), isso foi horrível! Ela passou de uma pessoa que nunca pedia nada a alguém que mal reconhecíamos, ficando completamente incapaz de andar e precisando de cuidados 24 horas por dia, em tempo integral. A vida de nossa maravilhosa mãe e avó mudou da noite para o dia, com problemas de saúde complicados agora consumindo cada momento de vigília. Em um período muito curto, passou da independência para a dependência completa. Foi um momento muito traumático e, como família, confiamos em nossa fé e uns nos outros, e oramos continuamente para que as circunstâncias melhorassem.

Antes das cirurgias nas costas de mamãe, em todos os dias que papai estava na cidade, os dois tinham um ritual de andar em uma moto Honda 90 pelo bairro, "conversando", como chamavam. Era a parte favorita do dia para os dois, mantendo o relacionamento vibrante e renovando-os. Mais tarde, como adultos com nossos próprios filhos, adorávamos vê-los andando de moto e conversando juntos e admirávamos a proximidade que os dois compartilhavam.

Nossos pais tinham uma parceria maravilhosa e, embora às vezes abordassem as coisas de maneira diferente, equilibravam-se e tinham as coisas mais importantes em comum. Criaram nove filhos juntos, serviram em muitos cargos de liderança na igreja e em sua comunidade e realizaram muitas coisas. Nosso pai costumava viajar para dar consultorias, escrever e ministrar palestras. Depois dos filhos criados, mamãe muitas vezes viajava com ele, dando feedbacks fundamentais das palestras, às vezes falando em suas apresentações e com frequência cantando — já que era um talento maravilhoso dela. O casamento deles foi para nós um grande exemplo de amor e compromisso.

Durante as várias cirurgias e a hospitalização de mamãe, nos voltamos para papai em busca de liderança e conforto. Mas, nessa mesma época, começamos a perceber que ele não estava agindo como de costume. Demonstrava pouca iniciativa ao se reunir com os médicos da mamãe e, muitas vezes, ao visitar o hospital, adormecia no mesmo instante em vez de ajudar a lidar com as complicadas decisões médicas. O pior de tudo é que nosso pai, sempre muito empático e voltado para a família, começou a parecer distante e até um pouco apático.

Era óbvio para nós que ele estava tendo dificuldade em lidar com a condição de mamãe. Atribuímos isso à aversão que nosso pai tinha de hospitais devido a uma operação traumática nos quadris que precisou realizar quando menino e que o confinou a muletas por três anos. Desde então, ele sempre empalidecia um pouco dentro de hospitais, por causa das más lembranças.

Depois de quatro longos e dolorosos meses, nossa família ficou emocionada ao saber que mamãe estava bem o suficiente para sair do hospital, ainda que presa a uma cadeira de rodas e totalmente dependente de outras pessoas para tudo. Papai, que sempre a adorou e a tratou como uma rainha, mostrou seu amor fornecendo assistência médica 24 horas para facilitar sua vida. Comprou uma van para acomodar a cadeira de rodas, adaptou a casa para acessibilidade e tentou tornar a vida dela o mais fácil possível. Ele tinha esperança de que mamãe logo voltaria a caminhar e os dois poderiam retomar uma vida normal juntos.

Embora os problemas de saúde de mamãe fossem difíceis para todos nós, pareciam afetar mais papai, que continuou a se retrair. Papai era uma pessoa reservada, mas agora havia enfermeiras em casa o tempo todo, muitas vezes duas de cada vez, pois tinham de dar banho e vestir mamãe. Ele se tornou mais distante e agitado e parecia desinteressado pela vida.

Quando ficou óbvio que algo estava definitivamente errado, ele fez um exame e foi diagnosticado com demência fronto-temporal. Ficamos surpresos com o fato de nosso pai ter essa doença terrível, já que sempre foi tão ativo mental e fisicamente. Recusou-se a aceitar o diagnóstico, zombando da análise do médico. Mas estava nítido que ele tinha a doença. Cada vez mais testemunhávamos uma dramática mudança na sua personalidade. Papai começou a se tornar socialmente inadequado, exibindo falta de julgamento e perda de inibição, repetindo histórias que acabara de contar e dizendo e fazendo coisas que eram totalmente incompatíveis com sua personalidade.

Foi nessa época que precisamos insistir para que parasse de viajar, dar palestras e escrever, basicamente encerrando sua carreira profissional, contra sua vontade. Foi um momento muito triste e difícil para todos nós, e o fim de uma era de contribuições incríveis.

Enfim percebemos que ele vinha lutando com os estágios iniciais da doença havia algum tempo. Todos aqueles sintomas foram devastadores quando vimos nosso pai "maior que a vida", o patriarca da família, declinar diante de nossos olhos, impotentes para deter o processo. Vimos sua personalidade divertida, única e extrovertida se transformar em alguém que mal reconhecíamos. Às vezes, era possível perceber medo genuíno em seus olhos, pois ele sabia que estava acontecendo algo que não podia controlar. Mas também sentimos muito amor e queríamos apoiá-lo e cuidar dele naquele momento difícil.

Como família, estávamos tristes e sobrecarregados, com uma mãe em uma cadeira de rodas, lidando com uma variedade de problemas de saúde complicados, e, ao mesmo tempo, um pai que sofria de demência, deteriorando-se com rapidez. Sentimos que não tínhamos mais nenhum de nossos pais. Foi um momento muito desafiador e difícil para a família Covey.

Então, fizemos o melhor que podíamos — juntos. Contamos uns com os outros, alternando o tempo para estar com mamãe e papai, tentando tornar feliz a vida deles e retribuindo todo amor e cuidado que recebemos de nossos pais. Todos se envolveram — irmãos e cônjuges, netos, tios, familiares e amigos de toda a vida.

Ao longo do caminho também vimos muitas bênçãos que nunca havíamos experimentado em tempos mais fáceis. Tornamo-nos mais próximos como irmãos e cônjuges do que nunca, compartilhando a dor e contando uns com os outros para apoio. Nossos relacionamentos se tornaram mais ricos, e passamos a perdoar livremente uns aos outros por pequenas coisas que agora pareciam sem importância, além de nos tornarmos menos críticos. Sentimos alegria verdadeira em servir nossos pais. Passamos a ser mais ternos com nossos próprios filhos e gratos pela fé que era nossa âncora, dando-nos força e coragem para seguir em frente. Aproveitávamos os dias bons e os momentos em que fazíamos nossos pais felizes e adorávamos relembrar os dias melhores.

Em vez de chorar o tempo todo, como fizemos no início, nos inspiramos nas personalidades otimistas de nossos pais e começamos a rir de novo! Adorávamos cantar uma música clássica de uma de nossas produções favoritas, *Joseph and the amazing technicolor dreamcoat*, que descrevia como nos sentíamos: "Those Canaan days, we used to know, where have they gone, where diiiiiiidddddddd they go!" ("Aqueles dias de Canaã que costumávamos ter, para onde eles foram? Para onde eles foram?").[2]

Para nós, "aqueles dias de Canaã" representavam a vida antes da cirurgia, antes da demência, antes de todas as mudanças drásticas em nossos pais. Como nos sentíamos gratos pelas lembranças maravilhosas dos dias melhores!

Nossa família sempre amou filmes, e nos lembramos de uma frase de um dos nossos favoritos, *Os três amigos*, que era muito aplicável à nossa situação. Em um esforço para encorajar seus amigos a seguir em frente durante tempos difíceis, Lucky Day (Steve Martin) diz: "De certa forma, todos temos um El Guapo para enfrentar. [El Guapo era o bandido da história.] [...] Para nós, El Guapo é um cara grande e perigoso que quer nos matar!".[3] Percebemos que aquela provação era o El Guapo pessoal de nossa família, e essa frase a que recorríamos para "dar uma risada" muitas vezes nos salvou durante esse período sombrio.

Além de nos aproximarmos mais, descobrimos que desenvolvemos mais caridade e compreensão pelas dificuldades e tristezas dos outros. Sabíamos em primeira mão o que era sofrer, experimentar a perda e assistir impotentes aos nossos pais lutarem e declinarem. Tornamo-nos muito mais conscientes daquilo que outras pessoas passavam durante suas dificuldades e, como resultado, passamos a ter mais empatia. Para enfrentar a situação, colocamos em prática uma das frases favoritas do papai: "Seja forte nos momentos difíceis". Aos poucos, percebemos o quanto ele lutou contra essa doença e fez o máximo que pôde, vivendo a vida em crescendo até simplesmente não conseguir mais fazer isso.

Logo descobrimos quantas pessoas de fato amavam nossos pais e o quanto eles haviam compartilhado e contribuído para tanta gente ao longo de suas vidas. Amigos de longa data e familiares vinham com regularidade passar um tempo com papai ou levá-lo para almoçar. Também demonstravam muito amor e apoio à mamãe, que muitas vezes precisava de um amigo ou ouvido atento, um ombro para chorar e encorajamento para seguir em frente. O irmão de papai, John, que sempre foi seu melhor amigo, foi uma tábua de salvação para nós. Ele ia regularmente passar um tempo com o irmão e nos apoiava como o pai que não tínhamos mais. A esposa dele, Jane, também fazia visitas frequentes e foi uma verdadeira amiga para nossa mãe, algo de que ela realmente precisava e que apreciava. Percebemos o quanto realmente éramos abençoados por não estarmos sozinhos. Tínhamos amigos e familiares que se importavam e acreditávamos que Deus ainda estava cuidando de nós.

Com o tempo, mamãe se adaptou lindamente à sua nova vida de maneira notável e corajosa e, mais uma vez, envolveu-se em nossa vida. Sua saúde melhorou aos poucos ao longo do tempo, e logo não conseguíamos mantê-la parada. Ela organizou muitos eventos familiares, envolveu-se com amigos e em atividades e desfrutou de uma vida tão feliz e rica quanto possível, apesar da cadeira de rodas. Como as muitas pessoas inspiradoras destacadas neste livro, nossa mãe não se permitiu ser definida pelos desafios e adversidades, mas os enfrentou com fé e coragem e continuou olhando para o que ainda estava por vir.

242

A maior parte do tempo de mamãe, no entanto, era dedicada a tentar tornar a vida de papai maravilhosa. As habilidades mentais e físicas dele começaram a ser mais afetadas, e logo ele se tornou muito dependente dela e de outras pessoas para todos os seus cuidados. Todos os dias, mamãe planejava coisas divertidas para os dois fazerem juntos — um passeio ou uma atividade significativa, passar tempo com velhos amigos e nossa família —, preenchendo os dias dele com coisas de que papai gostava. Mamãe relembrava histórias maravilhosas da família, lugares para onde tinham viajado e momentos que haviam passado juntos. Papai falava cada vez menos, mas ouvia com atenção o que ela dizia e queria estar o tempo todo com ela. Mamãe fazia todo o possível para mantê-lo seguro e bem cuidado, embora aquele fosse o momento mais triste e solitário de sua vida.

Em abril de 2012, papai estava dando uma volta em sua bicicleta elétrica perto de sua casa, uma de suas atividades favoritas e de que ele ainda podia desfrutar. Embora estivesse com um ajudante, de alguma forma perdeu o controle descendo o morro, bateu no meio-fio da calçada e voou da bicicleta, caindo de cabeça. Apesar do capacete, sofreu uma hemorragia interna. Ficou internado por algum tempo, e nos perguntamos se seria ali que o perderíamos. No entanto, depois de várias semanas, papai pareceu se recuperar um pouco e pôde voltar para casa. Embora suas habilidades estivessem mais limitadas, ele ainda estava conosco.

Naquele verão, visitamos a cabana da família em Montana e aproveitamos o que não sabíamos que seriam nossos últimos dias com papai. Fizemos um churrasco maravilhoso no dia 4 de julho, conversando e cantando juntos ao redor do fogo, assando marshmallows, junto a primos de todas as idades, rindo e brincando, fazendo danças malucas ao som da música, cantando canções patrióticas e disparando fogos de artifício — encerrando a noite de verão perfeita. Papai pareceu se divertir como havia muito tempo não acontecia. Anos antes, imaginou uma noite assim quando construiu nossa cabana, que apropriadamente batizou de "Legado". Nosso pai planejou com cuidado cada área do quintal para a família desfrutar no belo território do "Grande Céu", nosso lugar favorito no mundo. Aquelas lindas cabana e área são verdadeiramente o legado que ele nos deixou. Hoje, olhamos para aquela noite mágica com muito carinho, pois semanas depois nosso pai nos deixou.

Em 15 de julho, o sangramento em sua cabeça recomeçou de súbito, e ele foi levado de ambulância para o hospital. Depois de ouvir que papai estava em uma condição muito grave, todos os nove filhos e seus cônjuges fomos de onde quer que estivéssemos para o lado de papai. Por um milagre, todos chegamos a tempo de nos despedir e fizemos parte de uma experiência espiritual, pois nosso pai faleceu em paz, na manhã de segunda-feira, 16 de julho, cercado pela esposa e pela família, como gostaria. Houve um sentimento avassalador de amor quando ele faleceu, e experimentamos uma paz profunda da qual sempre nos lembraremos e a qual sempre apreciaremos. Papai morreu a poucos meses de completar oitenta anos — anos antes do que imaginávamos que ele nos deixaria. Como família, acreditamos fortemente que estaremos com ele mais uma vez.

Todos sentimos muita falta do nosso maravilhoso pai nas semanas que se seguiram, mas, por causa das restrições físicas e mentais que a doença havia lhe imposto, estávamos gratos por ele estar livre da dor e do sofrimento. No final, papai mal conseguia falar, um dos sintomas de seu tipo de demência. Achamos irônico que seu grande dom que abençoou a tantos — falar e inspirar outros por meio de palavras e ideias — foi o que acabou lhe sendo tirado. Ele havia completado o círculo.

Não chore porque acabou; sorria porque aconteceu.
AUTOR DESCONHECIDO

Neste livro, você foi desafiado e, espero, inspirado a viver em crescendo. Mas não discutimos a possibilidade de que problemas de saúde mental ou física ou outras circunstâncias além de seu controle impeçam você de fazer isso pelo tempo que desejar. Na realidade, você só pode fazer o melhor que puder.

Acreditamos que nosso pai deu o exemplo de tentar viver a Mentalidade Crescendo até simplesmente não conseguir mais. Antes de começar a mostrar sinais de demência, papai trabalhava em vários projetos de escrita diferentes, incluindo este livro, e estava envolvido em muitos outros empreendimentos significativos que lhe eram empolgantes. Era totalmente comprometido como pai e avô, e tinha muitas atividades e viagens planejadas para ajudar a reunir e fortalecer a família. Ele sempre compartilhava experiências, aprendizados importantes e novas ideias sobre os quais estava escrevendo e ensinando em reuniões de família ou durante ligações pessoais que cada um dos filhos recebia com frequência. Sim, nosso pai estava envolvido por completo, com entusiasmo, e acreditava profundamente que sua maior obra ainda estava à sua frente, até o momento em que começou a experimentar seu declínio mental.

Pouco antes de este livro ser concluído, nossa mãe, Sandra Merrill Covey, faleceu inesperadamente, mas em paz — também um exemplo poderoso de vida em crescendo. Apesar de passar seus últimos doze anos em uma cadeira de rodas, ela exemplificava essa mentalidade todo dia e desfrutava de forma plena da vida como matriarca da família Covey. Ela surpreendeu e inspirou a todos nós até o fim.

Em seu velório, cada um dos nove filhos prestou uma breve homenagem a algumas características admiráveis que mamãe exibiu ao longo da vida. Contei uma das minhas histórias favoritas sobre sua personalidade estourada e sua atitude proativa (*carpe diem*) em relação a uma vida com propósito. Anos atrás, enquanto estava na França, depois de um dia de passeios turísticos, mamãe procurava desesperadamente por um banheiro. Quando entrou em um restaurante, a proprietária acenou para que saísse, apontando para a placa de fechado. Mas minha mãe insistiu.

"Por favor, preciso mesmo usar o banheiro", disse ela à proprietária.

Mas a mulher insistiu. "Senhora, está *terminado!*"

Ao que minha mãe passou por ela, gritou por cima do ombro: "*Não* está terminado!", e desceu as escadas.

Irritada por ela ter ido sem permissão, a mulher apagou as luzes de propósito, de modo que minha mãe teve de tatear para encontrar o banheiro em um porão desconhecido e sentir o caminho de volta pela escada no escuro. Depois de certo tempo, ela enfim chegou ao topo, encontrou o olhar da mulher, levantou o braço em triunfo e exclamou em voz alta: "VIVE LA FRANCE!", saindo pela porta!

Sua afirmação *"não* está terminado!" é indicativa de como ela viveu a vida. Em crescendo! Após suas cirurgias e recuperação, mamãe não havia terminado de viver e, apesar das probabilidades, lutou para recuperar a vida e retornar às suas muitas atividades, mesmo com seus contínuos desafios de saúde. Não olhou para trás nem sentiu autopiedade enquanto esteve confinada a uma cadeira de rodas, mas se manteve sempre ansiosa pelo que estava por vir — a próxima reunião de família, o próximo grande evento, a próxima era da vida —, animada com o que vinha pela frente e sempre querendo fazer mais.

Apesar de experienciar todos os dias em uma cadeira de rodas, nossa mãe *não havia terminado* de gostar de frequentar clubes, liderar a discussão no clube do livro, participar de eventos na igreja, trabalhar no conselho do presidente da universidade local, torcer por seu time em jogos de futebol americano e basquete, apoiar os netos nas próprias atividades e desfrutar de passeios com seus muitos amigos. Ela celebrava todos os feriados em grande estilo e com o maior número de pessoas possível.

No dia de St. Patrick, entregava biscoitos de trevo para os vizinhos e ria quando alguém caía em um de seus trotes de 1º de abril. Mamãe tentava incluir diversas pessoas socialmente, muitas vezes convidando vizinhos aleatórios e suas famílias para ter uma noite divertida comendo marshmallow ao redor da fogueira. Adorava discutir política e, durante as eleições, convidava vários amigos para participar de uma discussão aberta sobre assuntos atuais em sua casa, identificando-os ingenuamente como um amigo conservador ou liberal e pedindo que compartilhassem suas perspectivas em um ambiente amigável.

Apenas três semanas antes de falecer, nossa mãe pediu à minha irmã Colleen para comprar e embrulhar sessenta presentes para o Natal. Então foi na van instruindo meu irmão mais novo, Joshua, e os filhos dele a entregarem pessoalmente cada presente na porta de sessenta de seus amigos e vizinhos mais próximos. Ela exemplificava uma atitude *carpe diem* ao longo de todas as estações do ano.

Embora viesse enfrentando problemas de saúde desde anos antes, mamãe não havia terminado de contribuir para a comunidade e ainda realizou seu sonho de construir um centro de artes na cidade de Provo, Utah, onde morava. Passou vários anos trabalhando como presidente de um comitê dedicado a esse projeto, recebendo autoridades e cidadãos locais para trabalharem com ela, encontrando um prédio para reformar e constantemente angariando fundos para torná-lo realidade. Agora, o Covey Center for the Arts (assim nomeado em sua homenagem) tem pleno uso durante mais de trezentos dias por ano, com apresentações de ópera, balé, peças de teatro, performances e outros eventos culturais e de entretenimento.

Porém, mais do que qualquer outra coisa, nossa mãe não havia terminado de ser a matriarca de sua grande e crescente família. Por diversas vezes, recuperou-se no hospital quando seu corpo estava literalmente desligando e experimentou o que consideramos "milagres" que prolongaram sua vida.

Minha mãe nunca perdia uma oportunidade de se reunir com as pessoas nas muitas ocasiões especiais ao longo do ano. Envolvia-se na celebração de nascimentos, bênçãos de bebês, batizados, formaturas, casamentos, aniversários, feriados, jogos e apresentações dos netos — qualquer ocasião importante. Até o final, enviou cartões de aniversário individuais para cada pessoa da família. Com nove filhos e os respectivos cônjuges, 55 netos e 43 bisnetos, esse era praticamente um trabalho de tempo integral! Todos os membros da família se sentiam amados e ligados a ela e a visitavam regularmente. Minha mãe tinha um relacionamento especial com os netos e bisnetos, que carinhosamente a chamavam de "Mere Mere!". Para usar a descrição do nosso pai, ela era "magnífica!".

Em seu velório, todos os seus netos e bisnetos se levantaram e prestaram homenagem ao seu legado, cantando "Fill the world with love" ("Encha o mundo de amor"), como ela havia pedido, cujos versos refletiam sua missão de vida.

Ficamos felizes em dizer que nossa amada mãe encheu nosso mundo de amor. Ela propositalmente *escolheu* viver em crescendo, apesar dos desafios que enfrentou, e foi "forte, corajosa e verdadeira" até o fim. Ela tem sido uma inspiração para nós e para todos os que a conhecem e a amam. Assim, como família, proclamamos com orgulho: "VIVE LA SANDRA!".

Compartilho essas percepções pessoais com a esperança de que, não importa quais sejam as circunstâncias da sua vida, ainda é possível viver a Mentalidade Crescendo — seja lá o que isso for para você, e pelo tempo que puder. Embora nossos pais tenham sumido temporariamente de nossa vista, o legado deles ainda vive — por meio de sua posteridade e daqueles que também são inspirados a conduzir a vida em crescendo.

Viver no coração daqueles que deixamos para trás é não morrer.
THOMAS CAMPBELL

Bridle Up Hope:
The Rachel Covey Foundation

Depois que escolhemos a esperança, tudo é possível.
CHRISTOPHER REEVE

Dois meses depois que papai morreu, minha linda sobrinha Rachel Covey morreu aos 21 anos devido aos efeitos da depressão. Foi especialmente difícil para seus pais amorosos, meu irmão Sean e a esposa dele, Rebecca, e ainda mais difícil depois de termos acabado de perder meu pai. Rachel era a mais velha de oito filhos, sobrinha e prima de muitos de ambos os lados da família, e todos a amávamos. Fomos profundamente afetados por sua morte.

Rachel demonstrava Grandeza Primária e tinha muitos dons notáveis que realmente importavam: era gentil, atenciosa, sensível, divertida, amorosa, criativa, altruísta, aventureira e generosa. Tinha uma risada contagiante, era adorada pelas crianças e tinha uma paixão e um amor incomuns por cavalos. Fomos confortados por nossa fé em Deus e acreditamos que não tinha sido por acaso que seu avô havia falecido pouco antes dela.

Sean e Rebecca corajosamente escolheram incluir a batalha contra a depressão no obituário de Rachel para que isso ajudasse outras pessoas que lutavam contra a doença. Foi uma coisa generosa a se fazer em sua tristeza, e abençoou outros que sofriam da mesma forma. Muitos foram até eles e compartilharam em lágrimas a própria experiência ou a de algum membro da família, abrindo caminhos de cura. A família Covey se uniu novamente e abraçou Sean, Rebecca e os filhos deles, assim como membros da família estendida e amigos.

Com boa intenção, um vizinho disse ao meu irmão Sean que ele teria um buraco no coração pelo resto de sua vida com a morte de Rachel. Sean ficou perturbado de verdade com essa declaração e, ao pensar a respeito, decidiu que, em vez de sempre ter um buraco, desenvolveria um novo músculo em seu coração. Com essa mentalidade, Sean e Rebecca nos inspiram e surpreendem em sua jornada de recuperação. Embora tenha sido incrivelmente difícil, escolheram seguir em frente com fé e coragem, e a família deles é forte e funciona extremamente bem.

Rachel adorava competir em corridas de cavalo de resistência, de quarenta quilômetros, e, depois de completar a primeira, disse com entusiasmo aos pais: "Encontrei minha voz". Após sua morte, alguns amigos de Rachel foram até Sean e Rebecca e contaram como ela os havia ajudado em tempos difíceis, ensinando-os a montar. Embora ainda de luto, Sean e Rebecca se sentiram inspirados a honrar e celebrar a vida da filha, criando uma fundação que ajudaria outras jovens a experimentar a mesma alegria.

Quando começaram a fundação, Rebecca contou: "Um lado de mim dizia: 'Eu nem quero criar uma fundação, só quero Rachel de volta! [...] Quero minha filha de volta montando em seu cavalo, quero ver aquele sorriso em seu rosto'. Mas outro lado de mim dizia: 'OK, mas ela não está aqui. Então vamos encontrar garotas que estejam com dificuldades, trazê-las para o celeiro e ensiná-las a andar a cavalo, para que se sentam bem consigo mesmas e superem seus problemas'".

Assim, no meio da dor, nasceu a Bridle Up Hope: The Rachel Covey Foundation, com a missão de inspirar esperança, confiança e resiliência em garotas por meio do treinamento equestre. A fundação oferece um programa exclusivo de catorze semanas para meninas com idades entre doze e 25 anos que lutam contra baixa autoestima, ansiedade ou depressão, tenham sofrido trauma ou abuso, ou simplesmente tenham perdido a esperança. No rancho Bridle Up Hope, as meninas aprendem a montar e lidar com cavalos, desenvolvem habilidades para a vida e encontram perspectiva por meio do serviço. Em um mundo onde muitas meninas sentem que nunca estão à altura e não podem ter sucesso, a Bridle Up Hope as ajuda a reconhecer seu valor e potencial inerentes, a construir confiança e a superar dificuldades pessoais.

Sean é o autor do best-seller internacional *Os 7 hábitos dos adolescentes altamente eficazes* — baseado nos mesmos princípios dos sete hábitos de nosso pai, mas especificamente voltado para adolescentes. Esses sete hábitos são ensinados no curso em Bridle Up Hope; lá, aprendê-los e aplicá-los é parte essencial do programa. Além de ganhar confiança em como manejar e montar um cavalo, as lições de vida que as meninas aprendem se estendem até como obter sucesso na escola, lidar com a pressão dos colegas, fazer boas escolhas e tomar decisões, evitar substâncias viciantes, retribuir com serviço, além de outros ensinamentos valiosos que podem ajudá-las a enfrentar os altos e baixos que os adolescentes inevitavelmente encontram em seus caminhos. Sean e Rebecca acreditam que quem salva uma garota, salva gerações!

Uma menina formada no programa recentemente compartilhou sua história:

Antes de participar deste programa, eu estava fazendo terapia havia mais de um ano e continuava com dificuldades para me levantar da cama. Eu fazia todo o possível para lidar com o trauma e os problemas que vinha enfrentando, mas a sensação que tinha era de que minha vida estava arruinada. Eu realmente me perguntava se poderia ser feliz ou ter sucesso de novo. Esperança era o que estava faltando na minha vida fazia anos, e esperança foi exatamente o que encontrei na Bridle Up Hope. Com os cavalos, os instrutores incríveis e os sete hábitos, aprendi como aproveitar o poder da esperança em minha vida e finalmente começar a seguir em frente.

A coisa mais impactante que aprendi foi o conceito de "responsabilidade pessoal". Era um equilíbrio complicado deixar de me sentir culpada por coisas que não eram minha culpa e ao mesmo tempo aceitar a responsabilidade pela minha cura e pela minha vida atual. Ao trabalhar com os cavalos, aprendi como estabelecer e manter limites e comunicá-los claramente aos outros. Com o tempo, senti que meu próprio poder pessoal para criar a vida que eu queria havia sido devolvido a mim. Aprender a colocar em prática as habilidades dos sete hábitos e acreditar que eu poderia levar a vida pela qual esperava antes do trauma foi a maior bênção que recebi durante um período aparentemente sem esperança.

A Bridle Up Hope já transformou a vida de mais de mil meninas e se expandiu para vários estados e países. A visão da instituição é que o símbolo da fundação — a ferradura rosa — seja um dia reconhecido como um símbolo global para construir esperança em jovens garotas, assim como a fita rosa é um símbolo global para a conscientização sobre o câncer de mama. O plano é estabelecer filiais da Bridle Up Hope em até mil locais ao redor do mundo, impactando dezenas de milhares de meninas.[4]

Ansiedade e depressão em adolescentes, em especial meninas, tornaram-se uma pandemia global. As meninas enfrentam dificuldades: lutam para se sentirem boas o suficiente, inteligentes o suficiente, bonitas o suficiente ou magras o suficiente, e as mídias sociais não ajudam. As meninas sentem que precisam viver de acordo com esse padrão impossivelmente perfeito, e isso afeta seu bem-estar mental. Como consequência, a demanda pelo programa tem sido tão grande que está superando a rapidez com que a fundação consegue arrecadar fundos. Portanto, para ajudar a arrecadar dinheiro e fornecer bolsas de estudo para as meninas, Sean e Rebecca abriram uma loja on-line chamada Bridle Up Hope Shop. A loja vende moletons, agasalhos, camisetas com frases afirmativas, bijuterias e outros itens, todos com um toque equestre. De modo semelhante ao que ocorre com os produtos da Newman's Own, cem por cento dos lucros da loja são destinados a apoiar a Bridle Up Hope Foundation.[5]

Pouco mais de três anos após a morte de Rachel, Sean falou em uma conferência sobre luto em que todos os presentes haviam perdido alguém próximo em tempos recentes. Foi uma tarefa difícil para meu irmão, já que ele nunca havia falado publicamente sobre a morte de Rachel. Ele começou dizendo:

> Estou aqui para lamentar com vocês, não para tentar consertá-los. Como provavelmente já sentiram na prática, pessoas bem-intencionadas dizem as coisas mais insensíveis na tentativa de nos ajudar em nossa cura. Não há atalhos para o luto. Precisamos passar por ele. Quero que vocês saibam que eu sinto suas perdas — eu entendo.

Sean então contou corajosamente sua própria história de luto e recuperação nos três anos anteriores. Após a morte de Rachel, ele descobriu que "há basicamente tem três opções quando depara com uma tragédia ou uma situação que muda a sua vida. A primeira é que ela pode destruir você. A segunda é que pode definir você. A terceira é que pode fortalecer você".

Embora tenha sido a coisa mais difícil que ele fez na vida, Sean tomou a decisão consciente de abraçar a terceira opção. Apesar de reconhecer que não há um manual mágico para a cura, meu irmão compartilhou ideias que ajudaram a fortalecê-lo e à sua família, para que pudessem seguir em frente.

- *Anote aquilo de que quer se lembrar.* Em um diário especial, Sean e Rebecca registraram experiências, sentimentos e memórias que não queriam esquecer, algumas que tinham recebido de sua família e de outras pessoas. Escreveram sobre os muitos pequenos milagres que ocorreram após a morte de Rachel, e o que outros haviam dito sobre a influência dela em suas vidas. Eles leem isso muitas vezes em família, quando querem se sentir próximos dela, e como uma forma de honrá-la.

- *Celebre dias significativos.* Como não querem se concentrar no dia em que Rachel morreu, Sean e Rebecca ainda comemoram o aniversário dela com os outros filhos e muitas vezes com a família toda. Contam histórias sobre Rachel, riem de suas piadas hilárias, revivem lembranças e fazem seus incríveis pão de banana e salsa caseira. E sempre servem melancia — a fruta preferida de Rachel. É um momento significativo pelo qual anseiam passar juntos, tornando o aniversário dela suportável, por celebrar sua vida.

- *Encontre sua voz e faça algo bom com o que aconteceu.* Foi por essa razão que Sean e Rebecca fundaram a Bridle Up Hope. Por meio do trabalho dessa fundação, estão vendo vidas mudarem todos os dias e estão honrando Rachel ao ajudar outras pessoas que passam por dificuldades semelhantes às dela. Nas palavras de Sean, "A Bridle Up Hope é Rachel — espalhada por toda parte".

Encontrar sua voz e ajudar os outros a encontrar a deles ajuda você a lidar com sua própria perda. Você vai se curar e encontrar a felicidade novamente ao abençoar outras pessoas.

Sean terminou sua fala reconhecendo que não há um cronograma definido para o luto. É diferente para cada um. Sua mensagem final foi de esperança: "Deus se importa, a vida continua, e algum dia você poderá se sentir inteiro e feliz novamente, assim como eu me senti. Eu prometo".[6]

Nota da autora

Espero que você tenha gostado de ler este livro tanto quanto gostei de escrevê-lo (com meu pai), e que ele tenha ajudado você a mudar seu paradigma e acender sua paixão. A essa altura, também espero que perceba que, em qualquer idade e etapa em que esteja, sempre pode viver sua vida em crescendo.

Para mim, tem sido uma responsabilidade sagrada, que me foi passada por meu pai há muitos anos, quando começamos a trabalhar nisso juntos. Terminar este livro foi uma longa e difícil jornada, mas aprendi bastante e fiquei verdadeiramente inspirada pela infinidade de exemplos edificantes que encontrei pelo mundo.

Não importa qual seja sua idade ou posição na vida, você nunca terminou sua contribuição para o mundo. Deve sempre buscar algo maior e melhor. Você pode obter satisfação com as realizações do passado, mas a próxima grande contribuição está sempre no horizonte. Há relacionamentos para construir, uma comunidade para servir, uma família para fortalecer, problemas para resolver, conhecimento para adquirir e grandes obras para criar. Se está na luta da meia-idade, experimentou o Auge do Sucesso, está enfrentando uma adversidade que mudou sua vida ou está na segunda metade da vida, saiba que, apesar dos desafios, *seu maior e mais importante trabalho pode realmente estar à sua frente*, se assim o desejar.

Conforme leu na "conclusão", a jornada da nossa família, de aprender a viver em crescendo, ganhou um novo significado à medida que passamos pelos próprios desafios pessoais. As dezenas de histórias inspiradoras que compartilhei neste livro são provas de que a Mentalidade Crescendo pode ser integrada com sucesso em qualquer fase e enriquecerá muito a sua vida.

Pense em todos os talentos que pode compartilhar, no bem que pode realizar, nas vidas que abençoará e na alegria que fluirá em seu coração ao fazê-lo. Então, comece agora e crie seu próprio legado maravilhoso de contribuição! Não duvide de si mesmo. Você tem o poder e a habilidade para tanto, e sua capacidade se expandirá. Tenho confiança de que, ao fazer isso, você iluminará a própria vida, bem como sua família, sua comunidade e até mesmo o mundo com seus dons, talentos e contribuições transformadores.

Apêndice

Ideias de onde encontrar oportunidades de voluntariado e lugares para servir perto de você.

americorps.gov. A AmeriCorps, seus membros e voluntários seniores trabalham diretamente com organizações sem fins lucrativos para enfrentar os desafios mais urgentes dos Estados Unidos.

bbbs.org. A Big Brothers and Big Sisters of America é uma organização sem fins lucrativos e tem a missão de "criar e apoiar relacionamentos de orientação individual que despertem o poder e a promessa da juventude".

catchafire.org. A Catchafire é uma rede de voluntários, organizações sem fins lucrativos e financiadores trabalhando juntos para resolver problemas urgentes e acudir comunidades.

createthegood.aarp.org. A Create the Good é uma organização sem fins lucrativos, patrocinada pela AARP, que oferece um banco de dados de oportunidades de voluntariado e conecta instituições de caridade com voluntários, para corresponder a seus interesses e habilidades.

doinggoodtogether.org. A Doing Good Together tem a missão de educar crianças que se importam e contribuem com o mundo. A organização convoca pais e filhos a trabalharem juntos no espírito de serviço altruísta.

encore.org. A Encore incentiva as pessoas com mais de cinquenta anos a encontrar um novo propósito em causas significativas. Envolve adultos mais velhos que ajudam a orientar e inspirar voluntários mais jovens em sua própria área.

engage.pointsoflight.org. A Points of Light é a maior rede de voluntariado digital do mundo e conecta pessoas a oportunidades locais de voluntariado. Você também pode iniciar um novo projeto de serviço onde houver necessidade.

globalvolunteers.org. A Global Volunteers oferece oportunidades de voluntariado em todo o mundo para estudantes, famílias, indivíduos, profissionais e aposentados, envolvendo-os na cultura e com as pessoas que apoiam.

habitat.org. A Habitat for Humanity é uma organização global de habitação sem fins lucrativos que trabalha em comunidades locais nos Estados Unidos e em aproximadamente setenta países, lutando por melhores moradias.

justserve.org. A JustServe é um serviço internacional para ajudar a conectar as necessidades da comunidade com os voluntários. Voluntários podem pesquisar facilmente para atender às necessidades locais em suas próprias comunidades.

nvoad.org. A National Voluntary Organizations Active in Disaster é uma coalizão de mais de setenta organizações nacionais estadunidenses que aliviam o impacto de desastres e prestam serviços às áreas afetadas naquele país.

redcross.org. A Cruz Vermelha Americana previne e alivia o sofrimento humano em situações de emergência, mobilizando o poder dos voluntários e a generosidade dos doadores.

unitedway.org. A United Way é uma das organizações voluntárias mais antigas e conceituadas. Você pode procurar oportunidades e encontrar um serviço ou trabalho que se adapte a você e atenda às suas necessidades.

volunteermatch.org. O Volunteer Match é uma das maiores bases de dados para conectar organizações sem fins lucrativos e voluntários em todo o mundo.

E, por fim...

Voluntarie-se localmente. Procure bancos de alimentos, abrigos para sem-teto, abrigos para animais, hospitais, limpeza de parques, distribuição de refeições, centros de vida assistida, aulas de leitura e de reforço, treinamento esportivo, e assim por diante.

Agradecimentos

Com profundo apreço, desejo agradecer às muitas pessoas que tornaram possível a escrita e a publicação deste livro. *Seu maior êxito está um passo adiante* tem sido um projeto de mais de uma década, e sou muito agradecida pelo tremendo apoio que muitas pessoas atenciosas forneceram ao longo do caminho.

Serei eternamente grata ao meu melhor amigo e marido, Kameron Haller, por seu amor constante e apoio inabalável a mim e ao crescendo. Kameron reforçou minha confiança e acreditou na minha capacidade de concluir este livro da melhor maneira possível. Suas percepções, críticas, sabedoria e julgamento sempre foram precisos, o que me sustentou em tempos de desânimo e imprevistos. Sou muito grata por sua influência em minha vida.

Além disso, gostaria de agradecer aos meus seis filhos maravilhosos e seus respectivos cônjuges, que se mantiveram ao meu lado: Lauren e Shane, Shannon e Justin, Kameron e Haley, Mitchell e Sara, Michael e Emilie, Connor e Hannah. Eles não apenas ofereceram palavras encorajadoras de apoio, como também enviaram comentários úteis, mostraram paciência quando eu estava ocupada escrevendo e torceram por mim. É como meu filho mais novo, Connor, me lembrou, brincando: "Termine isso logo! Você está escrevendo esse livro já faz metade da minha vida!". Meus 21 netos adoráveis também me proporcionam uma oportunidade constante de "viver em crescendo".

Um agradecimento especial ao meu irmão Sean, que acreditou em mim e em *Seu maior êxito está um passo adiante* desde o início e me orientou durante todo o processo, desde a redação até a publicação, incluindo valiosas assistência editorial, experiência contratual e orientação de marketing. Agradeço aos meus oito irmãos, que leram os primeiros rascunhos do livro e me incentivaram: Maria forneceu assistência editorial adicional, ao passo que Stephen promoveu *crescendo* onde quer que pôde. Obrigada ao meu tio John, com suas oportunas ligações de incentivo, e aos meus familiares e amigos pelo interesse e apoio, especialmente Carol Knight, por suas importantes contribuições desde o início, e Greg Link, que leu vários rascunhos e forneceu conselhos inestimáveis.

Minha gratidão se estende à equipe da FranklinCovey, especialmente Debra Lund, por seus esforços extras na obtenção de endossos, e pela ajuda bem-vinda de Scott Miller, Annie Oswald, Laney Hawes e Zach Chaney.

Estou em dívida com minha agente, Jan Miller, e sua associada, Shannon Miser-Marven, que acreditaram no conceito de "viver em crescendo" desde o início. Sou muito grata por ter tido editores tão excelentes, como Dave Pliler e Robert Asahina, cujas habilidades profissionais elevaram tanto o conteúdo quanto a apresentação deste livro. Jan Miller e Robert Asahina também foram a agente e o editor do livro *Os 7 hábitos das pessoas altamente eficazes*, de meu pai. Enquanto preparava este manuscrito para publicação, tive a sorte de ter trabalhado em estreita colaboração com minha equipe na Simon & Schuster, incluindo minha competente editora, Stephanie Frerich, com Emily Simonson e Maria Mendez, que conduziram a mim, uma autora estreante, por todo o processo.

Seu maior êxito está um passo adiante foi a "última palestra" do meu pai, por assim dizer, e sinto a aprovação dele, pois mantive minha palavra de terminar o livro que ele imaginou e que começamos juntos em 2008. Ao longo do processo de escrita, senti abundantemente sua influência e presto homenagem a ele como um pai magnífico e líder inspirador que "viveu, amou e deixou um legado". Minha mãe, Sandra Covey, se igualava a meu pai em todos os sentidos. Ela também acreditou e nos incentivou, a mim e aos meus irmãos, durante toda a nossa vida. Que presente ter sido tão poderosamente moldada por pais tão nobres!

Por fim, eu seria ingrata se não reconhecesse Deus por Sua bondade e influência em minha vida. De todo o coração, expresso minha profunda gratidão por Sua orientação e inspiração, por me incutir coragem e confiança para executar um empreendimento tão grande e pela capacidade de vê-lo concluído.

Notas

INTRODUÇÃO: A MENTALIDADE CRESCENDO

1. Citação de George Bernard Shaw, www.goodreads.com/quotes/1368655-two-things-define-you-your-patience-when-you-have-nothing.

PARTE 1: A LUTA DA MEIA-IDADE

1. Cynthia Haller, entrevista pessoal, agosto de 2017.

2. Frances Goodrich, Albert Hackett e Frank Capra, *A felicidade não se compra* (Liberty Films, 1946).

3. Phil Vassar, *Don't Miss Your Life*, RodeoWave Entertainment, lyricsmode. com, 2012. Tradução de Vagalume, www.vagalume. com.br/phil-vassar/dont-miss-your-life-traducao.html.

4. Clayton Christensen, How Will You Measure Your Life?, *Harvard Business Review*, hbr. org/2010/07/how-will-you-measure-your-life.

5. Cynthia Haller, entrevista pessoal, maio de 2018.

6. Cynthia Haller, entrevista pessoal, outubro de 2019.

7. Citação de Barbara Bush, goodreads.com/quotes/273511.

8. Kenneth Miller, *Don't Say No*, readersdigest.com, 2008.

9. Middle School Principal Drops Weight and Inspires Students, *KSL*, ksl.com, 18 de março de 2008.

10. Tiffany Erickson, Glendale's Big Losers: Principal Drops 173 Pounds; Staff Also Slims Down, *Deseret News*, deseretnews.com, 2 de janeiro de 2007.

11. Cynthia Haller, entrevista pessoal, maio de 2018.

12. John Kralik, *A Simple Act of Gratitude: How Learning to Say Thank You Changed My Life* (Hyperion, 2010).

13. Carol Kelly-Gangi, editora, *Mother Teresa: Her Essential

Wisdom (Fall River Press, 2006), p. 21.

14. Conforme relatado a Cynthia Haller, julho de 2015.

15. Burrito Project SLC, burritoprojectslc.webs.com.

16. Heather Lawrence, Engineer Returns to Thank Engaging Churchill Science Teacher, *Holladay Journal*, novembro de 2020.

17. Conforme relatado a Cynthia Haller, abril de 2010.

18. Heather Lawrence, Engineer Returns to Thank Engaging Churchill Science Teacher, *Holladay Journal*, novembro de 2020.

19. Conforme relatado a Cynthia Haller por Mindy Rice, 20 de maio de 2018.

20. Conforme relatado a Cynthia Haller por Robyn Ivins, 2020.

21. Conforme relatado a Cynthia Haller, 2020.

22. Conforme relatado a Cynthia Haller, 2016.

23. Citação de Marian Wright Edelman, brainyquote.com/ quotes/marian-wright-edelman_158753.

24. Citação de Rabindranath Tagore, goodreads.com/ quotes/15762.

25. Cynthia Haller, entrevista pessoal, outubro de 2019.

26. Three things you need to know about Nashville's housing market right now, *The Tennessean*, tennessean. com/story/entertainment/ music/2019/11/20/garth-brooks-exploded-like-no-country-star-before-him-cma-entertainer-year/4226820002/.

27. 'I want my children to be proud:' Garth Brooks on why he 'chose family over fame' and walked away from music for 14 years, *Daily Mail Online*, dailymail.co.uk/tvshowbix/ article-3030642/Garth-Brooks-chose-family-fame-walked-away-music-14-years-article-3030642.

28. Garth Brooks, with bumps, bruises and a little blood, climbs back to the top of country music, *The Tennessean*, tennessean. com/story/entertainment/ music/2019/11/22/garth-brooks-bled-reclaim-top-spot-country-music/4261813002.

29. Garth Brooks, Trisha Yearwood announce live prime-time show from home to keep quarantined fans entertained, USA Today, usatoday.com/ story/entertainment/ music/2020/03/29/corona-virus-garth-brooks-trisha-yearwood-announce-cbs-live-show/2935608001/.

30. Netflix. *The Road I'm On*, 2019.

PARTE 2: AUGE DO SUCESSO

1. Brian Williams, entrevista com Peter Jackson, rockcenter. nbdnbd.news.com, 6 de dezembro de 2012.

2. Kent Atkinson, Peter Jackson Gives $500,000 for Stem Cell Research, *Nzherald*, nzherald. co.nz, 15 de julho de 2006.

3. Susan Strongman, Sir Peter Jackson Rescues Beloved Church, *Nzherald*, nzherald. co.nz, 12 de agosto de 2015.

4. Conforme relatado a Cynthia Haller por Chip Smith, 23 de julho de 2012.

5. Aleksandr Solzhenitsyn, em *At Century's End: Great Minds Reflect on Our Times* (Alti Publishing, 1997).

6. Carol Kelly-Gangi, editora, *Mother Teresa: Her Essential Wisdom* (Fall River Press, 2006), p. 101.

7. Henry Samuel, Millionaire Gives Away Fortune Which Made Him Miserable, *Telegraph*, telegraph.co.uk, fevereiro de 2010.

8. E. Jane Dickson, Nothing But Joy, *Reader's Digest*, outubro de 2010, pp. 142-146.

9. Jeff Brumbeau, *The Quiltmaker's Gift* (Scholastic, 2005).

10. Alena Hall, How Giving Back Can Lead to Greater Personal Success, *Huffington Post*, junho de 2014.

11. Neal Tweedie, Bill Gates interview: I have no use for money. This is God's work, *Telegraph*, telegraph.co.uk, 18 de janeiro de 2013.

12. David Rensin, The Rotarian Conversation: Bill Gates, *Rotarian*, maio de 2009, pp. 45-53.

13. Gates Foundation, gatesfoundation.org/Who-We-Are/General-Information/Letter-from-Bill-and-Melinda-Gates, Relatório anual, 2018.

14. We Didn't See This Coming, *Gates notes*, gatesnotes. com/2019-Annual-Letter.

15. Melinda Gates, *The Moment of Lift: How Empowering Women Changes the World* (Flatiron Books, 2019), pp. 14, 15, 38.

16. Ibid, p. 11.

17. Bill Gates: For polio the endgame is near, *CNBC*, cnbc. com/2017/10/24/bill-gates-humanity-will-see-its-last-case-of-polio-this-year.html.

18. Sarah Berger, Bill Gates Is Paying Off This Country's $76 Million Debt, *CNBC*, cnbc.com.

19. Rensin, *The Rotarian Conversation*.

20. Gates, *The Moment of Lift*, pp. 19, 118-121.

21. Ibid, pp. 50-53.

22. The Giving Pledge, givingpledge.org.

23. Ibid.

24. Laura Lorenzetti, 17 More Billionaires Join Buffett and Gates' Giving Pledge This Year, *Fortune*, fortune.com, 1º de junho de 2016.

25. Warren Buffett, *My Philanthropic Pledge*, givingpledge.org.

26. Brendan Coffey, Pledge Aside, Dead Billionaires Don't Have to Give Away Half Their Fortune, *Bloomberg*, bloomberg. com, 6 de agosto de 2015.

27. Conforme relatado a Cynthia Haller, junho de 2018.

28. Ruth Bader Ginsburg says this is the secret to living a meaningful life, *CNBC*, cnbc. com/2017/02/07/ruth-bader-ginsburg-says-this-is-the-secret-to-a-meaningful-life.html.

29. Cynthia Haller, entrevista pessoal de John Nuness, julho de 2012.

30. Kenneth H. Blanchard e Spencer Johnson, *The One Minute Manager* (William Morrow & Co, 1982).

31. Citação de C.R. Gibson, goodreads.com.

32. Single Mom at Pizza Hut Amazed When Stranger Pays Tab, *Inquisitr*, inquisitr.com, 28 de outubro de 2013.

33. Ibid.

34. Stephen R. Covey, Affirming Others, *Personal Excellence*, agosto de 1996, p. 1.

35. Viktor Frankl, *Man's Search for Meaning*, p. 116.

36. Will Allen Dromgoole, The Bridge Builder, *Father: An Anthology of Verse* (EP Dutton & Company, 1931). Tradução de Church of Jesus Christ, https://www. churchofjesuschrist.org/study/general-conference/2003/10/the-bridge-builder?lang=por.

37. Conforme relatado a Cynthia Haller, outubro de 2018.

38. Conforme relatado a Cynthia Haller, abril de 2020.

39. Jonh Wooden, coachwooden. com/the-journey.

40. John Wooden e Don Yaeger, *A Game Plan for Life: The Power of Mentoring* (Bloomsbury USA, 2009), pp. 3-4.

41. Ibid, p. 13.

42. John Wooden, coachwooden. com/favorite-maxims.

43. Don Yacgar, Mentors Never Die, *Success*, success.com/article/mentors-never-die, 27 de agosto de 2010.

44. John Wooden e Don Yaeger, *A Game Plan for Life*, p. 4.

45. The Abolition Project, *John Newton (1725-1807): The Former Slaver & Preacher*, abolition, e2bn.org/people.

46. Dak Prescott wins 2022 Walter Payton Man of the Year, *NFL*, nfl.com/manoftheyear.

47. Citação de Walter Payton, teamsweetness.com/wcpf.html.

48. Andie Hagermann, Anquan Boldin named Walter Payton Man of the Year, *NFL*, nfl.com, fevereiro de 2016.

49. Ibid.

50. John Connell e W. E. Henley, *Constable*, 1949, p. 31.

51. Ibid.

52. The Good Guy, *People*, Tribute Commemorative Issue — Paul Newman, 1925-2008, pp. 82, 88, 89.

53. Newman's Own, newmansownfoundation.org (about us, history e mission).

54. Hole in the Wall Gang, holeinthewallgang.org/about-us.

55. The Good Guy, *People*, Tribute Commemorative Issue — Paul Newman, 1925-2008, p. 80.

56. Natasha Stoynoff e Michelle Tauber, Paul Newman 1925-2008: American Idol, *People*, 13 de outubro de 2008, p. 63.

57. Newman's Own, newmansownfoundation.org/about-us/timeline.

58. Newman's Own, newmansownfoundation.org/about-us/total-giving.

59. Newman's Own, newmanitarian.org.

60. Se você acessar newmansownfoundation.org, será inspirado por histórias de filantropia, experiências divertidas em acampamentos e depoimentos em vídeo. Uma oportunidade de voluntariar seu tempo, habilidades ou dinheiro em quaisquer interesses que você possa encontrar facilmente em sua própria cidade ou estado.

61. The Good Guy, *People*, Tribute Commemorative Issue — Paul Newman, 1925-2008, p. 96.

62. Meet the New Heroes, *PBS*, Nova York, 1º de julho de 2005.

63. Muhammad Yunus — Biographical, *Nobel Prize*, nobelprize.org, 2006.

64. Meet the New Heroes, *PBS*, Nova York, 1º de julho de 2005.

65. World in Focus: Interview with Professor Muhammad Yunus, *Foreign Correspondent*, 25 de março de 1997.

66. Jay Evensen, Muhammed Yunus Still Saving People One at a Time, *Deseret News*, 13 de março de 2013.

67. Muhammad Yunus — Facts, *Nobel Prize*, nobelprize.org, 2006.

68. Meet the New Heroes, *PBS*, Nova York, 1º de julho de 2005.

69. Evensen, *Muhammed Yunus Still Saving People*.

PARTE 3: ADVERSIDADES QUE MUDAM A VIDA

1. Jane Lawson, Stephanie Nielson of NieNie Dialogues: Sharing Her Hope, *LDSLiving*, ldsliving.com, julho/agosto de 2012.

2. Shana Druckman e Alice Gomstyn, Stephanie Nielson's Story: After Tragic Crash, Mom of Four Nearly Lost All, ABCNews, abcnews.go.com, 12 de maio de 2011.

3. Stephanie Nielson blog, nieniedialogues.com.

4. Stephanie Nielson, *Heaven Is Here* (Hyperion, 2012), p. 308.

5. Lawson, *Stephanie Nielson of NieNie Dialogues*.

6. Ibid.

7. Anthony Ray Hinton, eji.org/cases/anthony-ray-hinton/.

8. Anthony Ray Hinton com Lara Love Hardin, *The Sun Does Shine: How I Found Life, Freedom, and Justice* (St. Martin's Press, 2018), pp. 104, 145.

9. Ibid, p. 147.

10. Ibid, p. xvi.

11. Ibid, pp. 291-294.

12. 30-Year Death Row Inmate Celebrates First Days of Freedom, ABCNews, abcnews.go.com/nightline/video/30-year-death-row-inmate-celebrates-days-freedom-30548291.

13. Ibid.

14. Greg McKeown, *Essentialism: The Disciplined Pursuit of Less* (Currency, 2014), p. 36.

15. Citação de Nelson Mandela, goodreads.com.

16. Doug Robinson, The Comeback Kid: After a Devastating Accident, Anna Beninati Finds Happiness, *Deseret News*, outubro de 2012.

17. Scott Stump, Teen in Tragic Train Accident: "I Remember Thinking I Was Going to Die", *Today*, today.com, 27 de janeiro de 2012.

18. Citação de Jenkin Lloyd Jones, goodreads.com.

19. Elizabeth Smart Foundation, elizabethsmartfoundation.org.

20. Elizabeth Smart com Chris Stewart, *My Story* (St. Martin's Press, 2013), pp. 25-50.

21. Ibid, pp. 60, 61.

22. Ibid, p. 275.

23. Elizabeth Smart, conferência Crimes Against Children, 2011, elizabethsmartfoundation.org.

24. Smart, *My Story*, p. 53.

25. Citação de Nelson Mandela, goodreads.com/quotes/80824-one-of-the-things-i-learned-when-i-was-negotiating.

26. Biography of Nelson Mandela, *Nelson Mandela Foundation*, nelsonmandela.org.

27. William Ernest Henley, "Invictus", Poetry Foundation. William Ernest Henley, *Invictus*, tradução de Ana Rüsche. São Paulo: Edições Barbatana, 2020.

28. Johann Lochner, The Power of Forgiveness: Apartheid-era Cop's Memories of Nelson Mandela, *CNN*, cnn.com, 12 de dezembro de 2013.

29. Marcus Eliason e Christopher Torchia, South Africa's First Black President Known for Role as Peacemaker, *Deseret News*, 6 de dezembro de 2013.

30. Top 10 Nelson Mandela Quotes, movemequotes.com.

31. Marcus Eliason e Christopher Torchia, South Africa's First Black President Known for Role as Peacemaker, *Deseret News*, 6 de dezembro de 2013.

32. Dominic Gover, Nelson Mandela: Four Acts of Forgiveness That Showed South Africa Path Away from Apartheid, *IBM*, ibmtimesco. uk, 6 de dezembro de 2013.

33. Marcus Eliason e Christopher Torchia, South Africa's First Black President Known for Role as Peacemaker, *Deseret News*, 6 de dezembro de 2013.

34. Nelson Mandela Dead: Former South Africa President Dies at 95, *Huffington Post*, 23 de janeiro de 2014.

35. Nelson Mandela, *Long Walk to Freedom* (Back Bay Books, 1995).

36. Smart, *My Story*, pp. 285-286.

37. Elizabeth Smart Relives Kidnapping Ordeal at Mitchell Hearing, *KSL*, ksl.com (Testemunho completo do tribunal).

38. Smart, *My Story*, p. 302.

39. Dave's Killer Bread, daveskillerbread.com.

40. Dave's Killer Bread, daveskillerbread.com/about-us.

41. Cynthia Haller, entrevista pessoal, outubro de 2019.

42. His Tragic Loss Helps Others Gain Sight, *CNN Heroes*, cnn. com,15 de agosto de 2008.

43. *Chandrasekhar Sankurathri: A Real Hero,* global1.youth_ leader.org.

44. His Tragic Loss Helps Others Gain Sight,, *CNN Heroes*, cnn. com,15 de agosto de 2008.

45. Srikiran Institute of Ophthalmology, srikiran.org/ about-us.

46. Srikiran Institute of Ophthalmology, srikiran.org.

47. *Chandrasekhar Sankurathri: A Real Hero,* global1.youth_ leader.org.

48. Viktor Frankl, *Man's Search for Meaning*, pp. 84, 85, 88.

49. Ibid.

50. Does Every Cactus Bloom?, *Home Guides*, homeguides.

sfgate.com/cactus-bloom-62730.html.

51. Elizabeth Smart Foundation, elizabethsmartfoundation.org.

52. Michael J. Fox, *A Funny Thing Happened on the Way to the Future* (Hyperion, 2010).

53. Michael J. Fox's Recipe for Happiness, *Reader's Digest*, readersdigest.com, maio de 2010, p. 83.

54. Chris Powell, The Incurable Optimist, *Costco Connection*, novembro de 2020, pp. 48-49.

55. Ibid.

56. Cynthia Haller, entrevista pessoal, junho de 2016.

57. Ibid.

58. Citação de Abigail Adams, goodreads.com/quotes/14830-these-are-the-times-in-which-a-genius-would-wish.

59. *Sociedade dos poetas mortos* (Touchstone Pictures, 1989).

60. Little Free Library, littlefreelibrary.org/ourhistory/.

61. Smith, Russel C, Foster, Michaell. How the Little Free Library is Reinventing the Library, *Huff Post*, www.huffpost.com/entry/little-free-library_b_1610026, 21 de junho de 2012.

62. Little Free Library, littlefreelibrary.org/about/.

63. Little Free Library, littlefreelibrary.org/todd-notice/.

64. Days for Girls, daysforgirls/history.org.

65. Days for Girls, daysforgirls/ourimpact.org.

66. *Camelot* (Warner Bros., 1967).

67. Danica Kirka, Malala's Moment: Teenage Nobel Laureate Gives Primer in Courage and Peace, *Star Tribune*, startribune.com, 10 de dezembro de 2014.

68. Malala Yousafzai, *Biography*, biography.com/activist/malala-yousafzai.

69. Baela Raza Jamil, ElenaBaela Raza, Matsui, Elena Matsui, e Rebecca Winthrop, Rebecca. Quiet Progress for Education in Pakistan, *Brookings*, brookings.edu, 8 de abril de 2013.

70. Malala Yousafzai's Speech at the Youth Takeover of the United Nations, theirworld.org, 12 de julho de 2013.

71. Malala Yousafzai donates prize money to rebuild Gaza School, *New York Times*, nytimes.com/2014/10/31/world/middleeast/malala-yousafzai-nobel-gaza-school.html.

72. Amber Alert, amberalert.ojp.gov/statistics.

73. Elizabeth Smart com Chris Stewart, *My Story* (St. Martin's Press, 2013), Epílogo.

74. Elizabeth Smart Foundation, elizabethsmartfoundation.org.

75. radKIDS, radKIDS.org/wp-content/uploads/2018/07/2018-radKIDS-At-a-Glance.pdf.

76. Elizabeth Smart com Chris Stewart, *My Story*, p. 303.

PARTE 4: A SEGUNDA METADE DA VIDA

1. Winston Churchill, *The Second World War* (Houghton Mifflin, 1951).
2. Hans Selye, *The Stress of Life* (McGraw Hill, 1978), pp. 74, 413.
3. Suzanne Bohan e Glenn Thompson, *50 Simple Ways to Live a Longer Life* (Sourcebooks Inc., 2005), p. 188.
4. Dan Buettner, Find Purpose, Live Longer, *AARP The Magazine*, novembro/dezembro de 2008.
5. Suzanne Bohan e Glenn Thompson, *50 Simple Ways to Live a Longer Life* (Sourcebooks, 2005).
6. Albin Krebs, George Burns, Straight Man and Ageless Wit, Dies at 100, *New York Times*, março de 1996.
7. Shav Glick, McGriff Finishes 13th at Portland, *ESPN*, espn.go.com, julho de 2009.
8. Nominees Announced for Hall of Fame Class, *Home Tracks Nascar*, hometracksnascar.com, fevereiro de 2015.
9. Shav Glick, McGriff Finishes 13th at Portland, *ESPN*, espn.go.com, julho de 2009.
10. Dan Buettner, Find Purpose, Live Longer, *AARP The Magazine*, novembro/dezembro de 2008.
11. Robert Lee Hotz e Joanna Sugden, Nobel Physics Prize Awarded to Trio for Laser Inventions, *Wall Street Journal*, outubro de 2018.
12. Allen Kim, John B. Goodenough Just Became the Oldest Person, at 97, to Win a Nobel Prize, *CNN*, cnn.com, outubro de 2019.
13. Bill Gray, Making Deals, Irma Elder: The Businessperson, *AARP The Magazine*, novembro/dezembro de 2007.
14. Bill Gray, They Got Game, *AARP The Magazine*, novembro/dezembro de 2007, p. 58.
15. Cynthia Haller, entrevista pessoal, maio de 2021.
16. Cindy Kuzman, Barbara Bowman's Tips for Living to 90, *Chicago Mag*, chicagomag.com, 28 de janeiro de 2019.
17. Ibid.
18. Citação de George Bernard Shaw, goodreads.com/quotes/649680-this-is-the-true-joy-in-life-being-used-for.

19. Warren Bennis, Retirement Reflections, *Personal Excellence*, julho de 1996.

20. Cynthia Haller, entrevista pessoal com Crawford e Georgia Gates, 2015.

21. Laura Landro, How to Keep Going and Going, *Book Review*, março de 2011.

22. Beth Dreher, For a Long Life, Watch Your Attitude, *Health Digest*, resumo por readersdigest.com, março de 2011.

23. Amy Norotney, The Real Secrets to a Longer Life, *Monitor*. Associação Americana de Psicologia, dezembro de 2011.

24. Secrets to Longevity: It's Not All About Broccoli, *NPR Books*, npr.org, 24 de março de 2011.

25. Elbert, Sarah, Step in Time, *Renew*, novembro de 2016.

26. Beth Dreher, For a Long Life, Watch Your Attitude, *Health Digest*, resumo por readersdigest.com, março de 2011.

27. Amy Norotney, The Real Secrets to a Longer Life, *Monitor*. Associação Americana de Psicologia, dezembro de 2011.

28. Marjorie Cortez, Activities, Art Aid Senior's Health, dn.com, novembro de 2007.

29. Julie Andrews, I Went into a Depression — It Felt Like I'd Lost My Identity, *AARP The Magazine*, outubro/novembro de 2019.

30. Alynda Wheat, Julie Andrews: "Losing My Voice Was Devastating", *People*, people. com, 20 de março de 2015.

31. Julie Andrews, I Went into a Depression — It Felt Like I'd Lost My Identity, *AARP The Magazine*, outubro/novembro de 2019.

32. Katherine Bouton, 80 Years, a Longevity Study Still Has Ground to Cover, *New York Times*, 18 de abril de 2011.

33. National Science Foundation, Stayin' Alive: That's What Friends Are For, *US News*, usnews.com, 29 de julho de 2010.

34. Katherine Bouton, 80 Years, a Longevity Study Still Has Ground to Cover, *New York Times*, 18 de abril de 2011.

35. Work in Retirement: Myths and Motivations — Career Innovations and the New Retirement Workscape, imagespolitico.com, 4 de junho de 2014.

36. Cathy Allred, Lady of Legacy: Lehi-Rippy Family Literacy Center Founder Dies, *Daily Herald*, heraldextra.com, 15 de fevereiro de 2014.

37. Hesther Rippy, Points of Light, pointsoflight.org, 17 de dezembro de 2003.

38. Lehi City, lehi-ut.gov/recreation/literacy/about-us/.

39. Lois Collins, Pamela Atkinson Is Welcomed Among Kings and Paupers, *Deseret News*, 2 de outubro de 2010.

40. Kim Burgess, Pamela Atkinson, *Community Magazine*, 2010.

41. Devin Thorpe, 13 Lessons from a Great Social Entrepreneur, Pamela Atkinson, *Forbes*, forbes.com, 20 de setembro de 2012.

42. Cynthia Haller, entrevista pessoal com Romana, maio de 2014.

43. Tonya Papanikolas, A Show of Love, dn.com, 6 de fevereiro de 2007.

44. Andrew Marshall, Group Sews Humanitarian Items for Kids, *Deseret News*, 2010.

45. Cynthia Haller, entrevista pessoal, outubro de 2010.

46. Suzanne Bohan e Glen Thompson, *50 Simple Ways to Live a Longer Life* (Sourcebooks Inc., 2005), pp. 43-44.

47. *Sublime obsessão* (Universal International Technicolor, 1954).

48. Mateus 6:1, Versão King James. Tradução de Aplicativo da Bíblia, www.aplicativodabiblia.com.br/arc-mt-6.

49. William Shakespeare, Soneto 29, *The Complete Works of William Shakespeare* (Avenel Books), p. 1196. Tradução de Lume UFRGS, lume.ufrgs.br/handle/10183/130209.

50. Linda e Richard Eyre, *Life in Full: Maximizing Your Longevity and Your Legacy* (Famillus, LCC, 2015).

51. Linda e Richard Eyre, Ignore Those Old Clichés About Aging, *Deseret News*, 21 de outubro de 2015.

52. The Eyres, theeyres.com.

53. Linda e Richard Eyre, Ignore Those Old Clichés About Aging, *Deseret News*, 21 de outubro de 2015.

54. Cynthia Haller, entrevista pessoal, outubro de 2019.

55. Citação de Forest E. Witcraft, passiton.com/inspirational-quotes/4244-a-hundred-years-from-now-it-will-not-matter.

56. Citação de George Bernard Shaw, brainyquote.com/quotes/george-bernard-shaw-103422.

57. Harold Kushner, *When All You've Ever Wanted Isn't Enough: The Search for a Life that Matters* (Fireside, 1986), p. 18.

58. Steve Hartman, Couple Who Restores Musical Instruments Has Given Away Hundreds to Rochester Students, *CBS News*, cbsnews.com, 13 de dezembro de 2019.

59. *Why Keep Going?*, Question and Answer, Renew pela UnitedHealthcare, 2015.

60. Viktor Frankl, *Man's Search for Meaning* (Simon & Schuster, 1984), p. 113.

61. Robert Ryland Thompson, In Search of a Logo, *Personal Excellence*, novembro de 1996, p. 2.

62. Jimmy Carter, *Biography*, biography.com/us-president/jimmy-carter.

63. Rosalynn Carter, *Biography*, biography.com/us-first-lady/rosalynn-carter.

64. Rosalynn and Jimmy Carter Center: 2020 Habitat for Humanity Work Project to Take Place in Dominican Republic, *Habitat*, habitat.org, 11 de outubro de 2019.

65. Jimmy e Rosalyn Carter, *Everything to Gain: Making the Most of the Rest of Your Life* (Thorndike Press, 1988).

66. Ibid.

67. Citação de Dwight L. Moody, azquotes.com/quote/203937.

68. Nanci Hellmich, How to Make a Smooth Transition to a New Life, *USA Today*, 19 de maio de 2015.

69. Dr. Judith Salerno Discusses COVID-19 Response On Inside Edition, *Nyam*, nyam.org/news/article/nyam-president-dr-judith-salerno-discusses-covid-19-response-inside-edition/.

70. Dr. Judith Salerno Discusses COVID-19 Response On Good Morning America, *Nyam*, nyam.org/news/article/dr-judith-salerno-discusses-covid-19-response-good-morning-america/.

71. Salena Simmons-Duffin, States Get Creative to Find and Deploy More Health Workers in COVID-19 Fight, *NPR*, npr.org, 25 de março de 2020.

72. Ibid.

PARTE 5: CONCLUSÃO

1. Citação de Victor Hugo, quotefancy.com/quote/926564/Victor-Hugo-The-nearer-I-approach-the-end-the-plainer-I-hear-around-me-the-immortal.

2. Lloyd Webber, Those Canaan Days, genius.com/Andrew-lloyd-webber-those-canaan-days-lyrics.

3. ¡Three Amigos! Quotes, https://quotecatalog.com/quotes/movies/three-amigos/.

4. Bridle Up Hope, bridleuphope.org.

5. Bridle Up Hope, bridleuphope.org/shop.

6. Cynthia Haller, entrevista pessoal com Sean Covey, novembro de 2015.

Sobre os autores

Reconhecido pela revista *Time* como um dos 25 estadunidenses mais influentes, **STEPHEN R. COVEY** (1932-2012) foi uma autoridade de liderança respeitada em âmbito internacional, especialista em família, professor, consultor organizacional, líder empresarial e escritor. Seus livros venderam mais de 40 milhões de cópias (impressas, digitais e em áudio) em mais de cinquenta idiomas em todo o mundo, e *Os 7 hábitos das pessoas altamente eficazes* foi nomeado o livro de negócios mais influente do século XX. Depois de receber um MBA pela Universidade de Harvard e um doutorado pela Universidade Brigham Young, ele se tornou o cofundador e vice-presidente da FranklinCovey, a empresa de liderança mais confiável do mundo.

CYNTHIA COVEY HALLER é autora, professora, palestrante e participante ativa em sua comunidade. Ela contribuiu para a escrita de vários livros e artigos, como *A terceira alternativa*, de Stephen R. Covey, *Os 7 hábitos dos adolescentes altamente eficazes* e *As 6 decisões mais importantes que você vai tomar na vida*, ambos de Sean Covey. Cynthia ocupou vários cargos de liderança em organizações femininas, atuou como presidente da PTSA, organizadora de auxílio a refugiados e voluntária de alimentos, e hoje trabalha com seu marido, Kameron, como voluntária de serviço, ajudando com necessidades de emprego. Formou-se na Universidade Brigham Young e mora com a família em Salt Lake City, em Utah.

Fonte **Financier Text**
Papel **Lux Cream 60 g/m²**
Impressão **Imprensa da Fé**